A1

Sabine Glas-Peters
Angela Pude
Monika Reimann

MENSCHEN

Deutsch als Fremdsprache
Arbeitsbuch

Hueber Verlag

Literaturseiten:
Paul und Herr Rossmann: Urs Luger, Wien

| 5. | 4. | 3. | | | Die letzten Ziffern |
| 2019 | 18 | 17 | 16 | 15 | bezeichnen Zahl und Jahr des Druckes. |

Alle Drucke dieser Auflage können, da unverändert,
nebeneinander benutzt werden.
1. Auflage
© 2012 Hueber Verlag GmbH & Co. KG, Ismaning, Deutschland
Umschlaggestaltung: Sieveking · Agentur für Kommunikation, München
Zeichnungen: Michael Mantel, www.michaelmantel.de
Layout und Satz: Sieveking · Agentur für Kommunikation, München
Verlagsredaktion: Jutta Orth-Chambah, Marion Kerner, Gisela Wahl, Hueber Verlag, München
Druck und Bindung: Stürtz GmbH, Würzburg
Printed in Germany
ISBN 978–3–19–111901–0

Art. 530_07879_001_03

Das Arbeitsbuch *Menschen* dient dem selbstständigen Üben und Vertiefen des Lernstoffs im Kursbuch.

Aufbau einer Lektion:

Basistraining: Vertiefen und Üben von Grammatik, Wortschatz und Redemitteln. Es gibt eine Vielfalt von Übungstypologien, u.a. Aufgaben zur Mehrsprachigkeit (Bewusstmachen von Gemeinsamkeiten und Unterschieden zum Englischen und/ oder anderen Sprachen) und Aufgaben füreinander (gegenseitiges Erstellen von Aufgaben für die Lernpartnerin / den Lernpartner).

Training Hören, Lesen, Sprechen und Schreiben: Gezieltes Fertigkeitentraining, das unterschiedliche authentische Textsorten und Realien sowie interessante Schreib- und Sprechanlässe umfasst. Diese Abschnitte bereiten gezielt auf die Prüfungen vor und beinhalten Lernstrategien und Lerntipps.

Training Aussprache: Systematisches Üben von Satzintonation, Satzakzent und Wortakzent sowie Einzellauttraining.

Test: Möglichkeit für den Lerner, den gelernten Stoff zu testen. Der Selbsttest besteht immer aus den drei Kategorien *Wörter, Strukturen und Kommunikation.* Je nach Testergebnis stehen im Internet unter *www.hueber.de/menschen/lernen* vertiefende Übungen in drei verschiedenen Schwierigkeitsgraden zur Verfügung.

Lernwortschatz: Der aktiv zu lernende Wortschatz mit Angaben zum Sprachgebrauch in der Schweiz (CH) und in Österreich (A) sowie Tipps zum Vokabellernen.

Modulseiten:

Weitere Aufgaben, die den Stoff des Moduls nochmals aufgreifen und kombiniert üben.

Wiederholungsstation Wortschatz/Grammatik bietet Wiederholungsübungen zum gesamten Modul.

Selbsteinschätzung: Mit der Möglichkeit, den Kenntnisstand selbst zu beurteilen.

Rückblick: Abrundende Aufgaben zu jeder Kursbuchlektion, die den Stoff einer Lektion noch einmal in zwei unterschiedlichen Schwierigkeitsstufen zusammenfassen.

Literatur: In unterhaltsamen Episoden wird eine Fortsetzungsgeschichte erzählt.

Piktogramme und Symbole

Hörtext auf CD ▶ 1 02	Regelkasten für Phonetik	**Der Wortakzent ist** ○ immer auf Silbe 2. ○ flexibel. Den richtigen Wortakzent findet man im Wörterbuch.
Kursbuchverweis KB 3		
Aufgaben zur Mehrsprachigkeit		
Aufgaben füreinander		
Lernstrategien und Lerntipps	TIPP Malen Sie Bilder zu neuen Wörtern.	Vertiefende Aufgabe 🔍
		Erweiternde Aufgabe 🔭

Übungen in drei Schwierigkeitsgraden zu den Selbsttests und die Lösungen zu allen Aufgaben im Arbeitsbuch finden Sie im Internet unter *www.hueber.de/menschen/lernen.*

INHALT

INHALT

Hallo! Ich bin Nicole ...

KB 2 **1 Ordnen Sie zu.**

STRUKTUREN

heiße | du | Hallo | heißt | ~~Ich~~ | ich | wer | wie

- ■ Hallo! _Ich_ bin Wiebke. Und _____
  bist _____?
- ▲ _____, _____ bin Stefan.

- ■ Ich heiße René. Und _____
  _____ du?
- ▲ Ich _____ Alfred.

KB 3 **2 Sortieren Sie.**

KOMMUNIKATION

- ○ Ja, ich komme aus Deutschland.
  Und woher kommst du, Roberto? Aus Portugal?
- ○ Aus Brasilien? Wow!
- ○ Ich heiße Melanie.
- ○ Nein, ich komme aus Brasilien.
- ① Hallo! Ich heiße Roberto, und wer bist du?
- ○ Und woher kommst du? Aus Deutschland?

KB 3 **3 Ordnen Sie zu.**

STRUKTUREN

a Wie   bin Pedro.
b Ich heiße   kommst du?
c Woher   aus der Schweiz.
d Ich komme   heißt du?
e Wer   bist du?
f Ich   Sandra.

KB 3 **4 Ergänzen Sie.**

STRUKTUREN

a ■ Hallo! _Ich_ bin Simon. _____
     heißt du?
   ▲ Ich _____ Steffi.
   ■ Und _____ kommst
     _____? Aus Österreich?
   ▲ Nein, ich _____ aus
     Deutschland.

b ■ Hallo! Ich bin Sofia, _____
     wer _____ du?
   ▲ _____ heiße Philipp.
   ■ Und woher _____ du?
   ▲ Ich komme _____ der Schweiz.

KB 4 **5 Länder**

WÖRTER

a **Welches Land passt? Ordnen Sie zu.** Deutschland | Frankreich | ~~Österreich~~ | die Schweiz | die Türkei

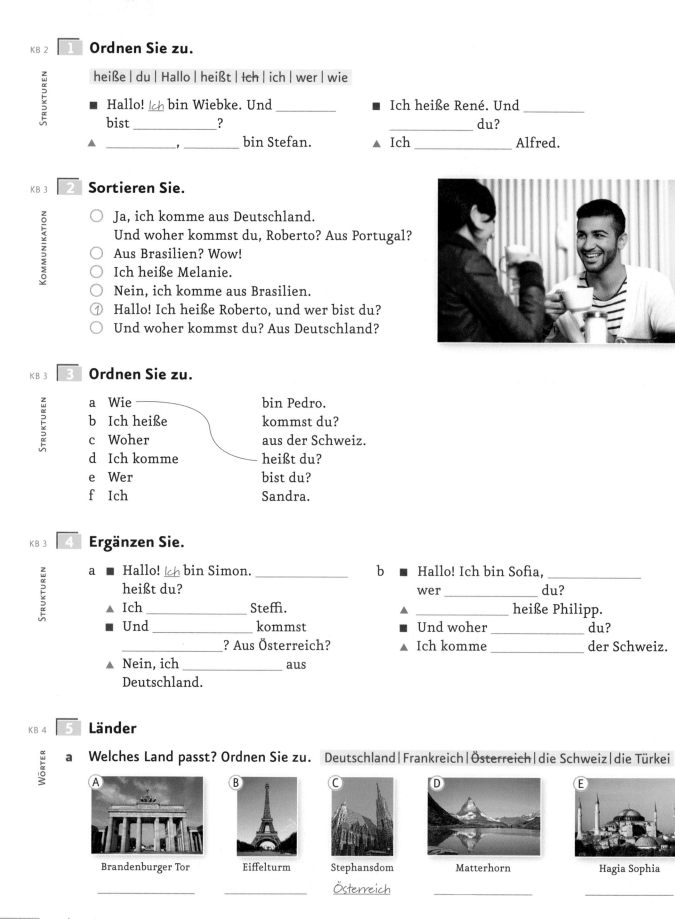

A Brandenburger Tor	B Eiffelturm	C Stephansdom	D Matterhorn	E Hagia Sophia
_____	_____	_Österreich_	_____	_____

BASISTRAINING

b Suchen Sie typische Fotos und schreiben Sie die Länder-
namen auf Kärtchen. Ihre Partnerin / Ihr Partner ordnet zu.

USA

KB 6a **6** *du* oder *Sie?*

KOMMUNIKATION

a Ordnen Sie zu.

du: _1,_____   Sie: _____

b *du* oder *Sie?* Ergänzen und vergleichen Sie.

Deutsch	Englisch	Meine Sprache oder andere Sprachen
du	you	
Sie	you	

KB 6a **7** *du* oder *Sie?* **Kreuzen Sie an.**

KOMMUNIKATION

a Woher kommen ○ du ⊗ Sie, Herr Svendson?
b Hallo, ich bin Tine. Und wer bist ○ du ○ Sie?

c Kolja, woher kommst ○ du ○ Sie?
d Frau Klein, woher kommen ○ du ○ Sie?
e Woher kommst ○ du, ○ Sie, Shema?

KB 6a **8** **Ergänzen Sie.**

STRUKTUREN

a ■ Woher komm_st_ du?
   ▲ Ich komm_____ aus Spanien. Und du?
   ■ Ich komm_____ aus dem Iran.
b ■ Hallo. Ich heiß_____ Maria. Und wie heiß_____ du?
   ▲ Ich heiß_____ Michael.
c ■ Guten Tag, Frau Matard. Woher komm_____ Sie? Aus Frankreich?
   ▲ Nein, ich komm_____ aus der Schweiz.

KB 6c **9** **Schreiben Sie Sätze zu den Fotos.**

STRUKTUREN

Das ist Philipp Lahm. Er kommt aus Deutschland.

Philipp Lahm, Deutschland

Wolfgang Amadeus Mozart, Österreich

Prinz Felipe, Spanien

Martina Hingis, Schweiz

BASISTRAINING

10 **Ergänzen Sie und markieren Sie die Endungen.**

	heißen	kommen	sein
ich	heiße		bin
du			
Sie			sind
er/sie			

STRUKTUREN ENTDECKEN

11 **Was ist richtig? Markieren Sie.**

STRUKTUREN

a Wer bist / ist / sind das?

b Das bin / sind / ist Frau Wachter.

c Woher komme / kommst / kommen Sie?

d Peter komme / kommst / kommt aus Spanien.

e Woher kommst / kommt / kommen Frau Wallander?

12 **Wie geht's? Ordnen Sie zu.**

KOMMUNIKATION

Nicht so gut. | Sehr gut, danke. | Auch gut. | Es geht. | Gut, danke.

a ☺☺ _____   c 🙂 _____

b ☺ _Auch gut._ _____   d 😞 _____

13 **Ergänzen Sie.**

KOMMUNIKATION

Und wie geht es dir? | Und Ihnen? | Wie geht es Ihnen? | Wie geht's?

a ▲ Guten Tag Herr Stein! _Wie geht es Ihnen?_
   ■ Gut, danke. _____
   ▲ Auch gut.

b ● Hallo Svenja! _____
   ■ Sehr gut! _____
   ● Ach, nicht so gut.

14 **Welche Namen hören Sie? Notieren Sie.**

▶ 1 02

HÖREN

a _____   c _____
b _____   d _____

15 **Begrüßung und Abschied – Markieren Sie und ordnen Sie zu.**

KOMMUNIKATION

ichhalloausneingutentagwoheraufwiedersehenichgutenachtesgehtfraudutschüswiegutenabendheißt

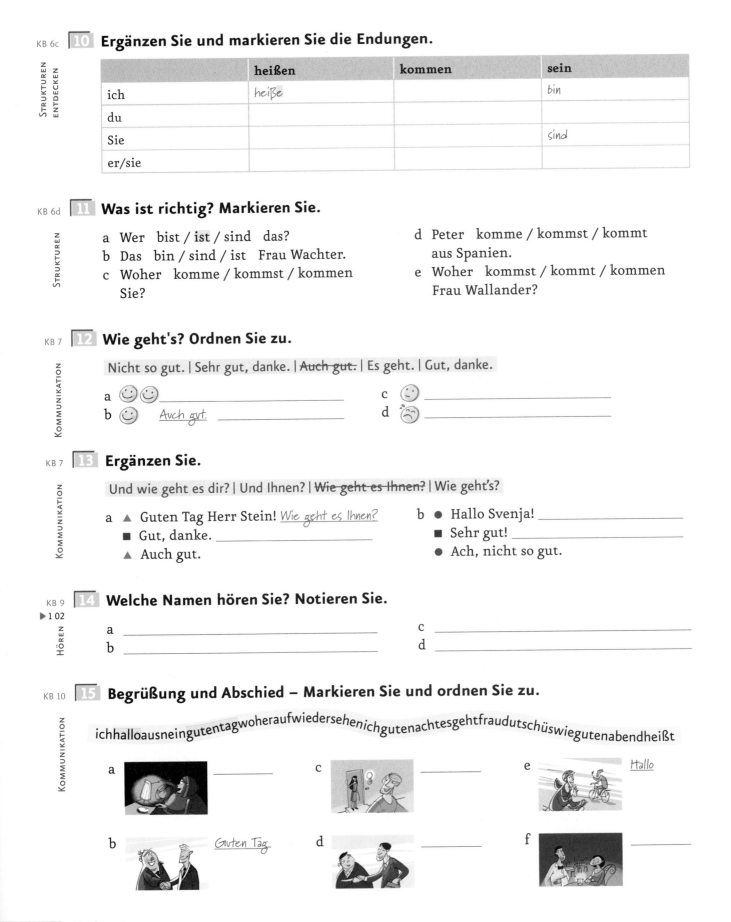

a _____   c _____   e _Hallo_

b _Guten Tag_   d _____   f _____

TRAINING: HÖREN

1 **Wie heißt du?**

a Ergänzen Sie in den Fragen: *wie, woher* oder *wer?*

1 ■ *Wie* heißt du?
   ▲ *Mein Name ist Miguel Munoz.* _____ / ▲ _____

2 ■ _____ kommst du?
   ▲ _____ / ▲ _____

3 ■ Und _____ ist das?
   ▲ _____ / ▲ _____

4 ■ Hallo, Frau Burgos. _____ geht es Ihnen?
   ▲ _____ / ▲ _____

b Ordnen Sie die passenden Antworten in a zu.

> Das ist Frau Burgos. | Gut, danke. Und Ihnen? | Aus Spanien. | Das ist Anna Burgos. | Ich heiße Miguel. | Ich komme aus Spanien. | ~~Mein Name ist Miguel Munoz.~~ | Danke, gut.

▶ 1 03-05 **2** **Hören Sie und kreuzen Sie an.**

a Woher kommt Frau Talipa?

   ○ ▬ aus Österreich ○ ▦ aus Spanien ○ ▬ aus Russland

b Wie geht es Laura?

   ○ ☺☺ Sehr gut.   ○ ☺ Gut.   ○ ☺ Es geht.

   Zuerst lesen – dann hören
   1. Lesen Sie zuerst die Fragen.
   2. Hören Sie dann.

c Welcher Name passt?

   ○ Alioscha   ○ Aliosha   ○ Aljoscha

TRAINING: AUSSPRACHE *Satzmelodie*

▶ 1 06 **1** **Hören Sie und sprechen Sie nach.**

   ■ Wie heißt du? ↘
   ▲ Ich heiße Paco. ↘ Und wer bist du? ↗
   ■ Ich bin Nicole. ↘

2 **Ergänzen Sie die Regel: ↗ oder ↘.**

> **Wie ist die Satzmelodie ...?**
> bei Aussagen (Ich heiße Paco.): ____
> bei W-Fragen (Wie heißt du?): ____
> bei Rückfragen (Und wer bist du?): ____

▶ 1 07 **3** **Hören Sie und ergänzen Sie ↘ oder ↗. Sprechen Sie dann mit Ihrer Partnerin / Ihrem Partner.**

   ■ Hallo. ____
   ▲ Hallo, Paco. ____ Wie geht es dir? ____
   ■ Danke, ____ gut. ____ Und dir? ____

TEST

WÖRTER

1 Was passt zusammen? Ordnen Sie zu.

Abend | Morgen | Auf | Guten | Nacht | Gute | ~~Guten~~ | Wiedersehen | ~~Tag~~ | Guten

*Guten Tag*_____   _____   _____

_____   _____

_ / 4 PUNKTE

WÖRTER

2 Was ist richtig? Kreuzen Sie an.

■ Hallo, wer ⊗ bist ○ kommst du?   ■ ○ Woher ○ Wie kommst du?
▲ Ich ○ bin ○ komme Max.   ▲ ○ Aus ○ Aus dem Österreich.
■ Und der ○ Familienname   ■ Und ○ was ○ wie geht es dir?
  ○ Vorname?   ▲ ○ Nein. ○ Sehr gut!
▲ Wachter.

_ / 6 PUNKTE

STRUKTUREN

3 Ergänzen Sie die Verben in der richtigen Form.

a ■ Wie *heißt* du? (heißen)   ▲ Woher _____ Sie? (kommen)
  ▲ Ich _____ Marie. (heißen)   ■ Ich _____ aus Deutschland.
  ■ Und woher _____ du?   (kommen)
    (kommen)   c ▲ Wer _____ du? (sein)
  ▲ Aus der Schweiz.   ■ Ich _____ Paco. (sein)

b ▲ Und wie _____ Sie? (heißen)   d ▲ Wer _____ das? (sein)
  ■ Juana Weinrich.   ■ Frau Delgado. Sie _____
                                           aus Spanien. (kommen)   _ / 9 PUNKTE

KOMMUNIKATION

4 Ergänzen Sie.

a ■ *Hallo Susan, wie geht es dir?*   b ■ Guten Morgen Herr Bux,
  ▲ _____. ☺   _____?
    Und _____? (du)   ▲ _____. ☹
  ■ _____. ☺   Und _____? (Sie)
                                         ■ _____. ☺☺

_ / 7 PUNKTE

KOMMUNIKATION

5 Ordnen Sie und schreiben Sie Gespräche.

Hallo, ich heiße Oborowski. | Ich komme aus Italien, und du? | ~~Ich heiße Johanna.~~ |
Sind Sie Frau Rode? | Aus der Türkei. | Wie bitte? Obolanski? | Wie geht's? | Nein,
mein Name ist Koch. | Sehr gut. Und dir? | ~~Ich bin Elisa, und du?~~

■ *Ich bin Elisa, und du?*   ■ _____   ■ _____
▲ *Ich heiße Johanna.*   ▲ _____   ▲ _____

                                ■ _____   ■ _____
                                ▲ _____   ▲ _____

_ / 8 PUNKTE

Wörter	Strukturen	Kommunikation
● 0–5 Punkte	● 0–4 Punkte	● 0–7 Punkte
○ 6–7 Punkte	○ 5–7 Punkte	○ 8–12 Punkte
● 8–10 Punkte	● 8–9 Punkte	● 13–15 Punkte

www.hueber.de/menschen/lernen

LERNWORTSCHATZ

1 **Wie heißen die Wörter in Ihrer Sprache? Übersetzen Sie.**

Begrüßung und Abschied

Hallo _____
  A: auch: Servus / Grüß dich
  CH: auch: Hoi / Sali / Salü

Guten Morgen _____

Guten Tag _____
  A: Grüß Gott / CH: Grüezi

Guten Abend _____

Gute Nacht _____

Auf Wiedersehen _____
  CH: Adieu

Tschüs _____
  A: Servus / Baba
  CH: Adieu / Ade / Adie

Name

Ich heiße / _____
  Ich bin ...

Mein Name ist ... _____

Das ist ... _____

Wer ...? _____

Wie ...? _____

Personalien

Frau die, -en _____

Herr der, -en _____

Name der, -n _____

Vorname der, -n _____

Familienname _____
  der, -n

Herkunft

Woher ...? _____

kommen aus ... _____

aus ... _____

Länder

Land das, ⁼er _____

Deutschland _____

Österreich _____

Schweiz die _____

Befinden

Wie geht's? _____

sehr gut _____

gut _____

es geht _____

nicht so gut _____

Weitere wichtige Wörter

Alphabet das, -e _____

buchstabieren _____

auch _____

danke _____

ja _____

nein _____

sehr _____

und _____

> **TIPP** Lernen Sie Fragen und Antworten zusammen.
>
> *Wie geht es dir? – Danke, gut.*
> *Wie heißen Sie? – Ich bin ...*

2 **Welche Wörter möchten Sie noch lernen? Notieren Sie.**

_____

_____

_____

_____

_____

_____

Ich bin Journalistin.

KB 2b

1 Berufe

WÖRTER

a Ordnen Sie zu.

~~Architektin~~ | Ärztin | Lehrer | Schauspieler | Sekretärin | Verkäufer

① Architektin ② _____ ③ _____ ④ _____ ⑤ _____ ⑥ _____

b Wie heißen die Berufe auf Deutsch und in Ihrer Sprache? Ergänzen und vergleichen Sie.

Deutsch	Englisch	Meine Sprache oder andere Sprachen
IT-Spezialist	IT specialist	
	journalist	
	architect	
	student	
	secretary	

KB 2c

2 Ordnen Sie zu.

STRUKTUREN

a Ich arbeite als   Siemens.
b Frau Stern arbeitet bei   eine Ausbildung als Mechatroniker bei Airbus.
c Katharina hat   einen Job als Kellnerin.
d Peter macht   Ingenieur von Beruf.
e Herr Wagner ist   Friseurin.

KB 2c

3 Ordnen Sie zu.

WÖRTER

arbeite | habe | mache | ~~mache~~ | bin | bin

Was machst du beruflich?
a Ich _mache_ eine Ausbildung als Krankenschwester.
b Ich _____ Schülerin.
c Ich _____ Historikerin von Beruf.
d Ich _____ ein Praktikum bei Vestas.
e Ich _____ als Journalistin.
f Ich _____ einen Job als Verkäufer.

KB 3a

4 Ordnen Sie zu.

WÖRTER

geschieden | leben | Single | ~~verheiratet~~ | nicht verheiratet | zwei Kinder

a Stefan und Tanja sind _verheiratet_.
b Sie haben _____.
c Maike und Martin sind _____.
d Maria ist _____.
e Tom und Klara sind _____, aber sie _____ zusammen.

BASISTRAINING

KB 3b 5 Alles falsch. Was ist richtig?

Sandra und Stefan, Deutschland, Singles, leben zusammen, Sandra: Kellnerin, Stefan: bei Sany

Das sind Sabine und Michael. Sie kommen aus Österreich. Sie sind verheiratet. Sie leben allein. Sabine arbeitet als Verkäuferin und Michael arbeitet bei Telespeak.

Falsch	**Richtig**
Das sind nicht Sabine und Michael.	*Das sind Sandra und Stefan.*
Sie kommen nicht aus ...	_____

KB 3b 6 Ordnen Sie zu.

ich | er | sie | wir | sie

KB 3b 7 Was ist richtig? Kreuzen Sie an.

a Svenja und Torben sind verheiratet. ⊗ Sie ○ Ich   haben keine Kinder.
b Herr Peters lebt allein. ○ Er ○ Sie   ist geschieden.
c Melanie ist Single. ○ Sie ○ Ich   lebt allein.
d Ich habe zwei Kinder. ○ Sie ○ Er   heißen Finn und Mika.

KB 3d 8 Ergänzen Sie und markieren Sie die Endungen.

	machen	leben	wohnen	arbeiten	haben	sein
ich	mache					
du				arbeitest	hast	
er/sie	macht			arbeitet	hat	ist
wir		leben				
ihr			wohnt			
sie/Sie			wohnen			sind

KB 3d 9 Ergänzen Sie die Verben in der richtigen Form.

a Was _machst_ (machen) du beruflich?
b Ich _____ (sein) Studentin und _____ (haben) einen Job als Verkäuferin.
c Wo _____ (wohnen) ihr?
d Wir _____ (wohnen) in Dortmund.
e Wir _____ (leben) zusammen und _____ (haben) ein Kind.
f Wer _____ (sein) das? – Das _____ (sein) Joachim und Philipp.
g Niklas und Felix _____ (arbeiten) bei Hansebek.

BASISTRAINING

KB 4 **10** **Markieren Sie und notieren Sie die Zahlen.**

WÖRTER

neunzehnfünfundachtzigzwanzigsechsunddreißigachtdrei
siebenundsiebzigsechzehnneundreiundzwanzig

19,_____

KB 4 **11** **Wie ist die Telefonnummer? Hören Sie und kreuzen Sie an.**

▶ 1 08

WÖRTER

a	○ 030 / 52 79 91 36	○ 030 / 52 79 91 63
b	○ 0171 / 85 67 03 25	○ 0171 / 58 67 02 25
c	○ 06391 / 32 44 67	○ 06391 / 32 44 57
d	○ 08233 / 25 38 57	○ 08233 / 52 36 59

KB 5 **12** **Rechenaufgaben**

WÖRTER

Fünfzehn und
siebenunddreißig
ist ...

a **Lesen Sie laut und ergänzen Sie.**

a fünfzehn + siebenunddreißig = _____
b sechsundfünfzig + acht = _____
c dreiunddreißig + neun = _____
d fünfundzwanzig + siebenundsechzig = _____

b **Schreiben Sie eigene Aufgaben wie in a und tauschen Sie mit Ihrer Partnerin /
Ihrem Partner.**

KB 7 **13** **Lesen Sie das Porträt und beantworten Sie die Fragen.**

LESEN

Ich heiße Marie Durant und komme aus Luxemburg. Momentan lebe ich
in Heidelberg. Ich arbeite hier als Journalistin. Ich bin nicht verheiratet,
aber ich lebe mit meinem Partner zusammen. Er heißt Steven und ist
zurzeit arbeitslos. Wir haben ein Kind. Julie ist jetzt schon 3 Jahre alt.

a Was ist Marie Durant von Beruf? _____
b Was macht Steven beruflich? _____
c Sind Marie und Steven verheiratet? _Nein,_ _____
d Marie und Steven haben zwei Kinder. _Nein,_ _____
e Wo wohnen Marie und Steven? _____
f Wie alt ist Julie? _____

TRAINING: LESEN

1 Angaben zur Person. Was passt zusammen? Verbinden Sie.

Was studieren Sie?   Alter
Sind Sie verheiratet?   Herkunft
Wie alt sind Sie?   Ausbildung
Was machen Sie beruflich?   Familienstand
Wie heißen Sie?   Name
Woher kommen Sie?   Beruf

2 Lesen Sie die Texte und ergänzen Sie die Steckbriefe.

STECKBRIEF

Name: _Julia_
Alter: _____
Herkunft: _____
Ausbildung: _studiert Medizin_
Beruf: _Studentin_
Arbeitgeber: _____/_____
Familienstand: _____
Kinder: _____

STECKBRIEF

Name: _____
Alter: _____
Herkunft: _____
Ausbildung: _Studium_
Beruf: _____
Arbeitgeber: _____
Familienstand: _____
Kinder: _keine_

TIPP

Lesen Sie zuerst die Aufgabe genau. Markieren Sie dann die wichtigen Stellen im Text.

1   Das ist Julia. Sie ist 24 Jahre alt und studiert Medizin an der Universität in München. Aber sie kommt aus England. Julia ist mit Frank verheiratet. Sie haben keine Kinder.

2   Frank ist 28 Jahre alt und kommt aus Österreich. Er ist mit Julia verheiratet und arbeitet als Ingenieur bei BMW. Jetzt lebt er schon zwei Jahre in München.

TRAINING: AUSSPRACHE *Wortakzent*

▶ 1 09 **1 Welche Silbe ist betont? Hören Sie und markieren Sie den Wortakzent.**

Stud<u>e</u>nt – Journalist – Ingenieur – Schauspieler – Arzt – Lehrer – Verkäufer – Kellner – Friseur – Schüler – Krankenschwester

2 Ordnen Sie die Wörter aus 1 zu und kreuzen Sie dann an: Was ist richtig?

Silbe 1 ‿ _ _	Silbe 2 _ ‿ _	letzte Silbe _ _ ‿
Arzt		Student

REGEL

Der Wortakzent ist
○ immer auf Silbe 2.
○ flexibel. Den richtigen Wortakzent findet man im Wörterbuch.

▶ 1 10 **3 Hören Sie die Berufe aus 1 noch einmal und sprechen Sie nach.**
Achten Sie auf den Wortakzent.

TEST

1 **Ordnen Sie zu.**

Alter | Wohnort | Beruf | Herkunft | ~~Name~~ | Arbeitgeber | Familienstand

a <u>Name</u>   Maria Oberhuber   e _____ verheiratet
b _____ 83026 Rosenheim   f _____ Lehrerin
c _____ Deutschland   g _____ „Sprachschule
d _____ 33 Jahre   Rosenheim"

_ / 6 PUNKTE

2 **Ergänzen Sie die Zahlen.**

a neunundneunzig   99   d fünfzehn _____
b vierundfünfzig _____   e fünfzig _____
c fünfundvierzig _____

_ / 4 PUNKTE

3 **Wie heißen die Berufe?**

Kran | cha | Schau | tin | schwes | ter | Stu | ~~rin~~ | ni | spie | ~~fe~~ | ken | Me | ~~käu~~ | ker | ler | den | ~~Ver~~ | tro

a <u>Verkäuferin</u> b _____ c _____ d _____ e _____   _ / 4 PUNKTE

4 **Ergänzen Sie.**

a ■ Wo <u>studiert</u> (studieren) er?
In Hamburg?
▲ <u>Nein, er studiert nicht in Hamburg.</u>

b ■ Alina und Rainer, wo _____
(wohnen) ihr? In München?
▲ Ja, _____ .

c ■ Wie alt _____ (sein) Sie? 35?
▲ Nein, ich _____ .

d ■ Wo _____ (arbeiten)
du? Bei Siemens?
▲ Ja, ich _____ .

e ■ Woher _____ (kommen) Sinem
und Selina? Aus der Schweiz?
▲ Nein, sie _____
_____ .

_ / 8 PUNKTE

5 **Welche Antwort passt? Kreuzen Sie an.**

a ■ Wo arbeitest du?
  ○ ▲ Als IT-Spezialist.
  ○ ▲ Bei EASY COMPUTER.

b ■ Und woher kommen Sie?
  ○ ▲ Aus Frankreich.
  ○ ▲ In Frankreich.

c ■ Was machen Sie gerade?
  ○ ▲ Ich glaube, sie macht eine
     Ausbildung als Friseurin.
  ○ ▲ Ich mache eine Ausbildung
     als Friseurin.

d ■ Wie alt sind die Kinder?
  ○ ▲ Zwei, drei und fünf.
  ○ ▲ Sie ist zehn.

e ■ Wo arbeiten Sie?
  ○ ▲ In Frankfurt.
  ○ ▲ Aus Frankfurt.

_ / 5 PUNKTE

Wörter	Strukturen	Kommunikation
● 0–7 Punkte	● 0–4 Punkte	● 0–2 Punkte
◐ 8–11 Punkte	◐ 5–6 Punkte	◐ 3 Punkte
● 12–14 Punkte	● 7–8 Punkte	● 4–5 Punkte

www.hueber.de/menschen/lernen

LERNWORTSCHATZ

 1 **Wie heißen die Wörter in Ihrer Sprache? Übersetzen Sie.**

Arbeit und Ausbildung

Arbeitgeber der, - _____

Ausbildung die,
  -en _____

Beruf der, -e _____

Hochschule die,
  -n / Universität die, -en _____

Job der, -s _____

Praktikum das,
  Praktika _____

Schule die, -n _____

Stelle die, -n _____

arbeiten als/bei ... _____

studieren _____

arbeitslos _____

von Beruf _____

Was ...? _____

Berufe

Architekt der, -en _____

Arzt der, ⸚e _____

Friseur der, -e _____
  CH: Coiffeur der, -e / Coiffeuse die, -n

Ingenieur der, -e _____

Journalist der, -en _____

Kellner der, - _____

Krankenschwester
  die, -n _____

Lehrer der, - _____

Mechatroniker
  der, - _____

Student der, -en _____

Schauspieler der, - _____

Schüler der, - _____

Sekretär der, -e _____

Verkäufer der, - _____

Persönliches

Alter das _____

Familienstand
  der _____
  CH: Zivilstand der

Jahr das, -e _____

  ... Jahre alt sein _____

Kind das, -er _____

leben _____
  allein leben _____
  zusammenleben _____

wohnen in _____

geschieden _____

verheiratet _____

in _____

Wo ...? _____

Weitere wichtige Wörter

glauben _____

haben _____

machen _____

richtig _____

falsch _____

super _____

aber _____

kein- _____

nicht _____

> **TIPP**
> Schreiben Sie neue
> Wörter und Beispielsätze
> auf Kärtchen.
>
> *arbeiten*
> *Ich arbeite nicht.*
>
> *leben*
> *Wir leben in Malaga.*

2 **Welche Wörter möchten Sie noch lernen? Notieren Sie.**

_____

_____

_____

_____

Das ist meine Mutter.

KB 3 **1** **Was passt? Kreuzen Sie an.**

STRUKTUREN

a Ist das ⊗ dein ○ deine Vater?
b Ja, das ist ○ mein ○ meine Vater.
c Und das? Ist das ○ dein ○ deine Oma?
d Nein, das ist nicht ○ mein ○ meine Oma.
Das ist ○ mein ○ meine Mutter.
e Das hier ist ○ mein ○ meine Oma.
f Und das ist ○ mein ○ meine Opa.

KB 4 **2** **Ordnen Sie zu.**

STRUKTUREN

Bist du verheiratet? | Wer ist das? | Ist das dein Mann? |
Das sind meine Eltern. | Wie heißt deine Schwester? |
Ist deine Schwester verheiratet? | Mein Opa lebt in Spanien. |
Meine Schwester hat zwei Kinder. | Was ist deine Mutter von
Beruf? | Hast du Kinder?

Ja/Nein-Fragen
Bist du verheiratet?

W-Fragen/Aussagen
Mein Opa lebt in Spanien.

KB 4 **3** **Schreiben Sie Sätze.**

STRUKTUREN

a wer / das / ist Wer ist das?
b das / Frau / ist / deine _____ ?
c das / nein / Schwester / ist / meine _____ .
d verheiratet / du / bist _____ ?
e geschieden / nicht / bin / ich _____ .

KB 4 **4** **Aussagen und Fragen**
Machen Sie Übungen wie in 3. Ihre Partnerin / Ihr Partner schreibt Sätze.

KB 5 **5** **Kreuzen Sie an.**

KOMMUNIKATION

☺   ☹

a Ist Lisa geschieden?   ⊗ Ja.   ○ Nein.

b Sind das deine Kinder?   ○ Ja.   ○ Nein.

c Vroni ist nicht verheiratet.   ○ Doch.   ○ Nein.

d Roberto kommt nicht aus Spanien.   ○ Doch.   ○ Nein.

KB 5 **6** **Ergänzen Sie *ja*, *nein* oder *doch*.**

KOMMUNIKATION

a Ist deine Schwester verheiratet? _Ja_, meine Schwester ist verheiratet.
b Leben deine Eltern in Kiel? _____, meine Eltern leben nicht in Kiel.
c Du studierst nicht, oder? _____, ich studiere Physik.
d Deine Schwester ist auch Schauspielerin, oder? _____, sie ist auch Schauspielerin.
e Deine Frau heißt nicht Sandra, oder? _____, sie heißt Sandra.

BASISTRAINING

KB 6 **7** **Ordnen Sie zu.**

WÖRTER

Schwester | Vater | ~~Sohn~~ | Opa | Enkelin | (Ehe-)Frau | Großvater

Sohn

Bruder

_____

Tochter

_____

Mutter

(Ehe-)Mann

Enkel

_____

_____

_____

Oma

Großmutter

KB 6 **8** **Silbenrätsel. Ergänzen Sie.**

WÖRTER

~~der~~ | el | el | groß | ~~kin~~ | schwes | tern | tern | tern

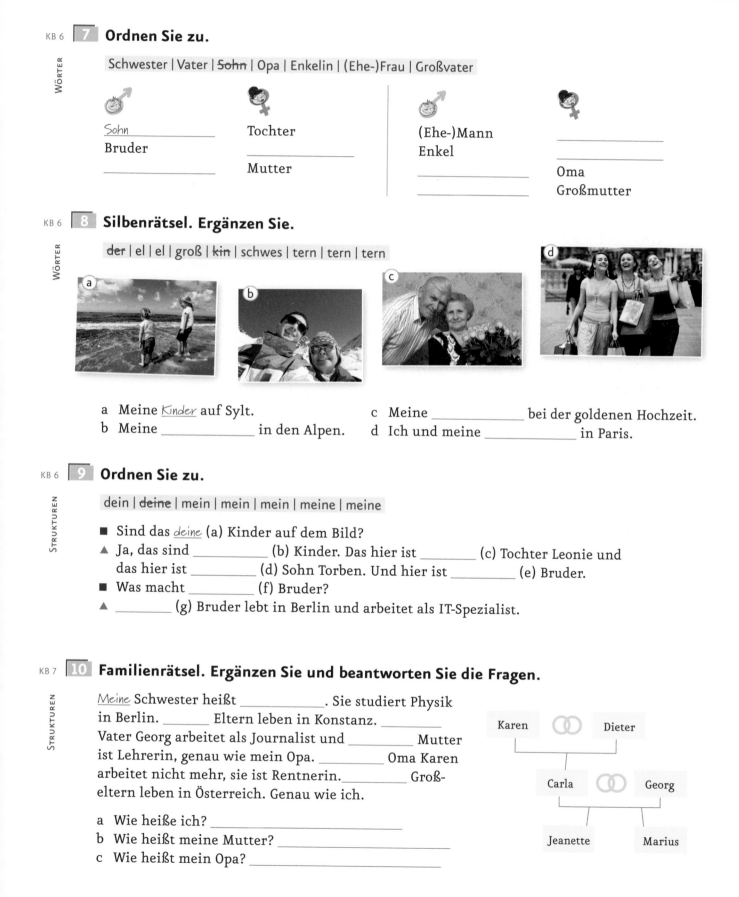

a Meine _Kinder_ auf Sylt.

b Meine _____ in den Alpen.

c Meine _____ bei der goldenen Hochzeit.

d Ich und meine _____ in Paris.

KB 6 **9** **Ordnen Sie zu.**

STRUKTUREN

dein | ~~deine~~ | mein | mein | mein | meine | meine

■ Sind das _deine_ (a) Kinder auf dem Bild?

▲ Ja, das sind _____ (b) Kinder. Das hier ist _____ (c) Tochter Leonie und das hier ist _____ (d) Sohn Torben. Und hier ist _____ (e) Bruder.

■ Was macht _____ (f) Bruder?

▲ _____ (g) Bruder lebt in Berlin und arbeitet als IT-Spezialist.

KB 7 **10** **Familienrätsel. Ergänzen Sie und beantworten Sie die Fragen.**

STRUKTUREN

Meine Schwester heißt _____. Sie studiert Physik in Berlin. _____ Eltern leben in Konstanz. _____ Vater Georg arbeitet als Journalist und _____ Mutter ist Lehrerin, genau wie mein Opa. _____ Oma Karen arbeitet nicht mehr, sie ist Rentnerin. _____ Groß- eltern leben in Österreich. Genau wie ich.

Karen ⬭⬭ Dieter

Carla ⬭⬭ Georg

Jeanette   Marius

a Wie heiße ich? _____

b Wie heißt meine Mutter? _____

c Wie heißt mein Opa? _____

BASISTRAINING

11 Meine Familie. Ergänzen Sie den Stammbaum und schreiben Sie einen Text wie in 10.

Mein Bruder heißt Alfred. Er arbeitet bei ...

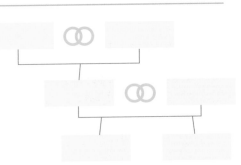

12 Ordnen Sie zu, ergänzen und vergleichen Sie.

Freund | ~~Kollege~~ | Student | Partnerin | Ärztin

Deutsch ♂	Deutsch ♀	Englisch ♂ und ♀	Meine Sprache oder andere Sprachen ♂	Meine Sprache oder andere Sprachen ♀
Kollege	Kollegin	colleague		
Partner		partner		
	Freundin	friend		
Arzt		doctor		
	Studentin	student		

13 Was spricht man wo? Notieren Sie.

~~deutsch~~ | eng | fran | ita | lie | lisch | nisch | nisch | rus | sisch | sisch | spa | zö

Land   **Sprache**
a Österreich   *Deutsch* _____
b England   _____
c Spanien   _____

Land   **Sprache**
d Frankreich   _____
e Italien   _____
f Russland   _____

14 Ergänzen Sie.

	kommen	sprechen (e→i)
ich		
du	kommst	sprichst
er/sie		
wir		
ihr		
sie/Sie		

15 Ergänzen Sie die Verben.

a ■ Welche Sprachen *sprichst* du?
   ▲ Ich _____ Deutsch und Englisch.
b ■ Wie viele Sprachen _____ Sie?
   ▲ Drei: Englisch, Französisch und Spanisch.
c ■ Woher _____ ihr?
   ▲ Wir _____ aus der Schweiz.

d ■ _____ ihr Französisch?
   ▲ Ja, und Deutsch.
e ■ Wo _____ Sie?
   ▲ Wir _____ in Graz.
f ■ _____ Sie Kinder?
   ▲ Ja, wir _____ zwei Kinder.
g ■ Das _____ meine Kinder.
   Sie _____ Tim und Tomma.

1 Sich vorstellen

a Welche Sätze passen zu den Fragen an der Tafel? Markieren Sie.

Ich heiße ...
Ich arbeite bei ...
Meine Telefonnummer ist ...
Ich spreche ...

Ich bin ... Jahre alt.
Ich bin verheiratet.
Ich bin ... von Beruf.
Ich studiere in ...

Ich habe zwei Kinder.
Ich wohne in ...
Ich komme aus ...

b Das bin ich! Notieren Sie mindestens fünf Sätze.

> Ich heiße Julia.
> Ich komme aus ... und ich wohne in ...

TIPP Lernen Sie Sätze zu Ihrer Person auswendig. Sie helfen beim Small Talk.

TRAINING: AUSSPRACHE *Satzmelodie bei Fragen*

▶1 11 ### 1 Was hören Sie? Ergänzen Sie die Satzmelodie: ↘ oder ↗.

Wer ist das? ↘
Ist das deine Frau? ↗
Bist du verheiratet? ____
Wie heißt deine Frau? ____
Heißt deine Frau Steffi? ____
Was ist sie von Beruf? ____

2 Ergänzen Sie die Regel.

REGEL

↗ | ↘

Bei W-Fragen (Wer? Wie? Was? ...) geht die Satzmelodie nach unten: ____
Bei Ja-/Nein-Fragen geht die Satzmelodie nach oben: ____

▶1 12 ### 3 Ergänzen Sie die Satzmelodie (↘, ↗). Hören Sie dann und vergleichen Sie.

■ Das ist deine Freundin, ↘ oder? ↗
▲ Nein. ____ Das ist nicht meine Freundin. ____ Das ist meine Schwester. ____
■ Wohnt sie auch in Deutschland? ____
▲ Nein. ____ Sie wohnt in Polen. ____
■ Aha. ____ Aber sie spricht Deutsch, ____ oder? ____
▲ Sie spricht Polnisch, Deutsch und Englisch. ____
■ Ist sie verheiratet? ____
▲ Nein. ____ Sie ist nicht verheiratet.

▶1 13 Hören Sie noch einmal und sprechen Sie nach.

TEST

WÖRTER

1 Familie. Ergänzen Sie.

Eltern: Vater und _____

_____   _____ und Schwester

Kinder: Sohn und _____

_____   _Oma_ / Opa und Großmutter / _____

Enkelkinder: Enkel und _____   _ / 7 PUNKTE

STRUKTUREN

2 Schreiben Sie die Fragen.

a   Thea / ist / deine Tochter   _Ist Thea deine Tochter?_

b   sprechen / welche Sprachen / deine Kinder   _____ ?

c   ist / dein / Vater / das   _____ ?

d   verheiratet / bist / du   _____ ?

e   wo / du / wohnst   _____ ?   _ / 4 PUNKTE

STRUKTUREN

3 Beantworten Sie die Fragen aus Aufgabe 2.

a   _Ja, Thea ist meine Tochter._

b   _____ Französisch, Englisch und Deutsch.

c   Ja, das _____ .

d   Nein, ich_____ .

e   _____ in Stuttgart.   _ / 4 PUNKTE

STRUKTUREN

4 Ergänzen Sie _mein-/dein-_.

Hallo Eduardo,

wie geht's? Ich bin jetzt in Deutschland, in Bremen. Hier wohnt _____ Bruder.
Ich mache hier ein Praktikum. _____ Kollegen sind super. Wie geht es Dir?
Was machen _____ Frau und _____ Sohn?
Tschüs, Anna

_ / 4 PUNKTE

KOMMUNIKATION

5 _Ja, nein_ oder _doch?_ Schreiben Sie die Antworten.

a   Hannah ist nicht deine Tochter, oder?   +   _Doch, Hannah ist meine Tochter._

b   Sprichst du Spanisch?   +   _____

c   Du bist nicht verheiratet, oder?   −   _____

d   Ist Frau Duate deine Lehrerin?   −   _____

e   Du arbeitest nicht in Österreich, oder?   +   _____

_ / 4 PUNKTE

Wörter	Strukturen	Kommunikation
⬤ 0–3 Punkte	⬤ 0–6 Punkte	⬤ 0–2 Punkte
◯ 4–5 Punkte	◯ 7–9 Punkte	◯ 3 Punkte
⬤ 6–7 Punkte	⬤ 10–12 Punkte	⬤ 4 Punkte

www.hueber.de/menschen/lernen

1 Wie heißen die Wörter in Ihrer Sprache? Übersetzen Sie.

Familie

Familie die, -n _____

Vater der, ⸚ _____

Mutter die, ⸚ _____

Eltern (Pl) _____

Sohn der, ⸚e _____

Tochter die, ⸚ _____

Großvater der, ⸚ /
 Opa der, -s _____

Großmutter die, ⸚ /
 Oma die, -s _____

Großeltern (Pl) _____

Enkelin die, -nen _____

Enkel der, - _____

Bruder der, ⸚ _____

Schwester die, -n _____

Geschwister (Pl) _____

(Ehe)Mann der, ⸚er _____

(Ehe)Frau die, -en _____

> **TIPP**
> Notieren Sie Verben
> mit Vokalwechsel so:
>
> ich spreche
> du sprichst
> sie/er spricht

Sprachen

Sprache die, -n _____

sprechen,
 du sprichst,
 er spricht _____

Deutsch _____

Welche ...?
Wie viele ...? _____

Weitere wichtige Wörter

Bild das, -er _____

Freund der, -e _____

Kollege der, -n _____

Partner der, - _____

ja _____

nein

doch

ein bisschen _____

bitte

genau _____

mein _____

dein _____

2 Welche Wörter möchten Sie noch lernen? Notieren Sie.

_____

_____

_____

_____

_____

_____

_____

_____

_____

_____

_____

_____

_____

1 **Sich begrüßen und sich verabschieden? Ergänzen Sie.**

Begrüßung
a Hallo
b _ _ _ _ n T _ _
c _ _ _ _ _ _   _ _ r _ _ _
d G _ _ _ _   _ _ _ _ _

Abschied
e _ _ _ _ _ N _ _ _ _ _
f A _ _ _ _ _ _ _ _ _ _ _ _ _
g _ s _ _ _ _

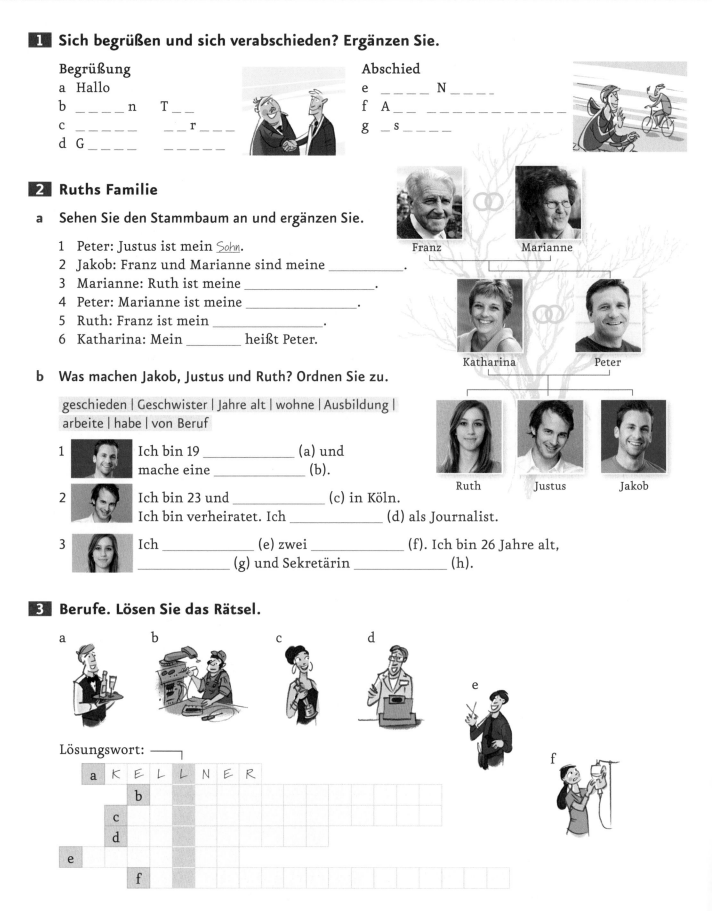

2 **Ruths Familie**

a **Sehen Sie den Stammbaum an und ergänzen Sie.**

1 Peter: Justus ist mein *Sohn*.
2 Jakob: Franz und Marianne sind meine _____.
3 Marianne: Ruth ist meine _____.
4 Peter: Marianne ist meine _____.
5 Ruth: Franz ist mein _____.
6 Katharina: Mein _____ heißt Peter.

Franz   Marianne

Katharina   Peter

Ruth   Justus   Jakob

b **Was machen Jakob, Justus und Ruth? Ordnen Sie zu.**

geschieden | Geschwister | Jahre alt | wohne | Ausbildung |
arbeite | habe | von Beruf

1 Ich bin 19 _____ (a) und
mache eine _____ (b).

2 Ich bin 23 und _____ (c) in Köln.
Ich bin verheiratet. Ich _____ (d) als Journalist.

3 Ich _____ (e) zwei _____ (f). Ich bin 26 Jahre alt,
_____ (g) und Sekretärin _____ (h).

3 **Berufe. Lösen Sie das Rätsel.**

a   b   c   d

e

f

Lösungswort: ┌─────┐

```
    a K E L L N E R
        b
      c
      d
  e
    f
```

WIEDERHOLUNGSSTATION: GRAMMATIK

1 Schreiben Sie Gespräche.

a ■ <u>Ist Sergio Ingenieur?</u>   (Sergio – ist – Ingenieur)
  ▲ Ja, _____.   (arbeitet – er – Siemens – bei)

b ■ _____?   (er – kommt – woher)
  ▲ Aus Mexiko.

c ■ _____?   (wohnt – wo – er)
  ▲ In Berlin.

d ■ _____?   (Geschwister – er – wie viele – hat)
  ▲ _____.   (eine Schwester – hat – er)

e ■ _____?   (Sprachen – spricht – welche – er)
  ▲ Spanisch und Deutsch.

2 Mein Name ist …

a Suchen Sie noch 9 Verben.

H	S	M	H	E	D	S	W	I
R	A	L	A	S	J	P	O	B
M	V	E	B	E	O	R	H	H
A	R	B	E	I	T	E	N	E
C	H	E	N	N	K	C	E	I
H	U	N	C	M	O	H	N	S
E	I	C	F	P	M	E	A	S
N	A	B	I	G	M	N	I	E
S	T	U	D	I	E	R	E	N
P	R	A	T	R	N	U	L	G

ß = ss

b Ergänzen Sie die Verben aus a in der richtigen Form.

■ Hallo, mein Name <u>ist</u> Lena und wie _____ du?
▲ Hallo Lena, ich bin Jorgo, und das ist mein Bruder Wassili.
■ Woher _____ ihr?
▲ Aus Griechenland.
■ Und was _____ ihr hier in Österreich?
▲ Ich _____ an der Universität in Wien und Wassili _____ als Programmierer. Und du?
■ Ich _____ in Hamburg und _____ einen Job als Kellnerin. Wie viele Jahre <u>wohnst</u> du schon in Österreich?
▲ Zwei Jahre.
■ Was! Nur zwei Jahre? Du _____ sehr gut Deutsch!
▲ Danke!

3 Lesen Sie die Informationen zu Isabel und schreiben Sie Sätze mit nicht.

STECKBRIEF

Name: <u>Isabel</u>
Adresse: <u>Veilchenweg 37, Oberhausen</u>
Familienstand: <u>Single</u>
Beruf: <u>Sekretärin</u>
Herkunft: <u>Schweiz</u>

a Köln wohnen: <u>Isabel wohnt nicht in Köln.</u>
b als Krankenschwester arbeiten: _____
c verheiratet sein: _____
d aus Österreich kommen: _____

4 Was ist richtig? Markieren Sie.

Das ist Ferdinand. Er ist mein/meine Kollege/Kollegin. Er ist auch Journalist/Journalistin von Beruf. Wir arbeiten/arbeite jetzt als/bei MEDIA.COM in Hamburg. Ferdinand wohne/wohnt allein, aber er hast/hat viele Freunde.

Das ist mein/meine Chef/Chefin. Sie heiße/heißt Elena Goldoni. Sie kommt in/aus Italien. Aber sie lebt/lebst schon vierzig Jahre bei/in Deutschland. Sie spreche/spricht perfekt Deutsch und Italienisch.

SELBSTEINSCHÄTZUNG *Das kann ich!*

Ich kann jetzt ...

... andere begrüßen und mich verabschieden: L01

Hallo/Guten _____

... mich und andere vorstellen: L01/L02/L03

Ich heiße _____. Ich komme _____ und ich wohne

_____. Ich spreche _____.

... nach dem Befinden fragen und über mein Befinden sprechen: L01

du: ■ Wie _____? ▲ Danke, _____. ☺ Und _____?

Sie: ● _____?

■ _____. ☹ Und _____?

... nachfragen und buchstabieren: L01

■ Mein Name ist Chanya Ndiaye.

▲ _____?

■ Ich _____: C-H-A-N- ...

... nach dem Beruf fragen und über meinen Beruf sprechen: L02

■ Was bist du von _____? ▲ Ich _____.

... über Persönliches sprechen: L02

Familienstand: Ich bin _____.

Kinder: Ich _____.

Alter: Ich _____.

... meine Familie beschreiben: L03

Das ist/sind_____.

_____ kommt aus _____ und wohnt in

_____.

Ich kenne ...

... 5 Länder und Sprachen: L01/L03

_____

_____

... 5 Berufe: L02

_____

_____

... die Zahlen bis 100: L02

10 *zehn*	17 *siebzehn*	23 _____	38 _____
40 _____	50 _____	60 _____	70 _____
80 _____	90 _____	100 _____	

... 10 Familienmitglieder: L03

_____

_____

SELBSTEINSCHÄTZUNG *Das kann ich!*

Ich kann auch ...

... W-Fragen stellen und auf Fragen antworten: L01/L02/L03

- ■ _____ heißt ihr? ▲ _____ Sandra und Simone.
- ■ _____ kommen Madita und Mia? ▲ _____ aus Schweden.
- ■ _____ sprichst du? ▲ _____ Spanisch und Englisch.
- ■ _____ wohnen Sie? ▲ _____ in Madrid.
- ■ _____ ist das? ▲ _____ ist Pedro.

... Aussagen verneinen (Negation): L02

Markus wohnt _____ in Köln und
ist _____ verheiratet.

> Markus: Stuttgart
> Familienstand: Single

... nach Familienmitgliedern fragen und sie benennen (Possessivartikel): L03

- ▲ Sind das _deine_ Eltern? ■ Ja, das sind _____ Eltern. Das ist _____ Mutter und das ist _____ Vater.

... Ja-/Nein-Fragen stellen und mit *ja/nein/doch* antworten: L03

- ■ _____ das deine Eltern?
- ☺ ▲ _____ . ☹ ▲ _____ .
- ■ _____ dein Bruder nicht verheiratet?
- ☺ ▲ _____ . ☹ ▲ _____ .

Üben / Wiederholen möchte ich noch ...

_____

RÜCKBLICK

Wählen Sie eine Aufgabe zu Lektion 1 _____

🔍 **1 Wer ist das? Sehen Sie im Kursbuch auf den Seiten 11 und 12 nach und schreiben Sie.**

Das ist ....
Sie kommt aus ....
_____

Das _____ .
Er _____ .

_____
_____
_____

🔭 **2 Suchen Sie Fotos. Wer ist das? Stellen Sie die Personen vor.**

Das ist Mesut Özil. Er kommt aus Deutschland.

_____
_____
_____

RÜCKBLICK

Wählen Sie eine Aufgabe zu Lektion 2 _____

🔍 **1 Was ist richtig? Kreuzen Sie an und vergleichen Sie mit dem Kursbuch auf Seite 144.**

	Helga Stiemer	Carlos	Sonja	Bo Martinson
a Sie arbeiten nicht.	X	X		
b Sie sind nicht verheiratet.				
c Sie kommen nicht aus Deutschland.				
d Er hat keine Kinder.				
e Er wohnt in Essen.				
f Sie wohnt in Leipzig.				

2 Wählen Sie eine Kursteilnehmerin / einen Kursteilnehmer oder einen Prominenten. Ergänzen Sie den Steckbrief und schreiben Sie einen Text.

STECKBRIEF

Vorname:

Familienname:

Herkunft:

Wohnort:

Beruf:

Alter:

Familienstand:

Kinder:

Das ist ...

... kommt aus ....

...

Wählen Sie eine Aufgabe zu Lektion 3 _____

🔍 **1 Lesen Sie den Stammbaum im Kursbuch auf Seite 21. Was sagt Olga?**

„Ich bin Olga. Das ist mein Mann. Er heißt _____.

Ich habe zwei _____.

Meine Tochter _____ und mein

_____.“

2 Ihre Familie. Was sagt Ihre Mutter / Ihr Bruder ...? Schreiben Sie.

Ich heiße ...

Das ist mein/meine ...

Sie/Er ...

LITERATUR

PAUL UND HERR ROSSMANN MACHEN FERIEN

Teil 1: Ich heiße Paul.

Paul ist mit seinem Hund[1] im Englischen Garten in München.
Anja ist auch da. Sie füttert die Enten[2].
Pauls Hund bellt[3].
Die Enten fliegen weg.
„He! Hallo! Was machst du da?", sagt Anja.
„Ich mache nichts."
„Aber dein Hund!"
„Herr Rossmann."
„Was? Welcher Herr?"
„Herr Rossmann."
„Nein, dein Hund", sagt Anja.
„Aber so heißt mein Hund: Herr Rossmann."

„Ach was ..."
„Wie heißt du?", fragt Paul.
„Anja."
„Kommst du aus München?"
„Ja, ich wohne hier."
„Ich komme nicht aus München", sagt Paul.
„Nicht? Woher kommst du?"
„Aus Österreich. Ich wohne in Wien. Ich mache
   Ferien in München."
„Ach, Ferien, das ist toll!", sagt Anja.
Herr Rossmann bellt.

„Ja, du machst auch Ferien, Herr Rossmann,
ich weiß", sagt Paul.
„Und wie heißt du?"
„Ich heiße Paul."
„Was machst du in Wien?", fragt Anja.
„Ich bin Journalist."
„Wo arbeitest du?"
„Ich bin bei der Zeitung ‚Der Standard'."
„Aha. Ich bin Schauspielerin."
„Wow, das klingt super!"
Paul setzt sich zu Anja.
Sie füttern gemeinsam die Enten.
Herr Rossmann bellt.
„Nicht bellen, Herr Rossmann!", sagt Paul.
Herr Rossmann bellt.
„Jetzt sind die Enten weg!"
„Herr Rossmann, so geht das nicht!", sagt Paul.
Herr Rossmann bellt.
„Komm, Herr Rossmann, wir gehen! Ciao, Anja."
„Tschüs, Paul."
Sie gehen weg.
„Was denkst du, Herr Rossmann?", fragt Paul.
„Sehen wir Anja wieder?"
Herr Rossmann bellt.

1   : Hund der, -e

2   : Ente die, -n

3   : bellen

Der Tisch ist schön!

KB 3 **1** **Ergänzen Sie das Gespräch.**

KOMMUNIKATION

> Er ist wirklich schön, aber sehr teuer. | Nur 55 Euro! Das ist aber günstig! |
> Und wie viel kostet der Stuhl? | Was kostet denn das Bild? | ~~Ja, bitte.~~

- ■ Guten Tag, brauchen Sie Hilfe?

  a ▲ *Ja, bitte.* _____

- ■ 55 Euro!

  b ▲ _____

- ■ Ja, das ist ein Sonderangebot.

  c ▲ _____

- ■ Der Stuhl kostet 1200 Euro.
  Der Designer heißt Nilsson.

  d ▲ _____

- ■ Finden Sie?

KB 4 **2** **Meine Möbel**

WÖRTER

a **Ergänzen Sie die Nomen mit Artikel.**

> ~~Bett~~ | Bild | Lampe | Sessel | Stuhl | Sofa | Tisch | Schrank | Teppich

das Bett

b **Notieren Sie 10 Nomen aus den Lektionen 1 bis 3.**
Ihre Partnerin / Ihr Partner sucht die Artikel im Wörterbuch.

> der Sohn [zo:n]; -[e]s, Söhne ['zø:nə]: *männli-*
> *ches Kind:* ein Sohn aus erster, zweiter
> Ehe; der älteste, jüngste, einzige Sohn;
> Vater und Sohn sehen sich überhaupt
> nicht ähnlich; die Familie hat zwei
> Söhne und eine Tochter. *Syn.:* Junior.
> *Zus.:* Adoptivsohn.

KB 4 **3** **Ergänzen Sie *der, das* oder *die* und vergleichen Sie.**

STRUKTUREN

Deutsch	Englisch	Meine Sprache oder andere Sprachen
_____ Mann, _____ Tisch	**the** man, **the** table	
_____ Kind, _____ Bett	**the** child, **the** bed	
_____ Frau, _____ Lampe	**the** woman, **the** lamp	

KB 5
▶ 1 14
WÖRTER

4 Welche Zahlen hören Sie?

a Kreuzen Sie an.

1 ○ 323   ○ 332   4 ○ 1100   ○ 1010
2 ○ 17 000   ○ 70 000   5 ○ 64 200   ○ 46 200
3 ○ 350 000 ○ 355 000   6 ○ 100 000   ○ 1 000 000

▶ 1 15
b Hören Sie noch einmal und sprechen Sie nach.

KB 6
▶ 1 16-19
HÖREN

5 Was kosten die Möbel? Notieren Sie die Preise.

a   b   c   d

_____ €   _____ €   _____ €   _____ €

KB 6
▶ 1 20
WÖRTER

6 Wie sagt man das? Ergänzen Sie. Hören Sie dann.

a 0,99 €   _neunundneunzig Cent_____   d 69,00 € _____

b 0,59 €   _____   e 77,77 € _____

c 9,99 €   _____   f 178,95 € _____

KB 7
STRUKTUREN ENTDECKEN

7 Was passt zusammen? Ordnen Sie zu und ergänzen Sie.

Der Sessel ist modern.   Sie kommt aus Italien.
Die Lampe ist schön.   Es ist aber sehr klein.
Das Bett ist auch nicht schlecht.   Und er ist praktisch.

• _der_ → er   • ____ → sie   • ____ → es

KB 7
STRUKTUREN

8 Ergänzen Sie.

a ■ Was kostet denn _der_ Schrank?
   ▲ _Er_ kostet 799 Euro.

b ■ _____ Sofa ist schön!
   ▲ Ja, _____ ist nicht schlecht.

c ■ Woher kommt _____ Teppich?
      Aus Tunesien?
   ▲ Nein, _____ kommt aus Marokko.

d ■ _____ Couch kostet 359 Euro, oder?
   ▲ Nein, _____ kostet 299 Euro, das
      ist ein Sonderangebot.

e ■ Die Lampe ist wirklich schön.
   ▲ _____ kommt aus Italien. Der
      Designer heißt Giuliano Rossi.

BASISTRAINING

KB 7 **9 Schreiben Sie die SMS fertig.**

praktisch | sehr günstig | 199 Euro | Sonderangebot

Hallo Barbara,
bin im Möbelhaus. Die Couch hier ist schön, oder?

_____

_____

_____

Kommst Du auch? Brauche Deine Hilfe!
Marlene

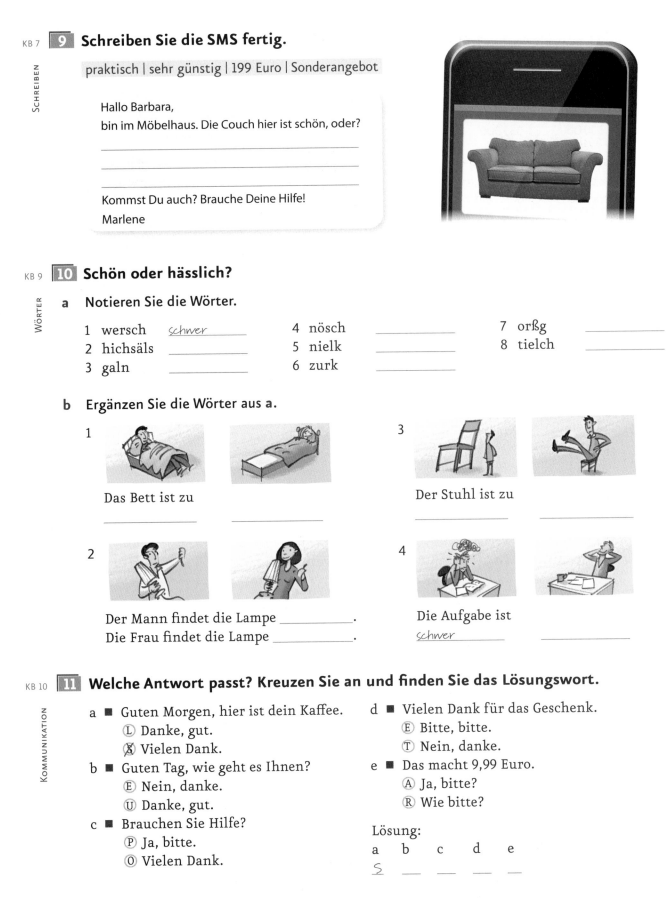

KB 9 **10 Schön oder hässlich?**

a Notieren Sie die Wörter.

1 wersch *schwer*
2 hichsäls _____
3 galn _____

4 nösch _____
5 nielk _____
6 zurk _____

7 orßg _____
8 tielch _____

b Ergänzen Sie die Wörter aus a.

1

Das Bett ist zu
_____   _____

3

Der Stuhl ist zu
_____   _____

2

Der Mann findet die Lampe _____ .
Die Frau findet die Lampe _____ .

4

Die Aufgabe ist
schwer   _____

KB 10 **11 Welche Antwort passt? Kreuzen Sie an und finden Sie das Lösungswort.**

a ■ Guten Morgen, hier ist dein Kaffee.
  Ⓛ Danke, gut.
  🅧 Vielen Dank.
b ■ Guten Tag, wie geht es Ihnen?
  Ⓔ Nein, danke.
  Ⓤ Danke, gut.
c ■ Brauchen Sie Hilfe?
  Ⓟ Ja, bitte.
  Ⓞ Vielen Dank.

d ■ Vielen Dank für das Geschenk.
  Ⓔ Bitte, bitte.
  Ⓣ Nein, danke.
e ■ Das macht 9,99 Euro.
  Ⓐ Ja, bitte?
  Ⓡ Wie bitte?

Lösung:
a b c d e
S __ __ __ __

TRAINING: LESEN

1 **Bringen Sie die E-Mails in die richtige Reihenfolge.**

	1	2	3	4
E-Mail:	C			

Ⓐ Hallo Susi,
danke für den Tipp. Bei Möbel Amra
kostet ein Sofa 199 € und ein Bett 149 €.
Das finde ich nicht teuer und die Möbel
sind wirklich schön.
Gruß Johannes

Ⓑ Hallo Johannes,
bei MÖBEL AMRA in der Blücherstraße gibt es
günstige Möbel. Und sie sind wirklich schön.
Susi

Ⓒ Hallo Susi,
ich brauche ein Sofa und ein Bett für mein
Zimmer. Wo finde ich günstige Möbel in
Berlin? Weißt Du das? Ich habe wirklich
nicht viel Geld. ☹
Gruß Johannes → Wer schreibt?

Ⓓ Hallo Johannes, super! ☺
Bis bald
Susi

> **TIPP**
> Markieren Sie in Texten die Antworten
> auf die W-Fragen: **Wer** schreibt? **Was**
> braucht er/sie? **Wo** findet er/sie ...?
> **Wie viel** kostet ...? **Wie** findet er/sie
> ...? So verstehen Sie den Text besser.

2 **Kreuzen Sie an.**

	richtig	falsch
a Susi braucht Möbel.	○	○
b MÖBEL AMRA hat billige Möbel.	○	○
c Ein Sofa kostet 149 Euro.	○	○
d Johannes findet die Möbel hässlich.	○	○

TRAINING: AUSSPRACHE *lange und kurze Vokale*

▶ 1 21 **1** **Hören Sie und sprechen Sie nach.**

a a̲ber – La̲mpe – la̲ng – Ita̲lien – pra̲ktisch
e Be̲tt – schwe̲r – se̲hr – Se̲ssel – schle̲cht
i wi̲e – vi̲el – Ti̲sch – bi̲llig – ni̲cht
o So̲fa – gro̲ß – ko̲sten – So̲nderangebot
u Stu̲hl – ku̲rz – zu̲ – gu̲t – hu̲ndert

▶ 1 22 **3** **Hören Sie und sprechen Sie nach.**

a Aber die Lampe aus Italien ist
praktisch.
b Das Bett ist sehr schwer.
c Wie viel? Der Tisch ist nicht billig.
d Oh! So groß! Das Sofa ist im
Sonderangebot.
e Der Stuhl ist gut. Nur hundert Euro.

2 **Ergänzen Sie die Regel.**

> **REGEL**
> kurz . | lang _
>
> Vokale spricht man im Deutschen _____ (a̲, e̲ ...) oder
> _____ (a̲, e̲ ...). Vokal vor Doppel-Konsonant (ll, ss, tt ...) ist immer
> _____ . Die Kombination „ie" ist _____ . Man spricht i.
> Der Buchstabe „h" vor Konsonant (hl ...) macht den Vokal _____ .

1 **Schreiben Sie die Zahlen.**

WÖRTER

a Das kostet fünfhunderttausendfünfundvierzig Euro: _500 045 €_
b Das kostet achthundertdreiundzwanzig Euro: _____
c Das kostet dreitausendneunhundertachtundsiebzig Euro: _____
d Das kostet achthundertvierundachtzigtausend Euro: _____   _/ 3 PUNKTE

2 **Ergänzen Sie die Möbel.**

WÖRTER

a chits: _Tisch_
b petipch: _____
c eplam: _____
d tebt: _____
e knschar: _____   _/ 4 PUNKTE

3 **Wie heißt das Gegenteil?**
Ergänzen Sie.

WÖRTER

a groß – _klein_
b schön – _____
c kurz – _____
d billig – _____   _/ 3 PUNKTE

4 **Ergänzen Sie den Artikel.**

STRUKTUREN

a ■ Wie viel kostet _der_ Teppich?   ▲ 299 Euro.
b ■ _____ Couch ist wirklich schön.   ▲ Ja und so praktisch!
c ■ _____ Sofa kostet 3 999 Euro.   ▲ Was? Das ist aber sehr teuer.
d ■ _____ Stuhl ist günstig.   ▲ Finden Sie?
e ■ _____ Sessel kostet 19,99 Euro.   ▲ Oh. Das ist billig.   _/ 4 PUNKTE

5 **Ergänzen Sie die Personalpronomen.**

STRUKTUREN

a Ich finde das Bett sehr schön. Was kostet _es_?
b Der Schrank ist billig und _____ ist praktisch.
c Das Bild ist sehr modern. _____ ist von Pablo Picasso.
d Die Lampe ist nicht schlecht. _____ kostet nur 78 Euro.
e Der Tisch ist sehr teuer. _____ kommt aus Italien.   _/ 4 PUNKTE

6 **Ordnen Sie zu.**

KOMMUNIKATION

| Vielen Dank | Sie kostet | Das ist | Wie viel kostet | Kann ich Ihnen helfen | zu teuer | Brauchen Sie |

■ Guten Tag. _____ (a)?
▲ Ja, gerne. _____ (b) denn der Teppich?
■ 79, 99 Euro.
▲ Was, er kostet nur 79,99 Euro? _____ (c) aber billig!
■ Ja, das ist ein Sonderangebot. _____ (d) auch
   eine Lampe? _____ (e) jetzt 125 Euro.
▲ _____ (f), aber das ist _____ (g).   _/ 7 PUNKTE

Wörter	Strukturen	Kommunikation
◕ 0–5 Punkte	◕ 0–4 Punkte	◕ 0–3 Punkte
◔ 6–7 Punkte	◔ 5–6 Punkte	◔ 4–5 Punkte
◒ 8–10 Punkte	◒ 7–8 Punkte	◒ 6–7 Punkte

LERNWORTSCHATZ

1 Wie heißen die Wörter in Ihrer Sprache? Übersetzen Sie.

Möbel

Möbel (Pl.) _____

Bett das, -en _____

Bild das, -er _____

Lampe die, -n _____

Schrank der, ⸚e _____

  A: Kasten der, ⸚

Sessel der, - _____

  A/CH: Fauteuil der, -s

Sofa das, -s / _____

  Couch die, -(e)s / -en

Stuhl der, ⸚e _____

  A: auch: Sessel der, -

Teppich der, -e _____

Tisch der, -e _____

Etwas beschreiben

groß _____

hässlich _____

klein _____

kurz _____

lang _____

leicht _____

modern _____

praktisch _____

(nicht) schlecht _____

schön _____

schwer _____

sehr (groß/ _____
  klein/...)

zu (groß/klein/...) _____

Geld

Euro der, -s _____

  100 Euro _____

Cent der, -s _____

Preis der, -e _____

Angebot das, -e _____

  Sonderangebot _____

kosten _____

machen _____

  das macht ... _____

günstig/billig _____

teuer _____

Weitere wichtige Wörter

Hilfe die, -n _____

Zimmer das , - _____

brauchen _____

finden _____

sagen _____

nur _____

wirklich _____

> **TIPP**
> Notieren Sie Nomen immer mit dem Artikel und mit Farbe.
>
> • der Tisch   • die Lampe
>   • das Sofa

2 Welche Wörter möchten Sie noch lernen? Notieren Sie.

_____

_____

_____

_____

_____

_____

_____

_____

_____

Was ist das? – Das ist ein F.

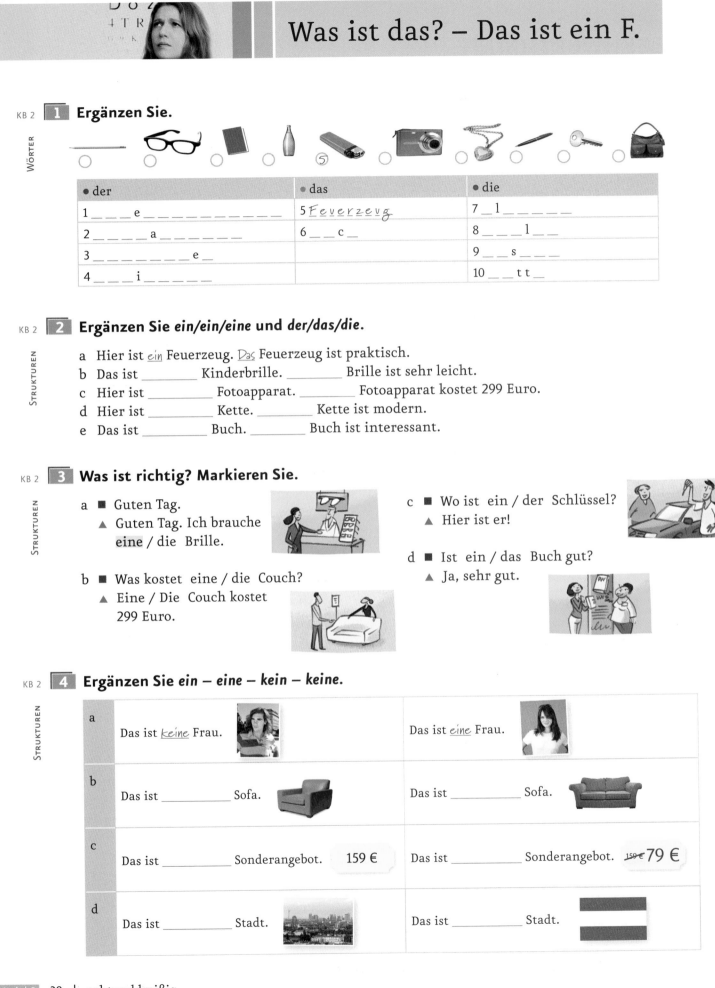

KB 2 **1 Ergänzen Sie.**

WÖRTER

● der	● das	● die
1 _ _ _ e _ _ _ _ _ _ _ _ _ _	5 Feuerzeug	7 _ l _ _ _ _ _
2 _ _ _ _ _ a _ _ _ _ _ _ _	6 _ _ c _	8 _ _ _ _ l _ _
3 _ _ _ _ _ _ _ _ e _		9 _ _ s _ _ _ _
4 _ _ _ i _ _ _ _ _		10 _ _ t t _ _

KB 2 **2 Ergänzen Sie *ein/ein/eine* und *der/das/die*.**

STRUKTUREN

a Hier ist *ein* Feuerzeug. *Das* Feuerzeug ist praktisch.
b Das ist _____ Kinderbrille. _____ Brille ist sehr leicht.
c Hier ist _____ Fotoapparat. _____ Fotoapparat kostet 299 Euro.
d Hier ist _____ Kette. _____ Kette ist modern.
e Das ist _____ Buch. _____ Buch ist interessant.

KB 2 **3 Was ist richtig? Markieren Sie.**

STRUKTUREN

a ■ Guten Tag.
  ▲ Guten Tag. Ich brauche **eine** / die Brille.

b ■ Was kostet eine / die Couch?
  ▲ Eine / Die Couch kostet 299 Euro.

c ■ Wo ist ein / der Schlüssel?
  ▲ Hier ist er!

d ■ Ist ein / das Buch gut?
  ▲ Ja, sehr gut.

KB 2 **4 Ergänzen Sie *ein – eine – kein – keine*.**

STRUKTUREN

a	Das ist *keine* Frau.	Das ist *eine* Frau.
b	Das ist _____ Sofa.	Das ist _____ Sofa.
c	Das ist _____ Sonderangebot. 159 €	Das ist _____ Sonderangebot. ~~159 €~~ 79 €
d	Das ist _____ Stadt.	Das ist _____ Stadt.

BASISTRAINING

STRUKTUREN

KB 2 **5** **Was ist das? Was glauben Sie?**

a Ergänzen Sie.

1 ■ Was ist das? Ein Stift? Ein Buch?
   ▲ Das ist *kein Buch, das ist ein Stift.*

2 ■ Was ist das? Eine Kette? Eine Flasche?
   ▲ Das ist _____

3 ■ Was ist das? Ein Schrank? Ein Tisch?
   ▲ Das ist _____

4 ■ Was ist das? Eine Brille? Eine Lampe?
   ▲ Das ist _____

b Zeichnen Sie eigene Aufgaben wie in a. Was ist das? Was glaubt Ihre Partnerin / Ihr Partner?

STRUKTUREN

KB 2 **6** *nicht* **oder** *kein-?* **Kreuzen Sie an.**

a Das ist   ⊗ nicht   ○ keine   schwer.
b Ich habe   ○ nicht   ○ keine   Kinder.
c Ich finde das Sofa   ○ nicht   ○ kein   schön.
d Ich lebe   ○ nicht   ○ keine   in Deutschland.
e Das ist   ○ nicht   ○ kein   richtig.

STRUKTUREN

KB 2 **7** **Ordnen Sie zu, ergänzen und vergleichen Sie.**

nicht | ~~kein~~ | keine | kein | nicht

Deutsch	Englisch	Meine Sprache oder andere Sprachen
Das ist *kein* Buch.	This is **not** a book.	
Das ist _____ Flasche.	This is **not** a bottle.	
Das ist _____ Schlüssel.	This is **not** a key.	
Ich bin _____ verheiratet.	I am **not married.**	
Ich komme _____ aus Graz.	I do **not** come from Graz.	

WÖRTER

KB 3 **8** **Ordnen Sie zu.**

a Die Lampe   ist aus Metall.

b Der Stuhl   ist aus Plastik.

c Das Buch   ist aus Glas.

d Die Flasche   ist aus Papier.

e Der Schlüssel   ist aus Holz.

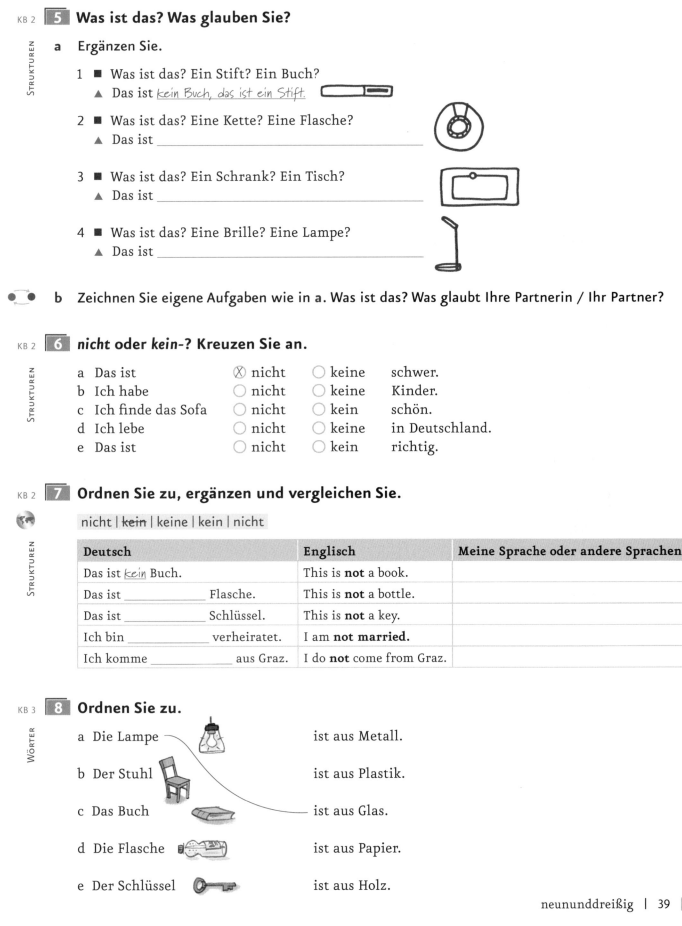

BASISTRAINING

KB 3 **9** **Ergänzen und malen Sie die Farben und Formen.**

WÖRTER

s _ _ _ _ _ _ z ●	w _ _ ß
r _ t	b _ _ u
g _ _ b	g _ _ n
o _ _ _ _ e	b _ _ _ n
e _ _ _ g ☐	r _ _ d

KB 5 **10** **Beschreiben Sie die Produkte.**

SCHREIBEN

a Super-Regenschirm – schwarz – sehr groß – neu – € 30
Der Regenschirm ist schwarz, sehr groß und neu. Er kostet 30 Euro.

b Sessel Luxor – rot – fünf Jahre alt – € 50
Der Sessel _____

c Tasche – Kunststoff – orange – sehr praktisch – neu – € 78
_____

d Uhr – braun – sehr modern – € 37
_____

e Lampe – schwarz – Plastik – zwei Jahre alt – € 12
_____

KB 6 **11** **Wie schreibt man das?**

KOMMUNIKATION

a **Ordnen Sie zu.**

Wie   heißt das auf Deutsch?
Wie   kein Problem.
Wie   schreibt man das?
Bitteschön,   bitte?

b **Ergänzen Sie das Gespräch mit Wendungen aus a.**

■ Entschuldigung. _____?

▲ Das ist eine Zeitung!

■ *Wie schreibt man das* ?

▲ Z-E-I-T-U-N-G

■ Z-E-I- ..... _____?

▲ Z-E-I-T-U-N-G ...

■ Vielen Dank.

▲ _____.

TRAINING: SCHREIBEN

1 Formulare. Ordnen Sie zu.

Beruf | Familienname | Straße | Vorname | E-Mail | Ort | ~~PLZ~~ | Telefon

_____

_____

_____   Paul Paulsen

_____   Diplom-Ingenieur

PLZ _____   Resseltstr.15
                       6020 Innsbruck

_____   0043 / 676 – 37 20 207
                             paul@paul.at

_____

> **TIPP**
> Sie müssen oft Ihre Adresse sagen oder die Adresse von anderen verstehen. Achten Sie besonders auf Wörter wie *Ort, Postleitzahl* ... So verstehen Sie wichtige Informationen.

2 Lesen Sie die Informationen über Jurj Kulintsev und ergänzen Sie die Kundenkarte.

Jurj Kulintsev kommt aus Russland. Jetzt wohnt er zusammen mit seiner Frau in der Schweiz, in der Helvetiastraße 18 in 3005 Bern. Er hat eine Ausbildung als Informatiker und arbeitet jetzt als Programmierer bei DATNET. Er findet Bern sehr schön.

KAUFHAUS KAUFGUT

Antrag auf eine Kundenkarte:
○ Herr ○ Frau
Name: _Kulintsev_   PLZ, Ort: _____ _____
Vorname: _____   Beruf: _____
Straße: _____   E-Mail: _jurj.kulintsev@web.ch_

TRAINING: AUSSPRACHE *Satzakzent*

▶1 23 **1 Hören Sie und kreuzen Sie in der Regel an.**

a ■ Was <u>ist</u> das? ↘
  ▲ Das ist eine <u>Kette</u>. ↘
  ■ Wie <u>schreibt</u> man das? ↘
  ▲ Mit zwei <u>Te</u>. ↘

b ■ Und was ist <u>das</u>? ↗ Ist das eine <u>Kette</u>? ↗
  ▲ Nein. ↘ Das ist keine <u>Kette</u>, →
    das ist ein <u>Ring</u>. ↘

> **REGEL**
> **Der Satzakzent ist**
> ○ immer auf dem letzten Wort.
> ○ auf der wichtigen oder neuen Information.

▶1 24 **2 Markieren Sie den Satzakzent.**
       Hören Sie dann und vergleichen Sie.

a Wie <u>heißt</u> das auf Deutsch?
b Das ist eine Uhr.
c Sie ist aus Plastik.
d Ist das eine Seife?
e Das ist keine Seife, das ist eine Brille.

▶1 25 **Hören Sie noch einmal und sprechen Sie nach.**

TEST _____

1 Markieren Sie und ordnen Sie zu.

EFAM**BLAU**ETUGINFEUERZEUGALVIECKIGUNTSEIFELUGEKUNSTSTOFFA
VIRBORANGEWERRUNDUMOMETALLABIN

Farben: _blau_ _____ _____   Gegenstände: _____ _____
Formen: _____ _____   Materialien: _____ _____

_ / 7 PUNKTE

2 Kreuzen Sie an.

			richtig	falsch
a	*Familienname:*	Maria	◯	⊗
b	*Postleitzahl:*	6003	◯	◯
c	*Wohnort:*	Luzern	◯	◯
d	*Straße:*	Bahnhofstr.	◯	◯
e	*Geburtsdatum:*	3066	◯	◯
f	*E-Mail:*	eva111@t-on.ch	◯	◯

_ / 5 PUNKTE

3 Ergänzen Sie *ein/eine/kein/keine*.

a ■ Danke für die Hilfe.
  ▲ Bitte, das ist _kein_ Problem.

b ■ Wer ist Amelie?
  ▲ Sie ist _____ Freundin von Sarah.

c ■ Hier ist der Bleistift!
  ▲ Das ist doch _____ Bleistift, das ist _____ Kugelschreiber!
  ■ Oh, Entschuldigung.

d ■ Wie heißt das Wort? „Doch" oder „noch"?
  ▲ „Noch". Das ist _____ „n".

e ■ Was kostet die Tasche?
  ▲ Das ist _____ Tasche, das ist _____ Geldbörse.

f ■ Wie heißt das auf Deutsch?
  ▲ Das ist _____ Fotoapparat.

_ / 7 PUNKTE

4 Was sagen die Personen? Ergänzen Sie.

■ Entschuldigung, „a biro", w _ _ h _ _ _ _ _ d _ _ auf Deutsch? (a)
▲ Ah, d _ _ i _ _ ein Kugelschreiber. (b)
■ W _ _ b _ _ _ _ ? (c)
▲ Ein Kugelschreiber.
■ Ah, danke. Und noch eine Frage, w _ _ s _ _ _ _ _ _ _ _ m _ _ das? (d)
▲ K-U-G-E-L-S-C-H-R-E-I-B-E-R.
■ Vielen D _ _ _ ! (e)
▲ Bitte, kein P _ _ _ _ _ _ ! (f)

_ / 6 PUNKTE

Wörter	Strukturen	Kommunikation
⬤ 0–6 Punkte	⬤ 0–3 Punkte	⬤ 0–3 Punkte
◐ 7–9 Punkte	◐ 4–5 Punkte	◐ 4 Punkte
⬤ 10–12 Punkte	⬤ 6–7 Punkte	⬤ 5–6 Punkte

LERNWORTSCHATZ

1 **Wie heißen die Wörter in Ihrer Sprache? Übersetzen Sie.**

Farben

Farbe die, -n

blau

braun

gelb

grün

orange

rot

schwarz

weiß

Formen/Beschaffenheit

Form die, -en

eckig

leicht

neu

rund

Materialien

Material das,
  Materialien

Glas das

Holz das

Metall das

Papier das

Plastik das /
  Kunststoff der

aus Glas/Holz/
  Metall ...

Gegenstände

Bleistift der, -e

Brille die, -n

Buch das, ¨er

Feuerzeug das, -e

Flasche die, -n

Fotoapparat der, -e

Geldbörse die, -n
  CH: Portemonnaie das, -s

Kette die, -n

Kugelschreiber
  der, -

Regenschirm
  der, -e

Ring der, -e

Schlüssel der, -

Seife die, -n

Streichholz
  das, ¨er
  CH: auch: Zündholz das, ¨er

Tasche die, -n

Uhr die, -en

Persönliche Angaben

Adresse die, -n

E-Mail die, -s
  A: E-Mail das, -s

Fax das, -e

Geburtsdatum
  das, Geburtsdaten

Hausnummer
  die, -n; Nummer die, -n

Ort der, -e

PLZ (Postleit-
  zahl) die, -en

Straße die, -n

Telefon das, -e

Weitere wichtige Wörter

Entschuldigung
  die, -en

Menge die, -n

Problem das, -e
  kein Problem

Produkt das, -e

Wort das, ¨er

Wörterbuch
  das, ¨er

bieten

schreiben

jetzt

man

jede/r

noch einmal

so

2 **Welche Wörter möchten Sie noch lernen? Notieren Sie.**

TIPP: Malen Sie Bilder zu neuen Wörtern.

rund ● eckig ■

Ich brauche kein Büro.

1 Schreiben Sie die Wörter an die richtige Stelle.

WÖRTER

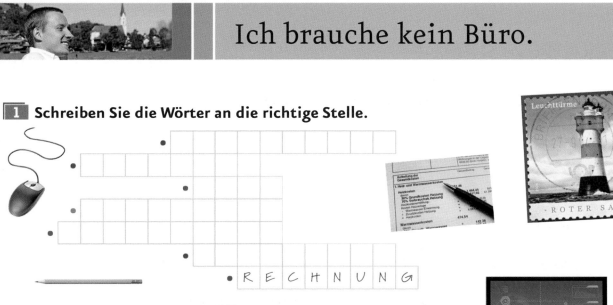

• R E C H N U N G

2 Ergänzen und vergleichen Sie.

STRUKTUREN

Deutsch	Englisch	Meine Sprache oder andere Sprachen
Das ist _ein_ Stift.	This is **a** pen.	
Der Stift ist rot.	**The** pen is red.	
Das ist _____ Maus.	This is **a** mouse.	
_____ Maus ist klein.	**The** mouse is small.	
Das ist _____ Feuerzeug.	This is **a** lighter.	
_____ Feuerzeug kostet zwei Euro.	**The** lighter costs two euro.	
Das sind _____ Briefmarken.	These are stamps.	
_____ Briefmarken sind schön.	**The** stamps are nice.	

3 Wie heißt der Plural?

STRUKTUREN

a Suchen Sie im Wörterbuch.

• Handy | • Briefmarke | • E-Mail | • Telefon | • Drucker | • Computer |
• Notizbuch | • Kalender | • Bildschirm | • Stift | • Rechnung | • ~~Laptop~~

-(e)n	-s	-e/⁼e	-er/⁼er	-/⁼
	der Laptop, die Laptops			

b Suchen Sie zehn Nomen aus den Lektionen 1 bis 5. Ihre Partnerin / Ihr Partner sucht die Pluralform im Wörterbuch.

> die **Brief|mar|ke** ['briːfmarkə]; -(n) von der Post herausgegebene Marke von bestimmtem Wert, die auf den Briefumschlag, die Postkarte oder das Päckchen

BASISTRAINING

KB 6 **4** **Ergänzen Sie die Pluralform und (wenn nötig) den Umlaut (ä/ö/ü).**

a Alle Kalender _ – jetzt nur 10 Euro!

b „Die Büroeinrichter!"
Wir haben Tisch___, Stühle und Schrank___.

c Hier finden Sie Handy___! Gut und günstig!

d Neu! Im Juli kommen die Briefmarke___ zur Fußball-WM.

e Wir haben die besten **Sonderangebote** für **Computer**___ und **Drucker**___.

f Geldbörse___ und Tasche___ aus Leder! Jetzt bei lederwelt.de!

KB 7 **5** **Markieren Sie den <u>Nominativ</u> und den <u>Akkusativ</u>. Ergänzen Sie dann die Tabelle.**

a ■ Wo ist <u>der Schlüssel</u>?
▲ Frau Feser hat <u>den Schlüssel</u>.
■ Ach so!

b ■ Wo ist denn das Wörterbuch?
▲ Ich habe das Wörterbuch auch nicht.

c ■ Ich finde den Kalender schön.
▲ Ich auch, aber der Kalender ist zu klein.

d ■ Wo sind die Briefmarken? Hast du die Briefmarken?
▲ Nein, Frau Bertlein hat doch die Briefmarken.

e ■ Der Chef sucht die Rechnung.
▲ Die Rechnung ist aber nicht hier.

Nominativ	Akkusativ
• <u>der</u> Schlüssel	_____ Schlüssel
• _____ Wörterbuch	_____ Wörterbuch
• _____ Rechnung	_____ Rechnung
• _____ Briefmarken	_____ Briefmarken

KB 7 **6** **Ergänzen Sie den Artikel.**

a ■ Oh! Der Tisch ist praktisch! ▲ Hm, ich finde <u>den</u> Tisch hässlich.

b ■ Schau mal, die Couch, die ist nicht schlecht! ▲ Findest du? Ich finde _____ Couch zu groß.

c ■ Aber der Schrank ist super! ▲ Na ja, ich finde _____ Schrank zu teuer.

d ■ Und das Bett? Wie findest du das? ▲ Es geht. Ich finde _____ Bett zu klein.

e ■ Aber die Bilder! Die sind wirklich schön. ▲ Ja, ich finde _____ Bilder auch schön.

BASISTRAINING

KB 8 **7** **Im Büro. Schreiben Sie.**

• Handy/• Telefon | • ~~Computer~~/• ~~Laptop~~ | • Bildschirm/
• Drucker | • ~~Bleistifte~~/ ~~Kugelschreiber~~ | • Rechnung/
• Briefmarken | • Kalender/• Buch

Jutta hat *einen Computer, aber keinen Laptop.*
Sie hat *Bleistifte, aber keine Kugelschreiber.*

KB 8 **8** **Ergänzen Sie den Artikel (der/das/die – ein/eine/einen – kein/keine/keinen) oder / .**

a

Peter,
_____ Termin mit Firma
MAGUS ist heute um
14.00 Uhr!

b

Hallo Frau Peters,
wir haben _____
Briefmarken. Haben Sie
Zeit? Kaufen Sie bitte
_____ Briefmarken?
Gruß P. Bolz

c

Elena,
Tim, der neue Kollege, hat *einen*
Computer und _____ Bild-
schirm, aber _____ Drucker.
Hast du _____ Drucker?
Danke, Francesca

d

Hallo Elena,
ich habe jetzt _____ Drucker.
Danke! ☺
Tim

e

Samuel,
wie heißt _____ Straße und
_____ Hausnummer der
Firma ZELL AG?
Sue

f

Lieber Daniel,
ich habe um 15 Uhr _____ Zeit!
☹ Tut mir leid.
Bis später,
Thea

KB 8 **9** **Lesen Sie die E-Mail und kreuzen Sie an.**

Von:	h.r@yabadoo.de
Betreff:	Komme später ...

Hallo Frau Söder,
ich habe um 10 Uhr einen Termin mit der Firma Grübel. Ich komme heute um 14 Uhr ins Büro.
Schreiben Sie heute bitte auch die Rechnungen für die Firma Merz und die Firma Knapp?

Ach ja, wie ist denn die Telefonnummer von Frau Pauli?
Bitte schreiben Sie mir eine SMS. Vielen Dank.

Schöne Grüße
R. Huber

		richtig	falsch
a	Herr Huber hat heute einen Termin.	○	○
b	Er sucht eine Rechnung.	○	○
c	Er braucht eine Telefonnummer.	○	○
d	Er schreibt eine SMS.	○	○

TRAINING: HÖREN

▶ 1 26–28 **1 Hören Sie die Gespräche und ordnen Sie zu.**

Gespräch	1	2	3
Bild			

TIPP Wer spricht mit wem? Achten Sie auf die Personen und die Situationen. Bilder helfen beim Verstehen.

▶ 1 26–28 **2 Hören Sie noch einmal und kreuzen Sie an.**

	richtig	falsch
a Herr Winter und Frau Lenz sind Kollegen.	○	○
b Herr Winter sucht eine Rechnung.	○	○
c Gabi und Sabine sind Freundinnen.	○	○
d Gabi und Sabine gehen zusammen ins Möbelhaus.	○	○
e Clara ist Studentin.	○	○
f Peter, Susi und Clara gehen in ein Café.	○	○

TRAINING: AUSSPRACHE *Vokal „ü"*

▶ 1 29 **1 Was hören Sie: i, u oder ü?**
Kreuzen Sie an.

	i	u	ü
1	○	○	○
2	○	○	○
3	○	○	○
4	○	○	○
5	○	○	○
6	○	○	○
7	○	○	○
8	○	○	○
9	○	○	○
10	○	○	○

▶ 1 30 **2 Hören Sie und markieren Sie:**
lang (__) oder kurz (.).

Grüße – Schlüssel – Stühle – fünf –
grün – tschüs – Büro

▶ 1 31 **Hören Sie noch einmal und sprechen Sie nach.**

▶ 1 32 **3 Hören Sie und markieren Sie den Wortakzent. Sprechen Sie dann.**

Termine
Um vier Uhr im Büro.
Nicht um fünf?
Nein, um sieben.

E-Mail
Viele Grüße und tschüs!

Sonderangebot
Fünf Stühle, grün und günstig,
für Sie zum Sonderpreis!

TEST

1 Ordnen Sie zu.

Termin | E-Mail | ~~Telefonnummer~~ | Büro | Rechnung | Kalender

a ■ Wie ist die <u>Telefonnummer</u> von Frau Schön?
  ▲ 06391 - 3467

b ■ Wann ist der Termin mit der Firma Kloss?
  ▲ Ich weiß nicht. Ich finde den
    _____ nicht.

c ■ Was machst du?
  ▲ Ich schreibe eine _____
    an Peter.

d ■ Das macht 499 Euro. Hier ist die
    _____.
  ▲ Vielen Dank.

e ■ Wann ist denn der _____
    mit Frau Hintze?
  ▲ Um 17 Uhr.

f ■ Wo ist der Chef?
  ▲ Im _____.

_ / 5 PUNKTE

2 Ergänzen Sie den Plural und den Artikel im Singular.

	Singular	Plural
a	<u>die</u> Rechnung	die Rechnungen
b	_____ Briefmarke	
c	_____ Stift	
d	_____ Handy	

	Singular	Plural
e	_____ Formular	
f	_____ Drucker	
g	_____ Termin	
h	_____ Kalender	

_ / 7 PUNKTE

3 Was ist richtig? Markieren Sie.

a ■ Ich suche der/den Kalender.   ▲ Der/Den Kalender ist hier.

b ■ Sie haben um 10 Uhr ein/einen   ▲ Ja, ich weiß.
  Termin mit Frau Berg.

c ■ Ich suche ein/einen Bleistift.   ▲ Ich habe nur ein/einen Kugelschreiber.

d ■ Hast du kein/keinen Schlüssel?   ▲ Nein, aber Herr Loos hat ein/einen Schlüssel.

e ■ Was kostet der/den Computer?   ▲ Nur 499 Euro. Das ist ein Sonderangebot.

_ / 7 PUNKTE

4 Ein Telefongespräch. Ordnen Sie zu.

Wo ist denn | Vielen Dank | Auf Wiederhören | Hier ist | Guten Tag

■ Wimmer.
▲ _____ (a), Herr Wimmer. _____ (b) Bugatu.
■ Hallo, Frau Bugatu.
▲ Ich habe eine Frage, Herr Wimmer. _____ (c) der Laptop?
■ Frau Schneider hat den Laptop.
▲ Ach ja, richtig. _____ (d). _____ (e), Herr Wimmer.
■ Tschüs, Frau Bugatu.

_ / 5 PUNKTE

Wörter	Strukturen	Kommunikation
⬤ 0–2 Punkte	⬤ 0–7 Punkte	⬤ 0–2 Punkte
⬤ 3 Punkte	⬤ 8–11 Punkte	⬤ 3 Punkte
⬤ 4–5 Punkte	⬤ 12–14 Punkte	⬤ 4–5 Punkte

LERNWORTSCHATZ

1 **Wie heißen die Wörter in Ihrer Sprache? Übersetzen Sie.**

Im Büro

Arbeitsplatz der, ⁼e _____
Bildschirm der, -e _____
Briefmarke die, -n _____
Büro das, -s _____
Chef der, -s _____
Computer der, - _____
Drucker der, - _____
Firma die, Firmen _____
Formular das, -e _____
Handy das, -s _____
  CH: auch: Natel das, -s
Kalender der, - _____
Laptop der, -s _____
Maus die, ⁼e _____
Notizbuch das, ⁼er _____
Rechnung die, -en _____
SMS die, - _____
  A: SMS das, -
Stift der, -e _____
Termin der, -e _____

Weitere wichtige Wörter

Achtung! _____
Auf Wieder-
  hören. _____
Foto das, -s _____
Gruß der, ⁼e _____
  schöne Grüße
See der, -n _____
Stress der _____
Telefonnummer
  die, -n
Zeit die
  keine Zeit

gehen _____
suchen _____

heute _____
hier _____
  hier ist ...
mit _____
oder _____
wieder _____

> **TIPP**
> Lernen Sie immer auch
> die Pluralform mit.
>
> • Stift — die Stifte

2 **Welche Wörter möchten Sie noch lernen? Notieren Sie.**

_____
_____
_____
_____
_____
_____
_____
_____
_____
_____
_____
_____

WIEDERHOLUNGSSTATION: WORTSCHATZ

1 Mein Zimmer

Ergänzen Sie.

_____

_____

_____

_____

_____

_____

_____

_____

_____

_____

2 Bilden Sie Wörter und ergänzen Sie.

num | mar | ~~Na~~ | Haus | ße | ke | Ort | zahl | ~~me~~ | Post | mer | Stra | Brief | leit

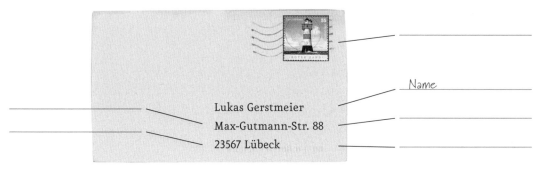

_____ Name

Lukas Gerstmeier
Max-Gutmann-Str. 88
23567 Lübeck

_____

_____

3 Was passt nicht? Streichen Sie das falsche Wort durch.

a Kollege – Sekretärin – ~~Feuerzeug~~ – Chef
b Computer – Drucker – Bildschirm – Schlüssel

c Kalender – Termin – Flasche – Zeit
d Brille – Holz – Metall – Kunststoff
e Sonderangebot – Preis – Euro – Hilfe

4 Ergänzen Sie.

a ● *braun*
b ● _____
c ● _____
d ● _____
e ● _____

f nicht billig _____
g nicht rund _____
h nicht lang _____
i nicht teuer _____
j nicht schön _____
k nicht schwer _____

▶ 1 33 **5 Zahlenrätsel**

a Welche Zahlen hören Sie? Kreuzen Sie an.

890 777	65 678	68 678	312	4 567	120 012	120 712	3 391	25 821	333 910
○	○	○	○	○	○	○	○	○	○
H	V	A	E	Y	S	D	L	T	N

b Ordnen Sie die Buchstaben der angekreuzten Felder ⊗ und finden Sie das Lösungswort.

— — — — —

WIEDERHOLUNGSSTATION: GRAMMATIK

1 **Was ist im Schrank? Was ist nicht im Schrank? Notieren Sie.**

Uhr | Schlüssel | Handy | Tasche | ~~Brille~~ | Flaschen | Regenschirm |
Bücher | Kugelschreiber | Briefmarken | ~~Bleistifte~~

Da ist _____ .   Da ist _keine Brille_____ .

_____ .   _____ .

                                                   _____ .

Da sind _____ .   Da sind _keine Bleistifte____ .

_____ .   _____ .

2 **Mein Schreibtisch**

a   Ergänzen Sie.

Ich habe ...

_____/_____ Schlüssel, _ein_ Feuerzeug, _____ Stift, _____ Flasche, _____ Rechnung und _____ Brille.

b   Welcher Tisch passt zu dem Text in a? Kreuzen Sie an.

○ A   ○ B   ○ C

3 **Mein Zimmer. Ergänzen Sie die Artikel und Personalpronomen.**

Das ist mein Zimmer. _Es_ (a) ist nicht sehr groß, aber _____ (b) ist schön. _____ (c)
Sofa ist nicht sehr modern. _____ (d) ist alt und klein, aber ich brauche _____ (e)
Couch. Und ich habe _____ (f) Schrank. _____ (g) ist groß und nicht
so schön, aber ich brauche _____ (h) Schrank. Und _____ (i) ist praktisch.
_____ (j) Lampe finde ich wirklich super! _____ (k) ist modern und schön!
Jetzt brauche ich noch _____ (l) Computer, _____ (m) Bild und _____ (n)
Teppich. Dann finde ich mein Zimmer wirklich schön!

4 **Markieren Sie das Wortende. Ordnen Sie zu und ergänzen Sie dann die Tabelle.**

HANDYSBRIEFMARKENTISCHBÜROTERMINEDRUCKERSTUHLSCHRÄNKEBILDTEPPICHE
FLASCHENKETTEUHRENRINGBUCHGELDBÖRSENRECHNUNGSTIFTELAMPENPROBLEM
FORMULAREBRILLEFEUERZEUGESEIFE

Singular	Plural
das Handy	Handys

SELBSTEINSCHÄTZUNG *Das kann ich!*

Ich kann jetzt ...

... nach Preisen fragen / Preise nennen / Preise bewerten: L04

■ *Was kostet das?* ▲ *Das* _____ nur _____ Euro (149,90).

Das ist ein Sonderangebot.

Der Tisch kostet nur 129,- €. Das ist _____.

Der Tisch kostet 1.479,- € Das ist sehr _____.

... Möbel bewerten: L04

Der Stuhl ist nicht _____. Er ist zu _____.

▲ ☺ Ich finde die Lampe sehr _____.

■ ☹ Findest du? Ich finde die Lampe _____.

... Hilfe höflich annehmen und ablehnen: L04

▲ Brauchen Sie Hilfe? ■ Ja, _____ / Nein, _____.

... nach Wörtern fragen und Wörter nennen: L05

▲ Was _____ das? ■ Das _____.

■ Entschuldigung, _____ auf Deutsch?

▲ _____.

■ _____? ▲ B – L – E – I – S ...

... nachfragen und um Wiederholung bitten: L05

▲ Das ist ein Fotoapparat. ■ Wie _____?

Noch _____.

... einen Gegenstand beschreiben: L05

Das ist _____. ____ ist aus _____. Ich finde ihn _____.

... mich am Telefon melden und verabschieden: L06

■ Brenner IT-Consulting.

▲ _____ / _____ hier ist Ines Anton.

■ _____, Frau Anton.

...

▲ Auf Wiederhören. / Tschüs.

■ _____ / _____.

Ich kenne ...

... 5 Möbelstücke: L04

_____

_____

... die Zahlen von 100 bis 1 000 000: L04

200 *zweihundert*	670 _____
1000 _____	10 000 _____
100 000 _____	1 000 000 _____

... 8 Gegenstände: L05

Diese Gegenstände brauche ich: *Schlüssel,* _____

Diese Gegenstände brauche ich nicht: _____

SELBSTEINSCHÄTZUNG Das kann ich!

... 4 Formen und Materialien: L05

    ○ ○ ○

_____

... 4 Farben: L05

    ○ ○ ○

Diese Farben finde ich schön: _____

... nicht so schön: _____

... 5 Gegenstände im Büro: L06

    ○ ○ ○

_____

Ich kann auch ...

... Nomen verwenden (indefiniter Artikel ein, eine / definiter Artikel der, das, die): L04 / L05

    ○ ○ ○

Das ist _____ Bett. _____ Bett kostet 359,- €.

... Nomen verneinen (Negativartikel kein, keine): L05

    ○ ○ ○

▲ Ist das _____ Kugelschreiber? ■ Nein, das ist _____ Kugelschreiber.

... Nomen ersetzen (Personalpronomen er, es, sie): L04

    ○ ○ ○

▲ Was kostet die Couch? ■ _____ kostet 1.379,- €.

... mehrere Nomen verwenden (Plural): L06

    ○ ○ ○

Wo sind _____?

Wo sind _____?

... sagen, dass ich etwas (nicht) brauche / (nicht) habe / (nicht) suche (Akkusativ): L06

    ○ ○ ○

Ich brauche _____.

Ich suche _____.

Hast du _____?

Ich habe _____.

Üben / Wiederholen möchte ich noch ...

_____

RÜCKBLICK

Wählen Sie eine Aufgabe zu Lektion 4 _____

🔍 **1 Ergänzen Sie die Sätze.**

Sehen Sie im Kursbuch das Foto und die Gespräche auf Seite 27 noch einmal an.

Auf dem Foto ist _____.   Artur sagt, _____.

Sybille sagt, der Tisch _____.   Die Lampe kostet _____.

2 Wie finden Sie die Möbel? Suchen Sie in Prospekten oder im Internet und schreiben Sie einen Text.

Das finde ich schön:
Der Tisch ist sehr schön und sehr praktisch. Er ist nicht teuer, er kostet nur ... Euro. Der Designer heißt ...
Das finde ich hässlich: _____

Wählen Sie eine Aufgabe zu Lektion 5 _____

 1 Lesen Sie die Produktinformationen im Kursbuch auf Seite 32 noch einmal. Ergänzen Sie die Tabelle.

Produkt	Material	Farbe(n)	Preis
1 Brille EC 07	Metall	_____	129 Euro
2 _____	_____	_____	_____
3 _____	_____	_____	_____

2 Beschreiben Sie Produkte.

a Suchen Sie Produkte in Prospekten oder im Internet.

Produkt	Material	Farbe(n)	Preis
Ring	Kunststoff	braun / schwarz	...

Der Ring ist aus Kunststoff. Er ist braun und schwarz und kostet ...

b Schreiben Sie eine Produktinformation.

Wählen Sie eine Aufgabe zu Lektion 6 _____

1 Welche Wörter brauchen Sie auch bei Ihrer Arbeit oder in Ihrem Studium? Sammeln Sie Wörter aus Lektion 6 und ergänzen Sie weitere Wörter. Notieren Sie auch den Plural.

die Sekretärin / die Sekretärinnen
der Computer / die Computer
der Termin / die ...
...

2 Schreiben Sie Ihr eigenes Glossar für Ihre Arbeit oder Ihr Studium.

Deutsch	Englisch
Friseurin	hairdresser
Was arbeitest du?	What do you work with?
die Schere	scissors
...	

PAUL UND HERR ROSSMANN MACHEN FERIEN

Teil 2: Eine Sonnenbrille, bitte!

Paul geht mit Herrn Rossmann durch die Kaufingerstraße.

„Sieh mal, Herr Rossmann!", sagt er. „Wer ist denn das?"

Herr Rossmann bellt.

„Anja ... Hallo ...!"

„Oh, hallo, Paul! Hallo, Herr Rossmann! Was macht ihr hier?"

„Wir gehen einkaufen. Und du?"

„Ich auch. Ich brauche einen Hut[1]", sagt Anja. „Und was kaufst du?"

„Eine Sonnenbrille."

„Gehen wir zusammen einkaufen?"

„Kann ich Ihnen helfen?", fragt der Verkäufer.

„Ja", sagt Anja, „wir suchen eine Sonnenbrille für Paul."

„Ah, eine Sonnenbrille ... Wie finden Sie die hier? Sie ist jetzt im Sonderangebot. Sie kostet nur 19,90 Euro."

„Naja ... grün ... ich weiß nicht ...", sagt Paul.

Herr Rossmann bellt.

„Sieh mal, Paul, Herr Rossmann zeigt dir eine Brille", sagt Anja.

„Ja, Herr Rossmann, das ist wirklich eine sehr schöne Brille. Schwarz, eckig und elegant ... Was sagst du, Anja?"

„Ja, die Brille ist super!"

„Was kostet sie?", fragt Paul.

„Sie kostet 37,90", sagt der Verkäufer.

„Ich nehme sie."

Herr Rossmann bellt.

„Was ist los, Herr Rossmann?"

„Ich glaube, Herr Rossmann will auch eine Brille", sagt Anja.

Herr Rossmann bellt.

„Na, wie findest du die?"

Herr Rossmann bellt.

„Ja, wirklich gut!", sagt Paul.

Herr Rossmann läuft weg.

„He! Herr Rossmann! Wo läufst du hin?!"

Paul läuft dem Hund nach.

Anja will auch loslaufen, aber ...

„Stopp!", sagt der Verkäufer. „Sie müssen die Brille noch bezahlen."

„Aber Paul hat schon bezahlt."

„Ja, aber nur seine Brille. Nicht die von seinem Hund."

„Was kostet sie?"

„80 Euro."

„Waaaas? 80 Euro? Das ist zu teuer!", sagt Anja.

„Es ist eine Designer-Brille. 80 Euro ist ein guter Preis."

„Also gut ..." Anja bezahlt die Brille. Dann sucht sie Paul und Herrn Rossmann.

„Anja! ... Hier sind wir ... Sieh mal, Herr Rossmann ist zu den Hüten gelaufen! Du willst doch einen Hut kaufen, oder?"

„Jetzt nicht mehr."

„Warum nicht?", fragt Paul.

„Ich habe kein Geld mehr."

Herr Rossmann bellt. Kein Hut für Anja, aber er hat eine coole Sonnenbrille.

1   : Hut der, ¨e

Du kannst wirklich toll … !

1 **Freizeitaktivitäten**

WÖRTER

a Notieren Sie.

1 RITAGER LENPISE   *Gitarre spielen*
2 NEGINS   _____
3 KNECBA   _____
4 NESINT PELIESN   _____

5 MESCHINMW   _____
6 KIS NEHFAR   _____
7 NOCHEK   _____

b Ordnen Sie die Wörter aus **a** zu. Ergänzen und vergleichen Sie.

Deutsch	Englisch	Meine Sprache oder andere Sprachen
	to cook	
	to ski	
Gitarre spielen	to play the guitar	
	to swim	
	to bake	
	to play tennis	
	to sing	

2 **Ergänzen Sie *können* in der richtigen Form.**

STRUKTUREN

a Meine Schwester Lisa *kann* sehr gut malen.
b Mama und Papa _____ gut tanzen. Sie tanzen sehr gern und oft.
c Mein Bruder Tobias _____ super Fußball spielen.
d Oma und Opa _____ sehr gut Schach spielen.
e Und wir _____ alle gut schwimmen.
f Und ich? Ich _____ nicht gut malen, nicht tanzen, nicht Fußball spielen …

3 **Markieren Sie das Satzende. Schreiben Sie die Sätze und ergänzen Sie die Satzzeichen.**

STRUKTUREN

dukannstwirklichsehrguttanzenkönntihrschwimmenichkannnichttennis
spielenkönnendeinekinderschachspielendukannstsuperfußballspielenkann
mariagutkochensiekannsehrgutsingen

a   Du | kannst | wirklich sehr gut | tanzen.
b | Könnt | … |

4 **Schreiben Sie Sätze mit *können* auf Kärtchen. Tauschen Sie dann mit Ihrer Partnerin / Ihrem Partner. Sie/Er legt den Satz.**

| ihr | | gut | | schwimmen | | Könnt | | ? |

KB 6

5 **Wer kann was? Kreuzen Sie an.**

WÖRTER

a Sie kann ○ toll ○ nicht so gut Ski fahren.

b Er kann ⊗ sehr gut ○ gar nicht schwimmen.

c Sie kann ○ gut ○ nicht gut singen.

d Er kann ○ sehr gut ○ ein bisschen Rad fahren.

KB 8c

6 **Ergänzen Sie den Chat.**

KOMMUNIKATION

Leider kann ich nicht Ski fahren | Was sind deine Hobbys | ~~Und was machst du so in der Freizeit~~ | das macht Spaß | Spielst du nicht gern Fußball

Rolli2000:	<u>Und was machst du so in der Freizeit</u>?
sugar-333:	Ich spiele gern Fußball.
Rolli2000:	Wirklich? Aber du bist doch eine Frau? Oder??? ☺
sugar-333:	Na klar! Frauen können auch Fußball spielen, oder? _____?
Rolli2000:	Nein, nicht so gern.
sugar-333:	_____?
Rolli2000:	Ich fahre gern Ski und sehr oft Rad.
sugar-333:	_____. ☹
	Aber ich fahre auch gern Rad und ich lerne Boxen.
Rolli2000:	Wow! Boxen!
sugar-333:	Ja, _____!!! Aber ich kann noch nicht gut boxen. Keine Angst! ☺

KB 8c

7 **Ordnen Sie zu.**

STRUKTUREN

fast nie | oft | immer | ~~nie~~ | manchmal

100% ────────────────────────────────── 0%

a _____ b _____ c _____ d _____ e <u>nie</u>

KB 8c

8 **Ergänzen Sie *a/ä* oder *e/ie*.**

STRUKTUREN

a ■ Ich mache viel Sport. Ich spiele Fußball und f<u>a</u>hre Ski. F___hrst du auch Ski?

   ▲ Sport? Nein. Ich l___se lieber. Und höre viel klassische Musik. Was l___st du so?

   ■ Ich l___se gern Krimis.

b ▲ Was macht ihr heute Abend?

   ■ Wir tr___ffen Carla.

   ▲ Tr___fft ihr auch Paul und Lisa?

   ■ Ja, wir gehen ins Kino.

KB 8c **9** **Lesen Sie die Interviews.**

a Was passt am besten zu wem? Kreuzen Sie an.

	Musik	Natur	Sport	Filme
Jule		X	X	
Peter				

	Musik	Natur	Sport	Filme
Lisa				
Leon				

Freizeit – Spaß oder Langeweile?

Wir haben Jugendliche gefragt: Was ist dein Lieblingshobby?

Jule
Ich mache gern Ausflüge in die Berge. Frische Luft, die Natur ... da geht es mir einfach gut! Das finde ich schön. Fast immer treffe ich Freunde und wir gehen zusammen wandern. Im Sommer fahre ich oft Rad. An einen See oder so ... schwimmen. Ich bin gern draußen.

Peter
Ich bin einfach auch gern mal alleine. Ich höre Musik oder ich lese ein Buch. Oder ich schaue Filme. Das macht mir auch total viel Spaß. Ich bin ein Filmfreak. Ich gehe auch sehr oft ins Kino oder sehe zu Hause eine DVD. Oft auch mit Freunden.

Lisa
Meine Freundin und ich sind in einem Chor. Ich singe für mein Leben gern. Ich spiele auch Gitarre und höre sowieso sehr viel Musik. Ein Leben ohne Musik – das geht gar nicht!

Leon
Singen, malen, Schach spielen – das ist alles nichts für mich! Ich mache unglaublich viel Sport. Ich fahre im Winter Ski. Im Sommer fahre ich viel Rad, jogge pro Tag eine Stunde. Zweimal pro Woche spiele ich Fußball in einem Verein. Im Urlaub gehe ich surfen oder schwimmen.

b Kreuzen Sie an.

	richtig	falsch
1 Jule geht gern in den Bergen wandern.	○	○
2 Peter sieht immer alleine Filme.	○	○
3 Lisa macht viel Musik und hört fast nie Musik.	○	○
4 Leon macht fast nie Sport.	○	○

KB 10 **10** **Ordnen Sie zu.**

Ja, natürlich. | Nicht so gern. | Nein, das geht leider nicht. | Ja, klar. | Ja, gern. | Nein, tut mir leid.

● Gehen wir heute Abend ins Kino? Hast du Lust?

☺   ☹

■ _Ja, natürlich_   ▲ _____

■ _____   ▲ _____

■ _____   ▲ _____

TRAINING: SCHREIBEN

1 Eine E-Mail beantworten

a Markieren Sie die Fragen von Lisa.

TIPP Sie beantworten eine E-Mail, einen Brief oder eine SMS. Lesen Sie den Text genau. Markieren Sie die Fragen und machen Sie dann Notizen für Ihre Antwort.

An:	Lisa Sammer
Kopie:	sommercamper@uni-fs.de
Betreff:	Freizeitprogramm

Signatur: Arbeit ▲▼ ! ▲▼

Hallo liebe Studentinnen und Studenten der Uni Freiburg und Straßburg,
ich heiße Lisa und organisiere das Freizeitprogramm beim Sommercamp in Straßburg. Ich möchte Euch fragen:
Wie alt seid Ihr? Woher kommt Ihr und welche Sprachen sprecht Ihr? Was macht Ihr gern in der Freizeit? Welche Hobbys habt Ihr?
Bitte schreibt mir kurz eine E-Mail.

Ich freue mich sehr auf das Sommercamp mit Euch! Wir haben bestimmt viel Spaß zusammen! Bis bald!
Viele Grüße
Lisa

b Machen Sie Notizen für Ihre Antwort an Lisa. Arbeiten Sie auch mit dem Wörterbuch.

> Alter:
> Herkunft:
> Sprachen:
> Freizeit/Hobbys: ins Kino gehen, ...

c Schreiben Sie nun eine E-Mail an Lisa.

Liebe Lisa,
vielen Dank für Deine E-Mail.
Mein Name ist _____ und ich bin _____ Jahre alt.
Ich komme _____.
Ich spreche _____.
In der Freizeit _____.
Ich freue mich auch sehr auf das Sommercamp!

Viele Grüße

TRAINING: AUSSPRACHE *Wandernder Satzakzent*

▶ 1 34 **1 Hören Sie und sprechen Sie nach.**

Spielen
Schach spielen
Ich kann Schach spielen.
Ich kann gut Schach spielen.
Ich kann sehr gut Schach spielen.

2 Lesen Sie noch einmal Übung 1 und kreuzen Sie an: Was ist richtig?

REGEL
> **Der Satzakzent ist**
> ○ immer auf dem letzten Wort, zum Beispiel: Ich kann gut singen.
> ○ auf der wichtigen Information: Ich kann gut Schach spielen. (Ich kann nicht gut Gitarre, Fußball ... spielen)

▶ 1 35 **3 Hören Sie und markieren Sie den Satzakzent.**

a ■ Was machst du in der Freizeit? ↘
  ▲ Ich höre gern Musik. ↘

b ■ Hörst du gern Musik? ↗
  ▲ Oh ja. ↘ Ich liebe Musik. ↘

c ■ Singst du gern? ↗
  ▲ Oh ja. ↘ Singen macht Spaß! ↘
  ■ Und kannst du auch singen? ↗
  ▲ Natürlich kann ich singen! ↘ Hör zu: ↘ ...

▶ 1 36 **Hören Sie noch einmal und sprechen Sie nach.**

1 **Ergänzen Sie die Hobbys.**

WÖRTER

a Hallo, ich heiße Eljesa. Meine Hobbys sind <u>Musik hören</u> (kusim nöher),
_____ (zannte) und _____ _____ (rendeuf refften).

b Hallo, ich bin Jan. Meine Hobbys sind _____ _____ (luaßfbl elisnep)
und _____ _____ (ard earnfh).

c Und wir sind Cora und Finnia. Wir _____ (senle) , _____ (trorognieeaff)
und _____ (ckaben) gern.   _ / 7 PUNKTE

2 **Was macht Niklas in seiner Freizeit? Ergänzen Sie.**

WÖRTER

sehr oft | nie | oft | ~~manchmal~~

Mo:	Fußball spielen, im Internet surfen
Di:	Fußball spielen
Mi:	im Internet surfen
Do:	Fußball spielen
Fr:	ins Kino gehen

Niklas geht <u>manchmal</u> (a) ins Kino.
_____ (b) surft er im Internet.
Er spielt_____ (c) Schach, aber er
spielt _____ (d) Fußball.   _ / 3 PUNKTE

3 **Ergänzen Sie die Verben in der richtigen Form.**

STRUKTUREN

a Du <u>kannst</u> gut backen. (können)
b Mein Sohn _____ nicht gern. (lesen)
c _____ du gern Auto? (fahren)

d _____ wir Fußball spielen? (können)
e _____ du heute deine Freunde?
(treffen)   _ / 4 PUNKTE

4 **Schreiben Sie Sätze.**

STRUKTUREN

a ■ <u>Ich kann nicht kommen.</u> _____ (kommen/nicht/ich/kann)
b ■ _____? (hören/Musik/ein/bisschen/wir/können)
c ■ _____. (toll/wirklich/er/kochen/kann)
d ■ _____? (Tennis/könnt/ihr/spielen)
e ■ _____. (nicht/leider/kann/mein Freund/Ski fahren)
            _ / 4 PUNKTE

5 **Komplimente machen und sich bedanken. Ergänzen Sie.**

KOMMUNIKATION

a ■ Sie können wirklich s<u>uper</u>
schwimmen.
▲ H_____ Dank!

b ■ Deine Augen sind so schön.
▲ Oh, d_____.

c ■ Wow! Du kannst t_____ backen.
▲ V_____ Dank.

d ■ Du kannst sehr g____ tanzen.
▲ Danke s_____ !
            _ / 6 PUNKTE

Wörter	Strukturen	Kommunikation
⬤ 0–5 Punkte	⬤ 0–4 Punkte	⬤ 0–3 Punkte
◯ 6–7 Punkte	◯ 5–6 Punkte	◯ 4 Punkte
⬤ 8–10 Punkte	⬤ 7–8 Punkte	⬤ 5–6 Punkte

www.hueber.de/menschen/lernen

1 **Wie heißen die Wörter in Ihrer Sprache? Übersetzen Sie.**

Freizeit und Hobbys

Ausflug der, ⁼e _____
Film der, -e _____
Freizeit die _____
Hobby das, -s _____
Kino das, -s _____
Lieblings-
  Lieblingsfilm der, -e _____

backen _____
besuchen _____
treffen, du
  triffst, er trifft _____
fotografieren _____
kochen _____
lesen, du
  liest, er liest _____
lieben _____
malen _____
Musik die _____
  Musik hören _____
Rad fahren,
  du fährst Rad,
  er fährt Rad
  CH: Velo fahren _____
schwimmen _____
singen _____
spazieren gehen _____
spielen _____
  Fußball/Tennis/
  Gitarre spielen _____
tanzen _____

Wie oft?

(fast) immer _____
oft _____
manchmal _____
nie _____

Danken

Vielen Dank / _____
Herzlichen Dank! _____

Auf eine Bitte reagieren

klar _____
natürlich _____
leider _____
  das geht
  leider nicht _____
leidtun: tut
  mir leid _____

Weitere wichtige Wörter

Auto das, -s _____
Gespräch das, ⁼e _____
Internet das
  im Internet
  surfen _____
Natur die _____

Spaß machen
können
rauchen

gern
nicht so (gut) _____
Wie oft?

TIPP Lernen Sie Nomen und Verb zusammen.

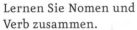
Spaß machen
Freunde treffen/besuchen

2 **Welche Wörter möchten Sie noch lernen? Notieren Sie.**

_____
_____
_____
_____
_____

Kein Problem. Ich habe Zeit!

KB 4 **1** **Freizeitaktivitäten**

WÖRTER

a Markieren Sie die Wörter.

LFEMP**SCHWIMMBAD**LDHTPCBS**MUSEUM**VÜWBFRCC**CAFÉ**LZMSGWBO**RESTAURANT**
LCGWVT**KINO**NFAKFUE**DISCO**KTJWG**KONZERT**BWOVP**THEATER**MKVJES**BAR**LFJRBN

b Ergänzen Sie die Wörter aus **a**.

① _____

④ ____das Schwimmbad____

⑦ _____

② _____

⑤ _____

⑧ _____

③ _____

⑥ _____

⑨ _____

KB 4 **2** **Korrigieren Sie die SMS. Schreiben Sie die Wörter richtig.**

WÖRTER

BELEI Judith, gehen
wir heute MITCHANGTA
ins NOKI?
Klaus

_____Liebe_____
_____
_____

LOHAL Klaus,
ich habe DIELER
keine TIZE.
Liebe Grüße
Judith

_____
_____
_____

KB 4 **3** **Lesen Sie die E-Mails. Schreiben Sie die Sätze neu und beginnen Sie mit den markierten Wörtern.**

STRUKTUREN

Hallo Clara,
ich kann **heute** nicht in die Aurora-Bar
kommen. Ich habe **leider** noch einen
Termin mit meiner Chefin. Das tut mir sehr leid!
Ich habe **am Wochenende** Zeit. Du auch?
Viele Grüße Tina

_____Heute_____
_____
_____
_____
_____
_____

Hi Elias,
ich gehe **heute Nachmittag** ins
Schwimmbad. Kommst du mit?
Grüße Simon

_____
_____

KB 5 **4 Wie spät ist es? Ergänzen Sie.**

STRUKTUREN

	Im Gespräch	Im Radio/Fernsehen
	Es ist ...	Es ist ...
a `09:55`	_fünf vor zehn._	_neun Uhr fünfundfünfzig._
b `14:30`	_____	_____
c `17:10`	_____	_____
d `20:15`	_____	_____
e `11:45`	_____	_____
f `07:05`	_____	_____
g `15:50`	_____	_____
h `16:35`	_____	_____
i `09:25`	_____	_____

KB 7 **5 Ordnen Sie zu.**

KOMMUNIKATION

Da kann ich leider nicht. | ~~Das weiß ich noch nicht.~~ | Ja, bis dann. |
Zwei Uhr ist okay. | Hm ... Ja, warum nicht? Wann denn?

■ Sag mal, was machst du am Freitag?
● _Das weiß ich noch nicht._
■ Fährst du mit mir Rad? Hast du Lust?
● _____
■ Am Vormittag.
● _____
   Aber am Nachmittag habe ich Zeit.
■ Gut. Treffen wir uns um vier Uhr?
● Das ist zu spät. Kannst du vielleicht auch um zwei?
■ _____
● Gut, dann bis Freitag.
■ _____ Tschüs!

KB 7 **6 Ergänzen Sie die Wochentage und vergleichen Sie.**

WÖRTER

Deutsch	Englisch	Meine Sprache oder andere Sprachen
Montag	Monday	
	Tuesday	
Mittwoch	Wednesday	
	Thursday	
	Friday	
	Saturday	
	Sunday	

BASISTRAINING

KB 7 **7 Ergänzen Sie die Tageszeiten.**

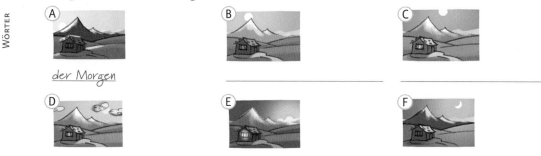

A

B

C

der Morgen

_____   _____

D

E

F

_____   _____   _____

KB 7 **8 Fridas Tag. Ordnen Sie zu und ergänzen Sie die Tageszeiten.**

 A

 B

 C

 D

 E

 F

Ⓓ *Am Nachmittag* trifft sie ihre Oma im Café.
◯ _____ geht sie ins Kino.
◯ _____ isst sie.
◯ _____ trinkt sie Kaffee.
◯ _____ geht sie in die Disco.
◯ _____ schwimmt sie.

KB 7 **9 Was machen Sie am nächsten Sonntag?**

Zeichnen Sie vier Aktivitäten und Uhren wie in **8**.
Tauschen Sie mit Ihrer Partnerin / Ihrem Partner.
Schreiben Sie Sätze zu den Bildern.

KB 7 **10 Hören Sie das Gespräch.**

▶ 1 37

a Wo sind Lukas und Susanna? Kreuzen Sie an.

◯ im Kino   ◯ in der Kneipe   ◯ im Theater

die Kinokarte

b Hören Sie noch einmal. Was ist richtig? Kreuzen Sie an.

1 Lukas hat zwei   ◯ Kinokarten.   ◯ Theaterkarten.
2 Susanna geht   ◯ gern   ◯ nicht so gern   ins Theater.
3 Lukas hat zwei Karten für   ◯ Samstagnachmittag.   ◯ Samstagabend.
4 Susanna geht am Samstag   ◯ um vier Uhr   ◯ um sieben Uhr   ins Kino.
5 Sie treffen sich   ◯ um sieben   ◯ um Viertel vor acht   in der Bar im Stadttheater.

1 **Lesen Sie die Aufgaben und die Anzeigen.**

a Markieren Sie: Was? Wann?

b Welche Anzeige passt? Kreuzen Sie an.

A Sie suchen Freunde für Freizeitaktivitäten am Wochenende.

1 ◯ Ich gehe oft am Abend schwimmen. Allein macht es keinen Spaß. ☹ Wer kommt mit? sara33@o2.de

2 ◯ Ich spiele gern Tennis, aber leider nicht so gut. Wer spielt mit mir? Nur Samstag oder Sonntag. Tel: 030–445 76 81

B Sie sind Studentin und suchen einen Job im Büro.

1 ◯ Sie lieben die Alpen? Dann sind Sie bei uns richtig! Hotel *Bergblick* sucht Kellner/Kellnerin für Hotelbar. Di-So 19-24 Uhr info@Hotel-Bergblick.at

2 ◯ Hotel Augusta in Innsbruck sucht für das Sekretariat Aushilfe für 10-15 Stunden pro Woche, am Vormittag. Wir freuen uns auf Ihren Anruf: +43-256-5987-0

TRAINING: AUSSPRACHE *unbetontes „e"*

▶1 38 **1** **Hören Sie und markieren Sie den Wortakzent.**

M<u>o</u>rgen ◯ – Abend ◯ – Essen ⊗ – Viertel ◯ – sieben ◯ – Museum ◯ – gehen ◯

▶1 38 Hören Sie noch einmal. Wo hören Sie das „e"? Kreuzen Sie an.

2 **Was ist richtig? Kreuzen Sie an.**

REGEL In betonten Silben (Mus<u>eu</u>m) hört man das „e" gut. ◯ Ja. ◯ Nein. In nicht betonten Silben (<u>Vie</u>rtel) hört man das „e" gut. ◯ Ja. ◯ Nein.

▶1 39 **3** **Hören Sie.**

a ▲ Gehen wir morgen Abend essen? ↗
■ Wann? ↗
▲ Um Viertel vor sieben. ↘
■ Gute Idee. ↘

b ▲ Wie spät ist es? ↘
■ Viertel vor zehn. ↘ Warum? ↗
▲ Dann können wir ins Museum gehen. ↘ Um zehn! ↘
■ Ach nein. ↘ Keine Lust. ↘

▶1 40 Hören Sie noch einmal und sprechen Sie nach.

1 Ergänzen Sie die Orte.

WÖRTER

Ich gehe schon um 8 Uhr ins <u>Schwimmbad</u> (a). Schwimmen macht wirklich Spaß.
Um 11 Uhr treffe ich meine Freundin im _____ (b). Wir trinken zusammen
einen Kaffee. Am Nachmittag gehen wir ins _____ (c), aber ich finde den Film
nicht so gut. Dann besuchen wir eine _____ (d), die Bilder sind sehr schön und
modern. Jetzt ist es 23 Uhr. Meine Freunde und ich tanzen in einer _____ (e).

_ / 4 PUNKTE

2 Ergänzen Sie.

WÖRTER

Die _____ hat 7 _____. Sie heißen <u>Montag</u>, _____, _____,
_____, _____, _____, _____.

_ / 4 PUNKTE

3 Ergänzen Sie die Uhrzeit und die Tageszeit.

WÖRTER

	a `07:45`	b `10:50`	c `15:15`	d `19:25`	e `23:30`
Im Gespräch	Viertel vor acht				
Im Radio / Fernsehen					dreiundzwanzig Uhr dreißig
Tageszeit		Vormittag			

_ / 6 PUNKTE

4 Schreiben Sie die Sätze neu.

STRUKTUREN

Hallo Marion,
wir haben leider keine Zeit.
Thomas spielt heute Vormittag Tennis.
Ich treffe um 14 Uhr Anna.
Wir gehen am Abend ins Kino.
Können wir vielleicht am Sonntag fahren?

Leider <u>haben wir keine Zeit.</u> _____
Heute _____ .
Um 14 Uhr _____ .
Am Abend _____ .
Vielleicht _____ ?

_ / 4 PUNKTE

5 Ergänzen Sie um, am oder in.

STRUKTUREN

a ■ Wann gehen wir ins Museum? ▲ <u>Am</u> Donnerstagabend.
b Mein Freund ist Arzt. Er arbeitet oft _____ der Nacht.
c Können wir _____ Sonntag nach Graz fahren?
d Meine Eltern kommen _____ Sonntag _____ 11:30 Uhr.

_ / 4 PUNKTE

6 Ergänzen Sie das Telefongespräch.

KOMMUNIKATION

Wann denn? | Da habe ich Zeit. | Hast du am Freitag Zeit? | Leider kann ich nicht. | Und am Samstag?

■ Hallo Paul, hier ist Annalena. _____ (a) Vielleicht können wir ins Kino gehen.
▲ _____ (b) Ich arbeite am Freitag.
■ _____ (c)
▲ Samstag ist gut. _____ (d) _____ (e)
■ Um 20.30 Uhr.

_ / 5 PUNKTE

Wörter	Strukturen	Kommunikation
⬤ 0–7 Punkte	⬤ 0–4 Punkte	⬤ 0–2 Punkte
⬤ 8–11 Punkte	⬤ 5–6 Punkte	⬤ 3 Punkte
⬤ 12–14 Punkte	⬤ 7–8 Punkte	⬤ 4–5 Punkte

LERNWORTSCHATT

1 **Wie heißen die Wörter in Ihrer Sprache? Übersetzen Sie.**

In der Stadt
Ausstellung
 die, -en _____
Bar die, -s _____
Café das, -s _____
Disco die, -s _____
Kneipe die, -n _____
 CH: Beiz die, -en; Wirtschaft die, en
 A: Lokal das, -e; Beisel das, -
Konzert das, -e _____
Museum das,
 Museen _____
Restaurant
 das, -s _____
Schwimmbad
 das, ⸚er _____
Theater das, - _____

Uhrzeiten
Uhr die, -en _____
um ... (vier/
 halb sechs) _____
Es ist 5/10 vor/
 nach ... _____
halb ... _____
Viertel vor/nach ..._____
Bis vier! / Bis dann!_____

Tageszeiten
Morgen der, - _____
Vormittag der, -e _____
Mittag der, -e _____
Nachmittag der, -e _____
Abend der, -e _____
Nacht die, ⸚e _____

E-Mail/Brief
Liebe ... / Lieber ... _____
Liebe Grüße /
Herzliche Grüße _____

Die Woche
Tag der, -e _____
Woche die, -n _____
Montag der, -e _____
Dienstag der, -e _____
Mittwoch der, -e _____
Donnerstag
 der, -e _____
Freitag der, -e _____
Samstag der, -e _____
Sonntag der, -e _____

Weitere wichtige Wörter
Essen das, - _____
Fernsehen das _____
Kaffee der _____
Radio das, -s _____

sehen _____
wissen _____

bald _____
besonders _____
höflich ↔
 unhöflich _____
morgen _____
noch _____
 noch nicht _____
spät _____
vielleicht _____

Warum (nicht)? _____
Keine Lust.
 Lust auf ...? _____
Gute Idee! _____
 Idee die, -n _____

> **TIPP** Lernen Sie Wörter – wenn
> möglich – als Reihe.
>
> Montag – Dienstag – Mittwoch – ...
> Vormittag – Mittag – Nachmittag – ...

2 **Welche Wörter möchten Sie noch lernen? Notieren Sie.**

_____
_____

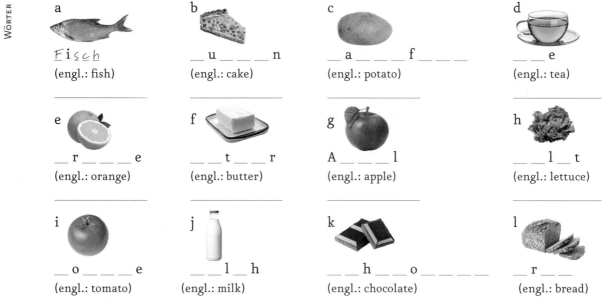

Ich möchte was essen, Onkel Harry.

KB 3 **1** **Essen und Trinken. Wie heißen die Wörter auf Deutsch und in Ihrer oder in einer anderen Sprache? Ergänzen und vergleichen Sie.**

WÖRTER

a
F i s c h
(engl.: fish)
_____

b
_ u _ _ _ n
(engl.: cake)
_____

c
_ a _ _ _ f _ _ _ _
(engl.: potato)
_____

d
_ _ _ e
(engl.: tea)
_____

e
_ r _ _ _ e
(engl.: orange)
_____

f
_ _ _ t _ _ r
(engl.: butter)
_____

g
A _ _ _ _ l
(engl.: apple)
_____

h
_ _ _ l _ t
(engl.: lettuce)
_____

i
_ o _ _ _ e
(engl.: tomato)
_____

j
_ _ _ l _ h
(engl.: milk)
_____

k
_ _ _ h _ _ o _ _ _ _
(engl.: chocolate)
_____

l
_ _ r _ _ _
(engl.: bread)
_____

KB 3 **2** **Lebensmittel**

a   Zeichnen Sie drei Lebensmittel auf Kärtchen.

b   Tauschen Sie mit Ihrer Partnerin / Ihrem Partner. Sie/Er schreibt das deutsche Wort.

die Banane

KB 3 **3** **Ergänzen Sie.**

STRUKTUREN

	mögen	essen
ich	mag	
du		
er/sie		

	mögen	essen
wir		essen
ihr		
sie/Sie		

KB 3 **4** **Was mag Jan?**

STRUKTUREN

Was isst und trinkst du gern zum Frühstück?
Name: _Jan Weißmüller_

Brötchen	🗶 ☹	Schinken	☺ 🗶	Müsli	🗶 ☹	Kuchen	🗶 ☹
Eier	☺ 🗶	Tee	🗶 ☹	Milch	☺ 🗶	Obst	🗶 ☹
Käse	🗶 ☹	Kaffee	🗶 ☹	Tomaten	🗶 ☹	Salat	☺ 🗶
Wurst	☺ 🗶						

Jan mag _keine Eier,_ _____

Jan mag _Brötchen,_ _____

BASISTRAINING _____

KB 3 **5** **Ordnen Sie zu.**

KOMMUNIKATION

mag ich auch gern | Isst du auch gern | isst du gern | esse ich sehr gern | ~~mögt ihr~~

- ■ Und was _mögt ihr_ zum Frühstück?
- ▲ Hm … ich weiß nicht.
- ■ Julia, was _____ zum Frühstück?
- ● Also, Brötchen mit Käse _____!
  Und Müsli mit Obst _____ zum
  Frühstück.
- ■ _____ Wurst oder Schinken?
- ● Ja, aber nicht zum Frühstück.
- ■ Gut, dann brauchen wir noch Obst und Käse.

KB 3 **6** **Ergänzen Sie _schon_ oder _erst_.**

WÖRTER

a ■ Was … es ist _schon_ fünf vor vier?
  ▲ Warum? Was ist los?
  ■ Ich treffe Claudia um vier am Marktplatz.

b ■ So, ich gehe jetzt. Heute kommen meine Schwester und ihr Mann zum Essen.
  ▲ Wann kommen sie denn?
  ■ Um sieben Uhr.
  ▲ Aber es ist doch _____ fünf. Da hast du doch noch viel Zeit!

c ■ Was, du gehst _____ nach Hause? Es ist doch _____ elf Uhr.
  ▲ Ja, aber ich fahre morgen um sechs Uhr nach Hamburg.
  ■ Okay, dann gute Nacht und vielen Dank für deinen Besuch.

KB 4 **7** **Ergänzen Sie _möchte-_ in der richtigen Form.**

STRUKTUREN

- ■ Was _möchtet_ (a) ihr?
- ▲ Wir _____ (b) bitte zwei Brötchen.
- ■ Mit Schinken oder Käse?
- ▲ Ich _____ (c) bitte ein Käsebrötchen.
  Und du Jonas, was _____ (d) du?
- ● Ein Schinkenbrötchen bitte.

KB 5 **8** **Welche Antwort passt? Kreuzen Sie an.**

KOMMUNIKATION

a Guten Appetit!   c Möchten Sie noch etwas Kuchen?
○ Nein, danke.   ○ Ja, ebenfalls.
○ Danke, gleichfalls.   ○ Ja, gern.

b Mögen Sie Fisch?   d Wie schmeckt die Suppe?
○ Bitte nein.   ○ Sehr gut, danke.
○ Nein, nicht so gern.   ○ Gut. Bitte sehr.

KB 6

9 Wie heißen die Wörter?

WÖRTER

TERMIN | BROT | SALAT | BRÖTCHEN | ~~LAMPE~~ | OBST | STUHL | KÄSE | WURST | KALENDER ~~TISCH~~ | BÜRO

a

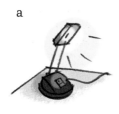

die Tischlampe

c

_____

e

_____

b

_____

d

_____

f

_____

KB 7

10 Lesen Sie die Speisekarte.

LESEN

a Ordnen Sie zu.

Hauptgerichte | Desserts | Vorspeisen | ~~Getränke~~

b Was essen und trinken die Personen? Markieren Sie in der Speisekarte und schreiben Sie die Rechnung.

RESTAURANT *Zur schönen Aussicht*

Rechnung

Fisch mit Reis   6, 80 €

RESTAURANT

Zur schönen Aussicht

Öffnungszeiten: Dienstag – Sonntag 11 bis 24 Uhr
Montag Ruhetag

_____:

Kartoffelsuppe mit Brot	3.80 €
Zwiebelsuppe mit Käse überbacken	3.50 €
Tomatensuppe mit Sahnehäubchen	3.80 €

_____:

Schweinebraten mit Knödel	9.80 €
Fisch mit Reis	6.80 €
Wiener Schnitzel mit Kartoffelsalat	9.80 €
Großer Salat mit Schinken	7.90 €

_____:

Warmer Apfelstrudel mit Vanilleeis	4.80 €
Obstsalat	
gemischtes Eis	3.50 €
Schokoladenkuchen hausgemacht	2.50 €

Getränke:

Bier 0.3 l	2.80 €
Mineralwasser 0.4 l	2.80 €
Apfelsaft 0.4 l	3.20 €
Orangensaft 0.4 l	3.20 €
Cola 0.2 l	2.80 €

TRAINING: SPRECHEN

1 **Sie sprechen mit Freunden über das Thema „Essen und Trinken".**

a Suchen Sie Wörter.

> Machen Sie sich Notizen zu wichtigen Themen (z.B.: Essen, Freizeit …). Sammeln Sie Wörter zu diesen Themen und überlegen Sie mögliche Fragen. So fühlen Sie sich sicher.
>
> TIPP

b Finden Sie Fragen.

Was trinkst du immer zum Frühstück?
Isst / Trinkst du gern …?
Magst du …?
Was ist dein Lieblingsessen?

2 **Sprechen Sie mit Ihrer Partnerin / Ihrem Partner. Verwenden Sie dabei die Kärtchen.**

Thema: Essen und Trinken	Thema: Essen und Trinken	Thema: Essen und Trinken
Tee	*Käse*	*Lieblingsessen*
Salat	*Frühstück*	*Kuchen*

■ Trinkst du gern Tee?
▲ Ja, oft.

▲ Was isst du gern zum Frühstück?
■ Ich frühstücke nur am Wochenende. Ich …

TRAINING: AUSSPRACHE *Wortakzent bei Komposita*

▶ 1 41 **1** **Hören Sie und markieren Sie den Wortakzent.**

    a Kar<u>to</u>ffel – Sa<u>lat</u> – Kar<u>to</u>ffelsalat
    b Käse – Brötchen – Käsebrötchen
    c Zwiebel – Suppe – Zwiebelsuppe
    d Obst – Kuchen – Obstkuchen
    e Zitrone – Eis – Zitroneneis

▶ 1 42 **Hören Sie noch einmal und sprechen Sie nach.**

2 **Suchen Sie im Kursbuch (im Wörterbuch, in der alphabetischen Wortliste) fünf weitere Wörter. Sprechen Sie die Wörter. Achten Sie auf den Wortakzent.**

TEST _____

1 Ordnen Sie zu.

Ei | Orangen | Suppe | Braten | ~~Kuchen~~ | Tee | Äpfel | Zitronen | Sahne

a ■ Guten Tag. Was möchten Sie?
  ▲ Ein Stück _Kuchen_ mit _____ bitte.
b ■ Mama, können wir einen Obstsalat machen?
  ▲ Gute Idee! Wir brauchen _____, _____ und _____ .
c ■ Ich esse gern Müsli zum Frühstück, und du?
  ▲ Ich esse immer Brot mit Wurst und Käse und manchmal auch ein _____.
d ■ Hier ist der _____ mit Salat. Guten Appetit!
e ▲ Ich koche eine _____ mit Kartoffeln und Tomaten.
f ■ Möchten Sie etwas trinken? ▲ Oh ja! Einen _____ bitte.   _ / 8 PUNKTE

2 Wie heißen die Artikel? Bilden Sie neue Wörter.

a	_das_ Obst	____ Kuchen	→ ____ _____
b	____ Kartoffel	____ Brötchen	→ ____ _____
c	____ Apfel	____ Suppe	→ ____ _____
d	____ Schinken	_der_ Salat	→ _der Obstsalat_

_ / 9 PUNKTE

3 Ergänzen Sie die Verben in der richtigen Form.

a Was i_sst_ du gern zum Frühstück?
b Mö_____ ihr einen Kaffee?
c Melanie ma_____ keinen Braten.
d Ich es_____ sehr oft Schokolade.
e Mö_____ Sie einen Salat mit Schinken und Ei?   _ / 4 PUNKTE

4 Was ist richtig? Kreuzen Sie an.

a ■ Möchten Sie ein Eis?
  ○ ▲ Ja, gleichfalls!   ○ ▲ Oh ja, bitte!   ○ ▲ Nein, bitte!

b ■ Guten Appetit!
  ○ ▲ Nein, gleichfalls!   ○ ▲ Danke, ebenfalls!   ○ ▲ Ja, gleichfalls!

c ■ Hier ist die Suppe. Möchten Sie auch einen Salat?
  ○ ▲ Nein, bitte!   ○ ▲ Danke, bitte!   ○ ▲ Nein, danke!

d ■ Frühstücken wir zusammen?
  ○ ▲ Ja, gern!   ○ ▲ Ja, gleichfalls!   ○ ▲ Ja, danke!

e ■ Magst du Fisch?
  ○ ▲ Bitte, nein!   ○ ▲ Nein, gern.   ○ ▲ Nein, nicht so gern.

_ / 5 PUNKTE

Wörter	Strukturen	Kommunikation
● 0–4 Punkte	● 0–6 Punkte	● 0–2 Punkte
◐ 5–6 Punkte	◐ 7–10 Punkte	◐ 3 Punkte
● 7–8 Punkte	● 11–13 Punkte	● 4–5 Punkte

LERNWORTSCHATZ

1 Wie heißen die Wörter in Ihrer Sprache? Übersetzen Sie.

Lebensmittel

Apfel der, ⸚ _____

Braten der, - _____

Brötchen das, - _____
  A: Semmel die, -n / CH: Brötli das, -

Brot das, -e _____

Butter die _____

Ei das, -er _____

Eis das _____

Fisch der, -e _____

Fleisch das _____

Käse der _____

Kartoffel die, -n _____
  A: Erdapfel der, ⸚

Kuchen der, - _____
  das Stück Kuchen _____

Milch die _____

Obst das _____
  CH: Früchte (Pl)

Orange die, -n _____

Reis der _____

Sahne die _____
  A: Schlagobers das
  CH: Rahm der

Salat der, -e _____

Schinken der, - _____

Schokolade die, -n _____

Suppe die, -n _____

Tee der, -s _____

Tomate die, -n _____
  A: Paradeiser der, -

Wurst die, ⸚e _____

Zitrone die, -n _____

Zwiebel die, -n _____

> **TIPP** Lernen Sie Wörter in Gruppen.
>
> die Orange — der Apfel
> Obst
> die Zitrone

Rund ums Essen

Durst der _____
  Durst haben _____

Frühstück
  das, -e _____
  CH: auch: Morgenessen das

Hunger der _____
  Hunger haben _____

Kühlschrank
  der, ⸚e _____
  A: auch: Eiskasten der, ⸚

essen, du isst,
  er isst _____

frühstücken _____

mögen, du
  magst, er mag _____

schmecken _____
  CH: fein sein

trinken _____

Guten Appetit

Gleichfalls! /
  Ebenfalls! _____

Weitere wichtige Wörter

Einladung die,
  -en _____

Speisekarte die,
  -n _____

Wochenende
  das, -n _____

möchten _____

kennen _____

etwas _____

erst _____

schon _____

ja, gern / ja, bitte ↔
  nein, danke _____

2 Welche Wörter möchten Sie noch lernen? Notieren Sie.

WIEDERHOLUNGSSTATION: WORTSCHATZ

1 Wie heißen die Tage?

a Diese Tage beginnen mit einem M: <u>Mittwoch,</u> _____
b Diese Tage haben 7 Buchstaben: _____
c Diese Tage beginnen mit einem D: _____

2 Wie geht es weiter? Ordnen Sie zu.

Mittag | halb sieben | Vormittag | immer | Nacht | Viertel vor sieben |
oft | Abend | Viertel nach sieben | Nachmittag | ~~manchmal~~

a nie – <u>manchmal</u> – _____ – _____
b Morgen – _____ – _____ – _____ – _____ – _____
c _____ – _____ – sieben – _____

3 Was machen die Personen? Schreiben Sie.

Lösungswort ⎤

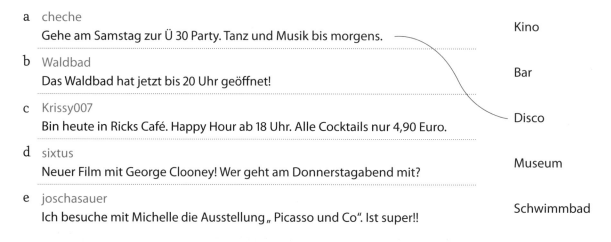

4 Was passt nicht? Streichen Sie das falsche Wort durch.

a Kuchen – Schokolade – ~~Salat~~ – Eis   c Brötchen – Orange – Zitrone – Apfel
b Schinken – Sahne – Wurst – Braten   d Kartoffel – Tomate – Zwiebel – Käse

5 Welcher Ort passt? Ordnen Sie zu.

a cheche
   Gehe am Samstag zur Ü 30 Party. Tanz und Musik bis morgens.   Kino

b Waldbad
   Das Waldbad hat jetzt bis 20 Uhr geöffnet!   Bar

c Krissy007
   Bin heute in Ricks Café. Happy Hour ab 18 Uhr. Alle Cocktails nur 4,90 Euro.   Disco

d sixtus
   Neuer Film mit George Clooney! Wer geht am Donnerstagabend mit?   Museum

e joschasauer
   Ich besuche mit Michelle die Ausstellung „ Picasso und Co". Ist super!!   Schwimmbad

WIEDERHOLUNGSSTATION: GRAMMATIK

1 **Was macht Paul diese Woche? Schreiben Sie.**

MO	DI	MI	DO	FR	SA	SO
20:30 Kino mit Jan	Mittag: Essen mit Peter	Abend: Treffen Juliane	10:30 Mail schreiben	17:00 Tennis mit Ben	11:00 Rad fahren mit Susi	lange schlafen ☺
					Abend: DVD sehen	

Am Montag geht Paul um halb neun mit Jan ins Kino. Am Dienstagmittag ...

2 **Ergänzen Sie die Verben im Chat in der richtigen Form.**

CARLOS 1704 Deutsche Freunde gesucht!
Hallo, ich bin Carlos aus Barcelona und ich spreche Englisch, Deutsch und natürlich
Spanisch. Ich mag Sport. Und ihr? (sprechen)

TS Hallo Carlos! Ich bin Teresa aus Salzburg. Ich mache auch viel Sport und ich lese gern.
_____ du gern Ski? _____ du auch gern Bücher? (fahren – lesen)

CARLOS 1704 Nein, ich _____ keine Bücher. Tut mir leid ☺. Aber ich habe viele DVDs.
_____ du auch gern Filme? (lesen – sehen)

TS Jaaaaaaa, sehr gern. Ich habe nicht viele DVDs. Aber ich gehe oft mit Freunden ins
Kino. Wo _____ du denn deine Freunde? Auf dem Sofa zu Hause mit vielen
DVDs ☺? (treffen)

CARLOS 1704 ... ☹

TS Entschuldigung. Hey, _____ du jetzt nicht mehr mit mir? (sprechen)

CARLOS 1704 Doch, Teresa, natürlich. Sorry.

3 **Schreiben Sie Sätze. Beginnen Sie mit dem markierten Wort.**

a *Am Samstag möchte ich gern in die Disco gehen.* gehen – **am Samstag** – in die Disco – ich – möchten – gern

b _____? du – kommen – **können** – auch

c _____. ich – **leider** – können – kommen – nicht

d _____. ich – **am Wochenende** – fahre – nach Wien

4 **Ergänzen Sie die Verben.**

möchte | ~~magst~~ | Möchtest | magst

a ■ Magst du auch einen Orangensaft?
  ▲ Nein danke. Ich _____ jetzt nichts trinken.
b ■ Hallo Emma, du _____ doch die Gruppe Wise Guys, oder?
  ▲ Ja klar. Warum?
  ■ Ich habe für das Konzert am Freitag zwei Tickets und Christian hat keine Zeit.
  _____ du mitkommen?
  ▲ Sehr gern! Super!

SELBSTEINSCHÄTZUNG Das kann ich!

Ich kann jetzt ...

... Komplimente machen und mich bedanken: L07
○ ○ ○
▲ Du kannst _____ / _____ Gitarre spielen!
■ _____ / _____ Dank!

... über Hobbys sprechen: L07
○ ○ ○
▲ _____ sind deine Hobbys? ■ Meine Hobbys sind _____ und _____.
● Was _____ du in der Freizeit?
▼ Ich _____ gern.

... um etwas bitten: L07
○ ○ ○
▲ Kann ich _____ ?
■ ☺ _____ . ☹ _____ .

... mich verabreden: L08
○ ○ ○
▲ _____ Zeit? ■ ☺ Ja, _____ /
☹ Nein, _____ / ☺ _____ /
_____ .

... einen Vorschlag machen/annehmen/ablehnen: L08
○ ○ ○
▲ _____ wir _____ ?
■ ☺ Gute _____ . / ☹ Tut _____ . Ich _____ .

... nach der Uhrzeit fragen und darauf antworten: L08
○ ○ ○
▲ Wie _____ ?
■ _____ . `14:30`

... bei Absagen mein Bedauern ausdrücken: L08
○ ○ ○
_____ kann ich nicht kommen. /
_____ . Ich habe keine Zeit.

... über Essgewohnheiten sprechen: L09
○ ○ ○
▲ _____ _____ du gern zum Frühstück?
■ Ich _____ . Und du?
▲ _____ .

... beim Essen etwas anbieten und Angebote annehmen/ablehnen: L09
○ ○ ○
▲ _____ Sie einen Kaffee?
■ ☺ _____ . ☹ _____ .

Ich kenne ...

... 8 Freizeitaktivitäten: L07 / L08
○ ○ ○
Das mache ich gern:
_____

Das mache ich nicht so gern:
_____

Ich gehe gern ins / in eine / in einen:
_____

Ich gehe nicht so gern ins / in eine / in einen:
_____

SELBSTEINSCHÄTZUNG Das kann ich!

... die Tageszeiten und die Wochentage: L08

Am Morgen, _____

Montag, _____

... 8 Lebensmittel und Speisen: L09

Das esse / trinke ich gern: _____

Das esse / trinke ich nicht so gern: _____

Ich kann auch ...

... über Fähigkeiten sprechen (Modalverb: *können*, Satzklammer): L07

▲ _____ ? (Schach – können – ihr – spielen)

■ Nein, wir _____ . (gar nicht)

... einen Zeitpunkt angeben (temporale Präpositionen *um, am*): L08

▲ Wann denn? ■ _____ Samstag _____ 19.00 Uhr.

... Informationen hervorheben/betonen (Inversion): L08

Ich kann am Sonntag nicht kommen.

Am Sonntag _____ .

... Wörter kombinieren (Wortbildung): L09

•  • [image of cake] _____

Üben / Wiederholen möchte ich noch ...

_____

RÜCKBLICK

Wählen Sie eine Aufgabe zu Lektion 7 _____

🔍 **1 Freizeit**

  a Notieren Sie Aktivitäten. Hilfe finden Sie im Kursbuch auf den Seiten 44 und 45.

> singen
> backen
> ...

  b Schreiben Sie Sätze. Was können Sie gut? Was können Sie nicht so gut?

> Das kann ich gut:
> Ich kann sehr gut singen.

> Das kann ich nicht so gut:

2 Wählen Sie eine Person. Was kann die Person gut / nicht so gut? Schreiben Sie einen kleinen Text.

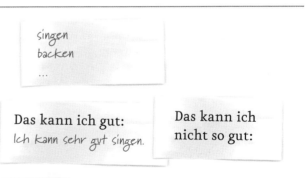

> Heidi Klum kann gut singen.
> Sie kann auch gut kochen.
> Sie kann nicht so gut ...

RÜCKBLICK

Wählen Sie eine Aufgabe zu Lektion **8** _____

🔍 **1** **Lesen Sie noch einmal den Kalender im Kursbuch auf Seite 155 oder 159.**
Wählen Sie einen Wochentag aus. Was macht die Person an diesem Tag? Schreiben Sie.

> Sie/Er geht am Mittwoch ...
> Um ... Uhr ...

 2 **Ein perfektes Wochenende. Füllen Sie den Kalender aus und schreiben Sie.**

SAMSTAG	SONNTAG
lange schlafen! ☺ 11 Uhr: schwimmen mit Lena	

> Am Samstag schlafe ich lange.
> Am Vormittag

Wählen Sie eine Aufgabe zu Lektion **9** _____

🔍 **1** **Ein Frühstück für vier Personen**
Was brauchen Sie? Sehen Sie im Kursbuch auf den Seiten 52 und 53 nach. Schreiben Sie einen Einkaufszettel.

> 4 Eier
> Butter
> ...

 2 **Mein Lieblingsmenü. Machen Sie eine Speisekarte.**

> Vorspeise
>
>
> Hauptspeise
>
>
> Nachspeise

LITERATUR

PAUL UND HERR ROSSMANN MACHEN FERIEN

Teil 3: Oh, ein Hut …!

Paul und Anja sitzen im Restaurant. Sie lesen die Speisekarte.

„Was möchtest du essen, Paul?", fragt Anja.

„Ich weiß nicht … was isst man in München?"

„Hmm … Schweinebraten ist sehr gut."

„Dann esse ich Schweinebraten", sagt Paul. „Und du?"

„Ich habe nicht so viel Hunger. Ich esse nur eine Suppe."

Der Kellner kommt.

„Ich möchte gerne eine Zwiebelsuppe", sagt Anja.

„Und ich einen Schweinebraten … und eine Cola", sagt
Paul.

„Ja, für mich auch."

Herr Rossmann bellt.

„Ja, ich weiß, du möchtest auch etwas essen. Aber du
bekommst erst später etwas. Tut mir leid!", sagt Paul.

Der Kellner kommt bald mit den Getränken.

„Paul, was machst du gern in deiner Freizeit?", fragt
Anja.

„Hmm … Ich treffe gerne Freunde, ich höre Musik,
ich lese, ich gehe surfen …"

Herr Rossmann bellt.

„Ja, natürlich, und ich gehe mit Herrn Rossmann
spazieren."

Herr Rossmann bellt.

„Ich gehe sehr oft mit Herrn Rossmann spazieren.
Und was machst du gern?"

Da kommt der Kellner mit dem Essen.

„Guten Appetit!", sagt er.

Paul und Anja essen.

„Der Schweinebraten ist sehr gut", sagt Paul. „Wie
schmeckt die Suppe?"

„Auch gut."

„Also, was sind deine Hobbys?" fragt Paul.

„Ich lese gern und höre Musik. Am Abend gehe
ich manchmal in die Disco …"

„Oh ja, Tanzen finde ich auch gut. Gehen wir nach
dem Essen noch in die Disco?"

„Super Idee! … Aber … ich kann heute Abend
leider nicht. Ich habe morgen um 7:30 Uhr einen
Termin. Hast du morgen Abend Zeit?"

„Ja, morgen ist auch gut."

Der Kellner kommt wieder. Er fragt: „Möchten Sie
noch ein Dessert? Oder einen Kaffee?"

„Ich nehme einen Espresso", sagt Anja. „Und einen
Apfelkuchen."

„Ich möchte keinen Kaffee, danke", sagt Paul.
„Haben Sie Schokoladenkuchen?"

„Ja, natürlich."

„Dann ein großes Stück Schokoladenkuchen, bitte!"

Herr Rossmann bellt.

„Ja, Herr Rossmann?"

Herr Rossmann bellt.

„Ach, wir haben ja noch etwas für Anja", sagt Paul.

„Was denn?"

Herr Rossmann bringt ein Päckchen zu Anja. Sie
öffnet es.

„Oh … ein Hut … Er ist sehr schön. Danke!"

„Du musst ihn gleich aufsetzen!"

Herr Rossmann bellt. Er hat eine tolle Sonnenbrille
und Anja hat jetzt auch einen tollen neuen Hut.
Das ist gut, findet er.

Ich steige jetzt in die U-Bahn ein.

KB 4 **1** **Wie heißen die Wörter? Ergänzen Sie.**

WÖRTER

fen | Vor | Halt | Flug | steig | Bahn | sicht | ha

a ■ Wann sind wir am Flughafen?   ▲ In 40 Minuten.

b ■ Wie heißt der nächste _____?   ▲ Mönckebergstraße.

c ■ _____ an der Bahnsteigkante.   ▲ Zu spät! Jetzt nehmen wir den
Der Zug fährt ab.   nächsten Zug.

d ■ Ich suche die U2 zum Olympiazentrum.   ▲ Die Bahn fährt gerade am
_____ 5 ein.

KB 5 **2** **Ergänzen Sie die Verben.**

WÖRTER

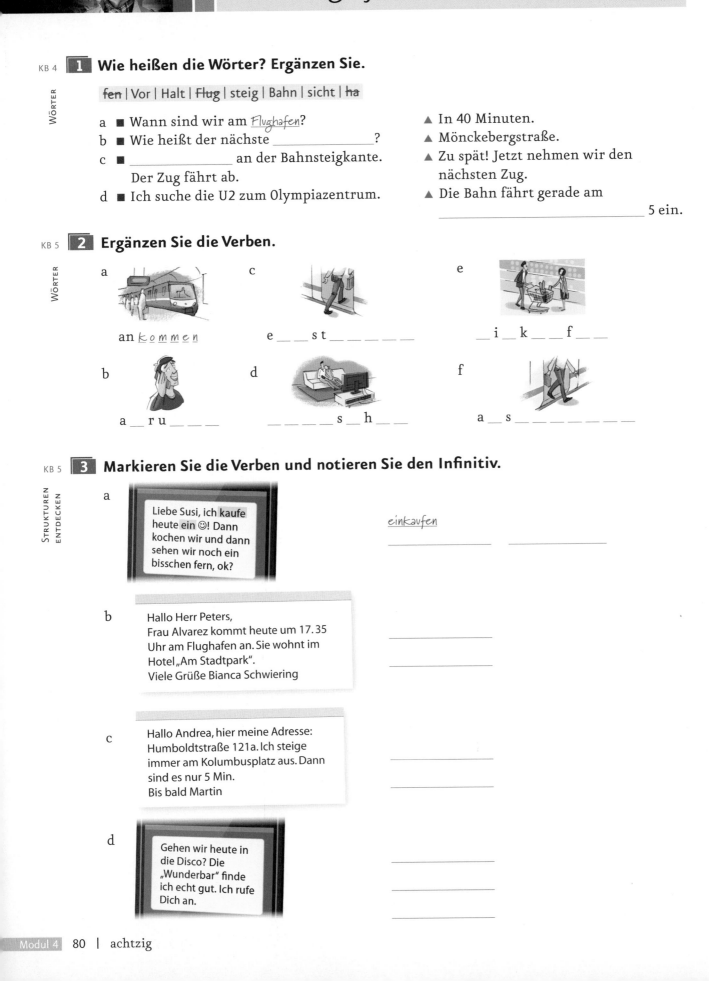

a   an k o m m e n

c   e ___ ___ s t ___ ___ ___ ___ ___ ___

e   ___ i ___ k ___ f ___ ___ ___

b   a ___ r u ___ ___ ___

d   ___ ___ ___ ___ ___ s ___ h ___ ___

f   a ___ s ___ ___ ___ ___ ___ ___

KB 5 **3** **Markieren Sie die Verben und notieren Sie den Infinitiv.**

STRUKTUREN ENTDECKEN

a   Liebe Susi, ich kaufe heute ein ☺! Dann kochen wir und dann sehen wir noch ein bisschen fern, ok?

einkaufen

_____   _____

b   Hallo Herr Peters,
Frau Alvarez kommt heute um 17.35 Uhr am Flughafen an. Sie wohnt im Hotel „Am Stadtpark".
Viele Grüße Bianca Schwiering

_____

_____

c   Hallo Andrea, hier meine Adresse: Humboldtstraße 121a. Ich steige immer am Kolumbusplatz aus. Dann sind es nur 5 Min.
Bis bald Martin

_____

_____

d   Gehen wir heute in die Disco? Die „Wunderbar" finde ich echt gut. Ich rufe Dich an.

_____

_____

BASISTRAINING

4 Trennbar oder nicht? Ergänzen Sie, wo nötig.

a ■ _Steigt_ ihr am Goetheplatz _ein_? (einsteigen)
b ■ Wann _telefonierst_ du mit Oma _____/_____? (telefonieren)
c ■ Heute Abend _____ wir _____. Kommst du auch? (fernsehen)
d ■ Wo _____ ihr _____ ? (umsteigen)
e ■ _____ ich bitte einen Kaffee _____? (bekommen)
f ■ Vielleicht _____ ich am Samstag meine Freundin _____. (mitbringen)
g ■ Am Sonntag _____ ich erst um 12 Uhr _____. (frühstücken)

5 Schreiben Sie eigene Sätze wie in 4 und tauschen Sie mit Ihrer Partnerin / Ihrem Partner.

abholen: Ich _____ dich dann um 14.30 Uhr _____.

fotografieren: Er _____ wirklich gut _____.

6 Schreiben Sie Sätze.

a ~~aussteigen/am Rathausplatz/wir.~~
b der Zug/wo/abfahren/nach Berlin?
c mich/du/anrufen?
d dich/abholen/um 16.45 Uhr/ich.
e einen Kuchen/ihr/mitbringen?
f ankommen/wann/der Bus?

a	Wir	steigen	am Rathausplatz	aus.
b	Wo		der Zug nach Berlin	?
c		Rufst		
d				
e				
f				

7 Fremd in der Stadt. Was denkt Jutta? Schreiben Sie.

Wie komme ich jetzt zu „Schulz und Partner"?

Also, ich _steige am Flughafen in die S-Bahn ein._
Am Hauptbahnhof _____
_____. Am Eifelplatz
_____ und _____
_____.

Zentrum Köln → „Schulz und Partner" (Praktikum Mo–Fr)
- am Flughafen in die S-Bahn einsteigen
- am Hauptbahnhof in die U-Bahn umsteigen
- am Eifelplatz aussteigen
- Frau Lerch anrufen

KB 7 **8** **Ergänzen Sie und vergleichen Sie.**

Flugzeug | Taxi | Straßenbahn | ~~Zug~~ | U-Bahn | Bus

WÖRTER

		Deutsch	Englisch	Meine Sprache oder andere Sprachen
a		*der Zug*	train	
b		__ _____	plane	
c		__ _____	taxi	
d		__ _____	tram, streetcar	
e		__ _____	bus	
f		__ _____	underground	

KB 7 **9** **Mike in München, Teil 1**

KOMMUNIKATION

Ordnen Sie die Fragen zu.

Wann kommst du? | Holst du mich ab? | Nimmst du den Zug? | ~~Hast du Zeit?~~

■ Hallo Tom, hier ist Mike.
▲ Hallo Mike, wie geht's?
■ Gut, danke. Ich bin nächste Woche in München und möchte dich gern besuchen.
  Hast du Zeit?
▲ Ja natürlich! _____
■ Am Mittwoch, um 20:50 Uhr.
▲ _____
■ Ja. Ich komme am Ostbahnhof an. _____
▲ Na klar, gern. Ich arbeite bis 20 Uhr. Dann hole ich dich ab.
■ Danke, dann bis Mittwoch!

KB 7 **10** **Mike in München, Teil 2**

▶ 1 43

HÖREN

Hören Sie. Was ist richtig? Kreuzen Sie an.

a	Wann ist Mike in München?	○ Um 18:30 Uhr.	○ Um 19:00 Uhr.
b	Mike fährt	○ zum Flughafen.	○ nach Daglfing.
c	Er nimmt	○ die S-Bahn.	○ die U-Bahn.
d	Wie lange dauert die Fahrt?	○ 20 Minuten	○ 7 Minuten
e	Was bringt Mike mit?	○ Wurst	○ Brot

TRAINING: HÖREN

▶ 1 44-46 **1** **Wo sind die Personen? Hören Sie und kreuzen Sie an.**

	Foto A	Foto B	Foto C
Durchsage 1	○	○	○
Durchsage 2	○	○	○
Durchsage 3	○	○	○

2 **Durchsagen**

a **Lesen Sie die Aufgaben. Markieren Sie alle Zahlen und Uhrzeiten.**

1
Die Passagiere von Flug 134 können jetzt einsteigen. ○
Die Passagiere von Flug 243 können jetzt einsteigen. ○

2
Die U5 fährt am Montag nur bis zum Ostbahnhof. ○
Der Bus Nr. 58 fährt am Montag nur bis zum Ostbahnhof. ○

3
Der ICE 756 aus Hamburg kommt heute um 13:27 Uhr an. ○
Der ICE 756 aus Hamburg kommt heute um 13:50 Uhr an. ○

> **TIPP**
> Achten Sie auf Zahlen und Uhrzeiten. Am Bahnhof/Flughafen ... müssen Sie Zahlen und Zeiten richtig verstehen.

▶ 1 44-46 b **Hören Sie noch einmal. Welche Sätze sind richtig? Kreuzen Sie in a an.**

TRAINING: AUSSPRACHE *Wortakzent bei trennbaren Verben*

▶ 1 47 **1** **Hören Sie und markieren Sie den Wortakzent.**

fahren – abfahren | kommen –
ankommen | kaufen – einkaufen |
sehen – fernsehen | bringen –
mitbringen

▶ 1 48 **Hören Sie noch einmal und sprechen Sie nach.**

2 **Richtig oder falsch? Kreuzen Sie an.**

> **REGEL**
> Der Wortakzent ist bei trennbaren Verben auf dem trennbaren Wortteil.
> ○ richtig   ○ falsch

▶ 1 49 **3** **Hören Sie.**
Sprechen Sie dann.

Ich nehme heut' den Zug.
Einsteigen
Aussteigen
Umsteigen
Vorsicht an Gleis sieben!

Ich nehme heut' den Zug.
Abfahren
Ankommen
Anrufen
Holst du mich bitte ab?

WÖRTER

1 Wie heißen die Wörter?

~~hafen~~ | stelle | bahn | steig | hof | zeug

a Straßen_____   c Bahn_____ / Bahn_____

b Flug*hafen* / Flug_____   d Halte_____   _ / 5 PUNKTE

WÖRTER

2 Ordnen Sie zu.

Gleis | Koffer | U-Bahn | ~~Gepäck~~ | Taxi | Halt | Zug

a ■ Guten Tag, Herr Baltaci. Haben Sie
      Gepäck?
   ▲ Ja, zwei _____ und die Tasche.

b ■ Nächster _____ Königsplatz.

c ■ Wo fährt der _____ nach Stuttgart ab?
   ▲ Auf _____ 17.

d ■ Es ist schon sehr spät. Jetzt fährt
   keine _____ mehr.
   ▲ Dann nehmen wir ein _____.

_ / 6 PUNKTE

STRUKTUREN

3 Ergänzen Sie das Gespräch.

■ Guten Morgen Ella, hier ist Karin. Wo bist du?

▲ Hallo Karin. Ich *steige gerade in den Zug ein* (a). (einsteigen/in den Zug /gerade)

■ Wann _____ (b)? (du/ankommen)

▲ Um 09.35 Uhr am Ostbahnhof und um 09.45 Uhr am Hauptbahnhof.

■ Kannst du _____ (c)?
  (aussteigen/am Hauptbahnhof/bitte)
  Ich _____ (d). (abholen/dich)

▲ Super, vielen Dank.

■ Jetzt _____ (e),
  (einkaufen/ich/Brötchen) dann können wir zusammen frühstücken.

▲ Gute Idee. Also dann, bis bald.

_ / 8 PUNKTE

KOMMUNIKATION

4 Schreiben Sie vier Gespräche.

Nehmt ihr ein Taxi? | ~~Wo fährt der Zug nach Köln ab?~~ | Ich habe leider keine Zeit. | Am
Rathausplatz. | Um 09:45 Uhr. | Nein, die U-Bahn. | ~~Auf Gleis 15.~~ | Holst du mich ab? |
Wann kommt der Zug an? | Wo steigst du um?

■ *Wo fährt der Zug nach Köln ab?*   ■ _____
▲ *Auf Gleis 15.*   ▲ _____

■ _____   ■ _____
▲ _____   ▲ _____

■ _____
▲ _____

_ / 4 PUNKTE

Wörter	Strukturen	Kommunikation
● 0–5 Punkte	● 0–4 Punkte	● 0–2 Punkte
● 6–8 Punkte	● 5–6 Punkte	● 3 Punkte
● 9–11 Punkte	● 7–8 Punkte	● 4 Punkte

LERNWORTSCHATZ

1 Wie heißen die Wörter in Ihrer Sprache? Übersetzen Sie.

Verkehr und Reisen

Bahnhof der, ⸚e _____

Bahnsteig der, -e _____
  CH: das Perron, -s

Bus der, -se _____

Halt der, -e/-s _____

Haltestelle die, -n _____

Flughafen der, ⸚ _____

Flugzeug das, -e _____

Gepäck das _____

Gleis das, -e _____

Koffer der, - _____

S-Bahn die, -en _____

Straßenbahn die,
  -en auch: Tram die, -s _____

Taxi das, -s _____

U-Bahn die, -en _____

Verkehrsmittel
  das, - _____

Zug der, ⸚e _____

ab·fahren, du
  fährst ab,
  er fährt ab _____

ab·holen _____

an·kommen _____

aus·steigen _____

ein·steigen _____

um·steigen _____

Weitere wichtige Wörter

Minute die, -n _____

Vorsicht die

zu Hause _____

Entschuldigen
  Sie. _____

an·rufen _____

bekommen _____

ein·kaufen _____

fern·sehen, du
  siehst fern,
  er sieht fern _____

mit·bringen _____

nehmen, du
  nimmst, er nimmt _____

also _____

  also dann _____

gerade _____

nächste _____

viel _____

auf _____

  auf Gleis 10 _____

bis _____

  Bis bald! _____

> **Sie lesen den Satz:**
> „Wir steigen dann in Flensburg in den Bus um."
> Sie verstehen „steigen" nicht und suchen im Wörterbuch.
> Achten Sie auch auf das Satzende.
> Suchen Sie „umsteigen" im Wörterbuch.

TIPP

2 Welche Wörter möchten Sie noch lernen? Notieren Sie.

_____

_____

_____

_____

_____

_____

Was hast du heute gemacht?

STRUKTUREN

KB 3 **1** **Was macht Lisa? Ergänzen Sie** *um – am – von ... bis – ab.*

MONTAG

7:00	frühstücken
8:00	arbeiten
18:00	einkaufen und kochen
19:00	
20:00	Kino mit Klaus

_____ Montag frühstückt Lisa _____ 7 Uhr.
<u>Ab</u> 8 Uhr arbeitet sie.
_____ 18 _____ 19 Uhr kauft sie ein und kocht.
_____ Abend geht sie mit Klaus ins Kino.

KB 3 **2** **Was machen Sie heute?**

Ergänzen Sie den Kalender. Ihre Partnerin /
Ihr Partner schreibt einen kurzen Text wie in **1**.

KB 4 **3** **Was machst du gern?**

WÖRTER

a **Wie heißen die Verben?**

NACHEM _____

FAHLESCN _____

HENFENERS <u>fernsehen</u>

RAFEHN _____

RUMAFUÄNE _____

NESEL _____

NELREN _____

STRUKTUREN

b **Ergänzen Sie die Verben aus a in der richtigen Form.**

1 <u>Siehst</u> du am Abend gern <u>fern</u>?

2 _____ du gern deine Wohnung
_____?

3 _____ du am Wochenende lange?

4 _____ du gern Zeitung?

5 _____ du gern Fahrrad?

6 _____ du gern Deutsch?

7 _____ du gern Hausaufgaben?

KB 5 **4** **Ergänzen Sie** *haben* **in der richtigen Form.**

STRUKTUREN

■ <u>Haben</u> (a) wir jetzt alles für die Party?

▲ Ich denke ja.

■ _____ (b) du auch Brot gekauft?

▲ Ja klar. Das _____ (c) ich doch heute Morgen schon gekauft.

■ Und wo ist der Geburtstagskuchen?

▲ Den Kuchen _____ (d) Julia gebacken. Sie bringt ihn heute Abend zur Party mit.

■ Sehr gut. Und was _____ (e) wir zu trinken?

▲ Wein, Mineralwasser und Saft.

■ Super! Und wo _____ (f) ihr das Geschenk für Julia?

▲ Das ist noch in Claudias Auto. Sie kommt um sechs Uhr und bringt es mit.

■ Gut, ich glaube, jetzt _____ (g) wir wirklich alles.

BASISTRAINING

STRUKTUREN ENTDECKEN

KB 5 **5** **Ergänzen Sie *haben* und das Partizip.**

gelernt | gegessen | eingeladen | gebacken | ~~geschlafen~~ | gekauft | gelesen

a	Am Sonntag	_habe_ ich lange	_geschlafen_.
b	Wo	_____ Sie Deutsch	_____?
c	Ich	_____ Kuchen	_____.
d		_____ du deine Schwester auch zu deiner Party	_____?
e	Was	_____ ihr zum Mittagessen	_____?
f	Gestern	_____ ich ein neues Fahrrad	_____.
g	Ich	_____ heute noch nicht Zeitung	_____.

STRUKTUREN ENTDECKEN

KB 6 **6** **Wiederholung: Verben**

Ordnen Sie zu und ergänzen Sie den Infinitiv.

~~gearbeitet~~ | gewohnt | geglaubt | gesucht | ~~gesprochen~~ | gekostet | gefunden |
gesagt | gebraucht | geschrieben | gewusst | ~~eingeladen~~ | gelacht | gesungen |
gefrühstückt | gelernt | geliebt | gesehen | getrunken | angerufen | ~~eingekauft~~ |
genommen | aufgeräumt | geredet | gedacht

(...)ge...t	(...)ge...en
gearbeitet – arbeiten	gesprochen – sprechen
eingekauft – einkaufen	eingeladen – einladen

STRUKTUREN

KB 6 **7** **Finden Sie die Partizipien und ergänzen Sie.**

hört | ~~ge~~ | ge | spielt | troffen | ge | holt | ge | ab | ~~schrieben~~ | tanzt | ge | ge | kocht | ge

Dennis hat letzten Freitag ...

a eine E-Mail _geschrieben_,

b Musik _____,

c Tennis _____,

d seine Freundin am Bahnhof

_____,

e Freunde in einem Café _____,

f Abendessen _____,

g in der Disco _____.

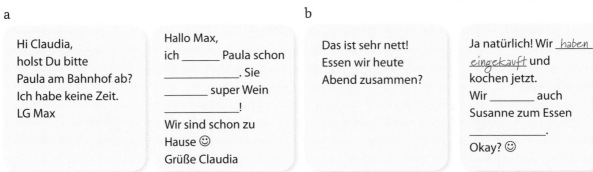

KB 6 **8** **Antworten Sie auf die SMS. Verwenden Sie das Perfekt.**

~~einkaufen~~ | abholen | einladen | mitbringen

a

> Hi Claudia,
> holst Du bitte
> Paula am Bahnhof ab?
> Ich habe keine Zeit.
> LG Max

> Hallo Max,
> ich _____ Paula schon
> _____. Sie
> _____ super Wein
> _____!
> Wir sind schon zu
> Hause ☺
> Grüße Claudia

b

> Das ist sehr nett!
> Essen wir heute
> Abend zusammen?

> Ja natürlich! Wir _haben_
> _eingekauft_ und
> kochen jetzt.
> Wir _____ auch
> Susanne zum Essen
> _____.
> Okay? ☺

KB 7 **9** **Eine E-Mail aus Hamburg. Lesen Sie und kreuzen Sie an.**

An:	Chiara1312@freenet.de
Kopie:	nina@aol.com
Betreff:	neuer Job

Hallo Nina,

wie geht es Dir? Du hast so lange nicht geschrieben. Ist alles okay?

Ich habe im Mai bei einer neuen Firma als Marketing-Assistentin angefangen. Der Job ist sehr interessant und meine Kollegen sind sehr nett und lustig. In der Mittagspause essen wir immer zusammen, reden und lachen viel. Aber ich habe auch sehr viel Arbeit. Ich arbeite täglich von 8.30 Uhr bis 17.30 oder 18.00 Uhr und manchmal arbeite ich auch noch länger.

Nach der Arbeit gehe ich oft mit meinen Kolleginnen und Kollegen noch in eine Kneipe, ins Kino oder wir treffen uns bei meiner Kollegin Tamara. Sie hat eine sehr große und schöne Wohnung und sie kocht gern für viele Leute. Das finde ich super! Sie hat viele nette Freunde, wie zum Beispiel Rainer … aber mehr Info zu Rainer in der nächsten Mail …

Bitte schreib mir!

Herzliche Grüße
Chiara

Chiara …

	richtig	falsch
a hat eine neue Arbeit.	○	○
b hat viel Spaß mit ihren Kollegen.	○	○
c arbeitet jeden Tag bis 19 Uhr.	○	○
d geht am Abend immer mit ihren Kollegen in Kneipen.	○	○
e besucht gern ihre Kollegin Tamara.	○	○
f findet Rainer nett.	○	○

TRAINING: SCHREIBEN

1 Einen Tagesablauf beschreiben

a Lesen Sie Susanas E-Mail.

Liebe Christina,
wie geht es Dir denn in Deinem neuen Job
als Au-pair-Mädchen in Köln? Was machst
Du den ganzen Tag? Hast Du viel Arbeit?
Viele Grüße Susana

b Christinas Tag. Ordnen Sie die Verben den Bildern zu.

im Supermarkt einkaufen | mit Freunden kochen | schlafen | zusammen essen | ~~Frühstück machen~~ |
Wohnung aufräumen

① ② ③ ④ ⑤ ⑥

Frühstück machen _____ _____ _____ _____ _____

c Schreiben Sie Christinas E-Mail mit den Wörtern aus b.

Liebe Susana,
vielen Dank für Deine E-Mail. Mir geht es sehr gut. Ich habe viel Arbeit, aber die Familie ist sehr nett.
Das habe ich zum Beispiel heute gemacht:
Um acht Uhr _habe_ ich für die Familie Frühstück _gemacht_ . (1)
Am Vormittag _____ . (2)
Am Mittag _____ . (3)
Am Nachmittag _____ . (4)
Um 19 Uhr _____ (5)
und wir _____ . (6)

Ich schreibe bald wieder.
Viele Grüße
Christina

> REGEL
> Kontrollieren Sie noch einmal
> Ihren Text. Sind die Verben an
> der richtigen Position?

TRAINING: AUSSPRACHE *Satzakzent in Sätzen mit Perfekt*

▶ 1 50 **1 Hören Sie und sprechen Sie nach.**

Am Abend

- Was hast du heute <u>gemacht</u>? ↘
- <u>Heute</u>? ↗ Nicht <u>viel</u>. ↘ Ich habe <u>gelesen</u>. ↘
- <u>Gelesen</u>? ↗ <u>Was</u> denn? ↗
- Ich habe ein <u>Buch</u> gelesen. ↘ Und ich habe <u>aufgeräumt</u>. ↘
- <u>Aufgeräumt</u>? ↗ Das <u>Bad</u>? ↗
- <u>Nein</u>. ↘ <u>Nicht</u> das Bad. ↘ Ich habe die <u>Küche</u> aufgeräumt. ↘ Und ich habe ein bisschen <u>gelernt</u>. ↘
- <u>Gelernt</u>? ↗ <u>Was</u> denn? ↗
- Ich habe natürlich <u>Deutsch</u> gelernt. ↘

2 Schreiben und sprechen Sie eigene Gespräche im Perfekt.

TEST _____

1 **Was passt? Ordnen Sie zu.**

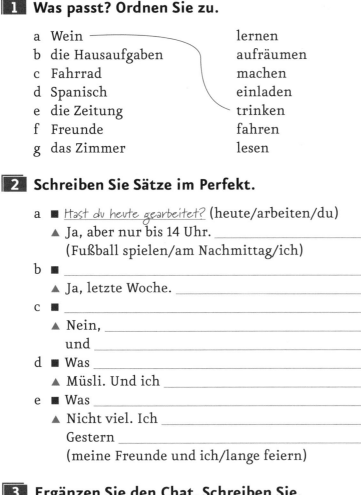

a Wein   lernen
b die Hausaufgaben   aufräumen
c Fahrrad   machen
d Spanisch   einladen
e die Zeitung   trinken
f Freunde   fahren
g das Zimmer   lesen

_ / 6 PUNKTE

2 **Schreiben Sie Sätze im Perfekt.**

a ■ *Hast du heute gearbeitet?* (heute/arbeiten/du)
  ▲ Ja, aber nur bis 14 Uhr. _____.
  (Fußball spielen/am Nachmittag/ich)
b ■ _____? (sehen/Monika/du)
  ▲ Ja, letzte Woche. _____. (viel/wir/lachen)
c ■ _____? (einkaufen/heute Nachmittag/ihr)
  ▲ Nein, _____ (Anna, Englisch lernen)
  und _____. (Hausaufgaben machen/ich)
d ■ Was _____? (zum Frühstück/essen/du)
  ▲ Müsli. Und ich _____. (trinken/einen Kaffee)
e ■ Was _____? (heute/machen/du)
  ▲ Nicht viel. Ich _____. (schlafen/bis 12 Uhr)
  Gestern _____.
  (meine Freunde und ich/lange feiern)

_ / 11 PUNKTE

3 **Ergänzen Sie den Chat. Schreiben Sie.**

Kelubia:
- lange schlafen, einkaufen,
  15–17 Uhr: Tennis spielen

Neyla:
- Vormittag: mit Anna Deutsch lernen,
  Nachmittag: arbeiten

NEYLA:	Hallo Kelubia, wie geht's? Was hast Du denn heute alles gemacht?
Kelubia:	Ach, *ich habe lange geschlafen.* Dann _____. (a)
	Von _____. (b)
	Und Du? Was _____? (c)
NEYLA:	Am Vormittag habe ich _____. (d)
	_____. (e)
	Jetzt räume ich noch auf, dann gehe ich schlafen.
Kelubia:	Na, dann – Gute Nacht!

_ / 5 PUNKTE

Wörter		Strukturen		Kommunikation	
●	0–3 Punkte	●	0–5 Punkte	●	0–2 Punkte
○	4 Punkte	○	6–8 Punkte	○	3 Punkte
●	5–6 Punkte	●	9–11 Punkte	●	4–5 Punkte

www.hueber.de/menschen/lernen

LERNWORTSCHATZ

1 **Wie heißen die Wörter in Ihrer Sprache? Übersetzen Sie.**

Mein Tag

Arbeit die, -en _____

Hausaufgabe
  (machen) die, -n _____

Pause (machen)
  die, -n _____

Zeitung die, -en _____

auf·räumen, hat
  aufgeräumt _____

ein·laden, du
  lädst ein, er lädt ein, hat eingeladen _____

kaufen, hat
  gekauft _____

lachen, hat
  gelacht _____

lernen, hat
  gelernt _____

reden, hat geredet _____

schlafen,
  du schläfst, er schläft, hat geschlafen _____

täglich _____

ab _____

von ... bis _____

Weitere wichtige Wörter

Baby das, -s _____

Fahrrad
  (fahren) das, ⸚er _____
  CH: Velo, das -s

Geschenk das, -e _____

Monat der, -e _____

Paar das, -e _____

Party die, -s _____

Reise die, -n
  (Dienstreise/Privatreise) _____

Sport der _____

Wein der, -e _____

denken, hat
  gedacht _____

meinen, hat
  gemeint _____

fertig (sein) _____

interessant _____

lange _____

langweilig _____

letzt- (letzten
  Freitag /
  letztes Jahr /
  letzte Woche) _____

schwanger _____

für _____

... mal (zwei-/
  drei-/viermal) _____

Wirklich? _____

> **TIPP**
> Schreiben Sie Sätze.
> Benutzen Sie neue
> und alte Wörter.

Ich habe mein Zimmer aufgeräumt.

Die Party ist langweilig.

2 **Welche Wörter möchten Sie noch lernen? Notieren Sie.**

_____
_____
_____
_____
_____

Was ist denn hier passiert?

KB 3 **1** **Monate und Jahreszeiten**

WÖRTER

a Ergänzen und vergleichen Sie. Ordnen Sie dann die Bilder zu.

Foto	Deutsch		Englisch		Meine Sprache oder andere Sprachen
4	Winter	Dezember, J _ _ _ _ _ _ , F _ _ _ _ _ _ _	winter	December, January, February	
	F _ _ _ _ _ _ _ _	M _ _ _ _ _ _ _ _ _ , _ _ _	spring	March, April, May	
	_ _ _ _ _ _	_ _ _ _ , _ _ _ _ , _ _ _ _ _ _	summer	June, July, August	
	_ _ _ _ _ _	_ _ _ _ _ _ _ _ _ , _ _ _ _ _ _ _ _ , _ _ _ _ _ _	autumn	September, October, November	

b Welche Jahreszeit, welcher Monat ist das?

Frühling | | | | | | | | | | | | |

c Machen Sie eigene Aufgaben wie in **b** und tauschen Sie mit Ihrer Partnerin / Ihrem Partner.

KB 3 **2** **Jahreszahlen und Monate**

HÖREN

▶ 1 51 **a** Welche Jahreszahlen hören Sie? Kreuzen Sie an. Wie heißt das Lösungswort?

a (H) ○ 1789 (S) ○ 1798
b (O) ○ 2017 (E) ○ 2170
c (M) ○ 1980 (R) ○ 1918
d (B) ○ 1576 (P) ○ 1376

e (E) ○ 2011 (S) ○ 2001
f (T) ○ 313 (K) ○ 333

Lösungswort: _ _ _ _ _ _ _

▶ 1 52 **b** Wie heißt die Jahreszahl? Lesen Sie laut. Hören und vergleichen Sie dann.

a 2054   b 1255   c 1966   d 1832   e 2001

c Wann haben die Personen Geburtstag?

Hanne: 14.05.   Im Mai
Bernd: 26.04. _____
Sabine: 23.02. _____
Florian: 31.08. _____

BASISTRAINING

STRUKTUREN

KB 4 **3** **Ergänzen Sie *sein* in der richtigen Form.**

a Marc _ist_ nach New York geflogen.
b Ich _____ mit Daniel in ein Konzert gegangen.
c _____ ihr schon einmal nach Zürich gefahren?
d Oksana und Marijana _____ am Montag nicht in den Deutschkurs gekommen.
e _____ du nach Hamburg gefahren oder geflogen?

STRUKTUREN ENTDECKEN

KB 4 **4** **Wie heißt der Infinitiv? Notieren Sie.**

Liebe Freunde,
ich bin wieder zu Hause!
Portugal war wirklich super. Ich bin viel im Atlantik geschwommen   _schwimmen_
und viel Rad gefahren. Leider war die Fahrt sehr lang.   _____
Am Freitagabend bin ich in Porto abgefahren und erst am Sonntagmittag   _____
in Frankfurt angekommen (und dreimal umgestiegen ...).   _____ _____
Nächste Woche feiern wir, es gibt Wein aus Portugal! ☺
Björn

STRUKTUREN

KB 4 **5** **Ergänzen Sie die Tabelle mit den Verben aus 3 und 4.**

sein + ge...en	sein + ( )ge...en
kommen – gekommen	ankommen – angekommen

STRUKTUREN

KB 6 **6** **Ergänzen Sie *haben* oder *sein* und das Partizip in der richtigen Form.**

a kochen/gehen/~~kommen~~
■ Wie war dein Abend?
▲ Sehr gut. Isabella und Tom _sind gekommen_. Wir _____ zusammen eine Fischsuppe _____. Später _____ wir noch in die Disco _____.

b einkaufen/machen/fahren
■ Und was _____ ihr gestern _____?
▲ Wir _____ in die Stadt _____ und _____.

c treffen/hören/fliegen
■ Letztes Jahr _____ wir zum Edinburgh Festival _____.
▲ Und wie hat es euch gefallen?
■ Es war super. Wir _____ gute Musik _____ und Freunde _____.

d fahren/umsteigen
■ Ich _____ mit dem Zug von München nach Flensburg _____.
▲ Wie oft _____ du _____?
■ Nur einmal, in Hamburg.

STRUKTUREN

KB 6 **7 Ergänzen Sie *war* oder *hatte*.**

a ■ Heute *war* ich im Kino.
  ▲ Und wie _____ der Film?
  ■ Langweilig!

b ■ Hast du eingekauft?
  ▲ Nein, ich _____ kein Geld.

c ■ Hast du kein Obst mehr?
  ▲ Doch, gestern _____ ich noch Äpfel und Orangen.

d ■ Wie _____ die Party?
  ▲ Schön. Ich _____ viel Spaß.

SCHREIBEN

KB 6 **8 Ein Tagebuch**

a Teresas Tagebuch. Schreiben Sie im Perfekt.

Freitag: ~~Monas Geburtstagsfeier~~ | ~~lange feiern~~
Samstag: Max holt mich ab | gehen ins Kino | treffen Doro und Jo
Sonntag: lange schlafen | Wohnung aufräumen
Montag: arbeiten | Spanisch lernen
Dienstag: in die Stadt fahren | Kette kaufen

FREITAG 15.5

Ich war auf Monas Geburtstagsfeier, wir haben lange
gefeiert.

b Was haben Sie die letzten Tage gemacht? Schreiben Sie.
Mittwoch: Ich war im Deutschkurs,

STRUKTUREN

KB 7 **9 *aus*, *in* oder *nach*? Kreuzen Sie an.**

a Monique und Jules leben zusammen ◯ aus ⊗ in ◯ nach Berlin.
b Monique ist Studentin, sie studiert hier Deutsch. Aber sie kommt
  ◯ aus ◯ in ◯ nach der Schweiz.
c Letzten Monat ist sie ◯ aus ◯ in ◯ nach Genf geflogen und hat ihre Eltern besucht.
d Antoine ist im September ◯ aus ◯ in ◯ nach Deutschland gekommen.
e Er kommt ◯ aus ◯ in ◯ nach Paris. Sein Deutsch ist nicht so gut. Mit Monique spricht er immer nur Französisch. Aber jetzt macht er einen Deutschkurs.

TRAINING: SPRECHEN

1 Über eine Party erzählen

a Wählen Sie ein Fest aus und sammeln Sie Stichpunkte zu den Fragen.

> Wann und wo war die Party?
> *letztes Jahr*

> Wer hat eingeladen?

> Wer war dort?

> Was haben Sie gegessen / getrunken?

> Was hat Ihnen gut gefallen?

> **TIPP** Sammeln Sie zuerst Ideen. Schreiben Sie Kärtchen zu verschiedenen Fragen. So können Sie ein Gespräch gut vorbereiten.

b Erzählen Sie Ihrer Partnerin / Ihrem Partner von dem Fest. Verwenden Sie Ihre Stichpunkte aus a.

Die Party war letztes Jahr / am ... um ... Uhr.
Wir haben bei ... gefeiert.
Auf dem Fest waren ... Personen.
Wir haben ... gegessen/getrunken.
... war wirklich toll. / ... hat mir (nicht) gefallen.

> Die Party war letztes Jahr.
> Wir haben bei Marion Silvester gefeiert. ...

TRAINING: AUSSPRACHE *vokalisches „r"*

▶ 1 53 **1 Was hören Sie? Kreuzen Sie an.**

	Gruppe „Straße" r wie „r"	Gruppe „Silvester" r wie „a"
Straße	○	○
Silvester	○	○
Freund	○	○
Reise	○	○
Erlebnis	○	○
Besucher	○	○
Ring	○	○
Bier	○	○
Restaurant	○	○

▶ 1 54 **Hören Sie noch einmal und sprechen Sie nach.**

▶ 1 55 **2 Hören Sie und sprechen Sie dann.**

Das deutsche Jahr

Frühling
März, April, Mai, Rock am Ring

Sommer
Juni, Juli, August, Geburtstagsparty

Herbst
September, Bier in München,
Oktober, November

Winter
Dezember, Neujahr, Januar,
Februar – Karneval

WÖRTER

1 Monate und Jahreszeiten

a Wie heißen die Monate?

1 _____	4 _____	7 _____	10 _____
2 _____	5 _____	8 _____	11 _____
3 _____	6 _____	9 _____	12 _____

b Wie heißen die vier Jahreszeiten?

_____ _____ _____ _____

_/ 8 PUNKTE

STRUKTUREN

2 Was ist richtig? Kreuzen Sie an.

a Ich ⊗ habe ○ bin am Wochenende meinen Geburtstag gefeiert.
b Meine Freundin aus Wien ○ hat ○ ist auch gekommen.
c Am Abend ○ haben ○ sind wir in eine Bar gegangen.
d Wir ○ haben ○ sind Freunde getroffen.
e Später in der Nacht ○ haben ○ sind wir auch getanzt.
f Heute ○ hat ○ ist meine Freundin leider wieder abgefahren.

_/ 5 PUNKTE

STRUKTUREN

3 Schreiben Sie Sätze im Perfekt.

a Lucia kommt nach Lübeck.   *Lucia ist nach Lübeck gekommen.*
b Wir fahren im Juli nach Hamburg.   Im Juli _____ .
c Der Zug fährt um 12.30 Uhr ab.   Der Zug _____ .
d Marcel fliegt nach Amsterdam.   _____ .
e Ich gehe mit Carla ins Kino.   _____ .

_/ 4 PUNKTE

KOMMUNIKATION

4 Ergänzen Sie.

(11.05. – 08:47 Uhr) nicky1980:
Hallo Leute, ich fliege im Sommer nach Deutschland.
Wo gibt es ein gutes Reggae-Festival?

(13.05. – 21:43 Uhr) SUNSAMMY:
Hi nicky,
es gibt viele. Ein Fest *heißt* „Chiemsee Reggae Summer Festival".
Es ist sehr groß, es _____ 30.000 Besucher.
Das Festival _____ es seit 15 Jahren und es _____ 3 Tage.
Ach ja, und es _____ im August.

(09.09. – 18:56 Uhr) nicky1980:
Hi und danke, sunsammy!
Ich war schon auf dem Festival. Es war wirklich super! Ich habe viele nette
Leute _____ und gute Musik _____ .

_/ 6 PUNKTE

Wörter	Strukturen	Kommunikation
● 0–4 Punkte	● 0–4 Punkte	● 0–3 Punkte
◐ 5–6 Punkte	◐ 5–7 Punkte	◐ 4 Punkte
● 7–8 Punkte	● 8–9 Punkte	● 5–6 Punkte

LERNWORTSCHATZ

1 Wie heißen die Wörter in Ihrer Sprache? Übersetzen Sie.

Jahreszeiten

Frühling der, -e _____

Sommer der, - _____

Herbst der, -e _____

Winter der, - _____

im Winter/ _____
  Frühling …

Monate

Januar der, -e _____
  A: Jänner der, -

Februar der, -e _____

März der, -e _____

April der, -e _____

Mai der, -e _____

Juni der, -s _____

Juli der, -s _____

August der, -e _____

September der, - _____

Oktober der, - _____

November der, - _____

Dezember der, - _____

im Januar/ _____
  Februar …

> **TIPP**
>
> Finden Sie internationale Wörter. Man kann sie leicht verstehen.
>
> Vergleichen Sie die Wörter mit Ihrer Muttersprache.

Deutsch	Englisch	Französisch
Winter	winter	hiver
studieren	to study	étudier

Feste und Feiern

Fest das, -e _____

Hochzeit
  die, -en _____

Karneval der _____
  (Fasching, Fasnacht)

Neujahr das, -e _____

Silvester das, - _____

an·fangen,
  du fängst an,
  er fängt an,
  hat angefangen

auf·hören, hat _____
  aufgehört

feiern, hat _____
  gefeiert

dauern, hat _____
  gedauert

gefallen,
  du gefällst,
  er gefällt,
  hat gefallen _____

seit _____

Weitere wichtige Wörter

Bier (Weißbier)
  das, -e _____

Leute (Pl) _____

Person die, -en _____

geben, es gibt, _____
  hat gegeben

fliegen, _____
  ist geflogen

springen, ist _____
  gesprungen

studieren, _____
  hat studiert

gestern _____

- März
- April
- Mai

- Juni
- Juli
- August

- September
- Oktober
- November

- Dezember
- Januar
- Februar

2 Welche Wörter möchten Sie noch lernen? Notieren Sie.

_____

WIEDERHOLUNGSSTATION: WORTSCHATZ

1 Ergänzen Sie.

Am 31.12. ist S I L V E S T E R .

Ü = UE, Ä = AE, Ö = OE

Er arbeitet am Montag ⬚⬚⬚ 7:30 Uhr bis 16 Uhr.

An einer Universität kann man ⬚⬚⬚⬚⬚⬚⬚⬚⬚ .

Hier kommt der Zug an: ⬚⬚⬚⬚⬚⬚ .

Nach dem Winter kommt der ⬚⬚⬚⬚⬚⬚⬚⬚ .

Juli, ⬚⬚⬚⬚⬚⬚ , September .

Die S-Bahn fährt jeden Tag. Sie fährt ⬚⬚⬚⬚⬚⬚⬚ .

Der 1. Monat im Jahr heißt ⬚⬚⬚⬚⬚ .

Die Zeitung ist nicht interessant, sie ist ⬚⬚⬚⬚⬚⬚⬚⬚⬚ .

Kai ist erst zwei Monate alt. Er ist noch ein ⬚⬚⬚⬚ .

Bitte ⬚⬚⬚⬚⬚⬚⬚⬚ an der Bahnsteigkante!

Das Jahr hat 12 ⬚⬚⬚⬚⬚ .

Peter hat viel gearbeitet. Jetzt macht er eine ⬚⬚⬚⬚ .

Heute ist Sonntag, ⬚⬚⬚⬚⬚⬚⬚⬚ war Samstag.

Silvi hat Geburtstag. Ich muss noch ein ⬚⬚⬚⬚⬚⬚⬚ kaufen.

2 Verkehr und Reisen

a Markieren Sie noch zehn Wörter.

plurflugzeuginuntstraßenbahnonthaltestelleisibahnsteigoprubahnörbegepäckustenbus
plätzgleisreverflughafenbalkofferomtaxi

b Ergänzen Sie die Wörter aus a.

der ●	das ●	die ●
	Flugzeug	

3 Was passt? Ordnen Sie zu und schreiben Sie.

~~ein Geschenk~~ | die Zeitung | Deutsch | das Zimmer | ein Bier | nach Madrid | ein Fest |
lesen | ~~bekommen~~ | aufräumen | trinken | fliegen | lernen | feiern

ein Geschenk bekommen, _____

_____

WIEDERHOLUNGSSTATION: GRAMMATIK

1 Notizen. Ordnen Sie zu und ergänzen Sie die Verben in der richtigen Form.

fahren | denken | abholen | gefallen | mitbringen | ~~ankommen~~ | geben | kaufen | nehmen

a <u>Komme</u> um 17.23 <u>an</u>. _____ du mich _____?

b Ich komme gern ☺ und _____ Carlos _____. Ist das o.k.?

c Die U-Bahn _____ nicht. Ich _____ den Bus. Komme etwas später. Sorry.

d Wie _____ dir die Schuhe? Schön, oder? Ich glaube, ich _____ sie. Was _____ du?

e Komme erst um acht. Es _____ ein Problem bei der Arbeit.

2 Ergänzen Sie die Präpositionen.

a

> **RESTAURANT SCHMIEDIGER**
> Wir haben neue Öffnungszeiten!
> <u>Ab</u> 1.1. haben wir täglich
> _____ 11 Uhr
> _____ 24 Uhr geöffnet.

b

> _____ August machen wir Urlaub!
> _____ Montag, 2.9. sind wir wieder für Sie da.

c

> **Kosmetikstudio** *Isabel*
> Liebe Kunden,
> _____ Januar sind wir täglich schon
> _____ 9 Uhr für Sie da.

3 Im Chatroom

Ergänzen Sie die Verben im Perfekt.

bob13: fernsehen | spielen | trinken | ~~anrufen~~ | gehen
trixi111: arbeiten | einkaufen | fahren | schreiben | aufräumen

bob13:	Warum <u>hast</u> du gestern Abend nicht <u>angerufen</u>?
trixi111:	Ich _____ bis sieben Uhr _____ und dann bin ich nach Hause _____.
bob13:	Ach so!
trixi111:	Dann _____ ich Essen _____, mein Zimmer und die Küche _____ ☹ und E-Mails _____. Und du?
bob13:	Ich habe am Nachmittag Tennis _____ und _____.
trixi111:	Und am Abend? Was hast du gestern Abend gemacht?
bob13:	Da _____ ich mit Sophie in eine Kneipe _____ und wir haben ein Bier _____.
trixi111:	Aha! Wer ist denn Sophie?
...	
trixi111:	Hallo Bob, ich habe etwas gefragt?
...	

4 *Haben Sie ...? / Sind Sie ...?* Ordnen Sie zu und schreiben Sie.

Einrad fahren? | ~~Sushi kochen?~~ | in London Auto fahren? | eine Nacht am Bahnhof schlafen? | im Sommer Ski fahren? | im Winter in einem See schwimmen? | in einem Helikopter fliegen? | eine ganze Nacht bis zum nächsten Morgen feiern? | in den falschen Zug einsteigen?

Haben Sie schon einmal ...?	**Sind Sie schon einmal ...?**
Sushi gekocht?	...

SELBSTEINSCHÄTZUNG *Das kann ich!*

Ich kann jetzt ...

⚫ ⚪ ⚫

... Durchsagen verstehen: L10   ○ ○ ○

Bitte V_____ an der Bahnsteigkante.

Nächster H_____ : Innsbrucker Ring.

... am Bahnhof Informationen einholen: L10   ○ ○ ○

▲ _____ fährt der Zug nach Essen ab? ■ Auf Gleis 10.

▲ _____ kommt der Zug in Hamburg an? ■ Um 12.48 Uhr.

... ein Telefonat beenden: L10   ○ ○ ○

Gut, dann ... / *Also dann* _____ .

Bis morgen. / Bis _____ .

Mach's gut! / _____ .

Auf Wiedersehen! / T_____ .

... über meinen Tag sprechen (gestern): L11   ○ ○ ○

▲ _____ hast du _____ gemacht?

■ Ich habe _____

und _____ .

... über Reisen sprechen: L12   ○ ○ ○

Letztes Jahr war ich in _____ .

Dieses Jahr fahre ich wieder nach _____ .

... über Feste sprechen: L12   ○ ○ ○

Letztes Jahr _____ ich beim Oktoberfest.

Das Oktoberfest _____ jedes Jahr im Herbst in München und _____

ungefähr zwei Wochen. Es _____ super. Ich

_____ viele nette Leute _____ .

Ich kenne ...

... 5 Verkehrsmittel: L10   ○ ○ ○

Diese Verkehrsmittel nehme ich oft: _____

Diese Verkehrsmittel nehme ich fast nie / nie: _____

... 10 Alltagsaktivitäten: L11   ○ ○ ○

Diese Aktivitäten mache ich gern: _____

_____

Diese Aktivitäten mache ich nicht gern: _____

_____

... 12 Monate und die Jahreszeiten: L12   ○ ○ ○

Monate: _____

_____

Jahreszeiten: _____

_____

SELBSTEINSCHÄTZUNG Das kann ich!

Ich kann auch ...

... Informationen einholen und geben (trennbare Verben + Satzklammer): L10   ○ ○ ○
(am Bahnhof abholen)
W-Frage: Wann _____?
Ja- / Nein-Frage: Holst _____?
Auskunft: Ja, ich _____.

... einen Zeitraum angeben (temporale Präpositionen von ... bis, ab): L11   ○ ○ ○
▲ Wann hast du heute gearbeitet? ■ _____ 9.00 _____ 13.00 Uhr.
▲ Wann übst du Cello? ■ _____ 16.00 Uhr.

... über Vergangenes sprechen (Perfekt + Satzklammer): L11, L12   ○ ○ ○
(von 9–15 Uhr arbeiten)
Wann hast _____?
Ich habe gestern _____.

(am Abend fernsehen)
Was _____ gemacht?
Ich _____.

(nach München fliegen)
Wann _____?
Letztes Jahr _____.

... Zeiten im Jahr angeben (temporale Präposition im): L12   ○ ○ ○
▲ Wann hast du Geburtstag? ■ _____ Sommer. / _____ Juni.

Üben / Wiederholen möchte ich noch ...

_____

RÜCKBLICK

Wählen Sie eine Aufgabe zu Lektion 10 _____

1 Sehen Sie die Fotos im Kursbuch auf Seite 61 (Aufgabe 7) an und schreiben Sie kurze Gespräche.

■ Ich komme um 21.45 Uhr an. Dann nehme ich die S-Bahn.
▲ Super, ich hole dich dann am S-Bahnhof ab.

2 Wählen Sie ein Foto und schreiben Sie ein Gespräch.

RÜCKBLICK

Wählen Sie eine Aufgabe zu Lektion 11 _____

Q **1** **Sehen Sie noch einmal das Foto im Kursbuch auf Seite 63 und die Aufgaben 2, 3 und 5 an. Was wissen Sie über Anja?**

Cello spielen

Anja

2 **Wählen Sie eine bekannte Person aus Deutschland, Österreich oder aus der Schweiz. Was macht diese Person an einem normalen Montag? Was denken Sie? Machen Sie Notizen und schreiben Sie.**

immer früh aufstehen

...

Ich glaube, ... steht am Montag immer früh auf. Sie / Er ...

Wählen Sie eine Aufgabe zu Lektion 12 _____

Q **1** **Ein Fest/Festival in meinem Land. Sehen Sie noch einmal im Kursbuch auf Seite 68 nach.**

a **Ergänzen Sie die Tabelle.**

Name?	wo?	seit wann?	wann (Monat) / wie lange?

b **Schreiben Sie einen Text zu Ihrem Fest/Festival ähnlich wie im Kursbuch S. 68, Aufgabe 3.**

Das Fest heißt _____ und ist in _____.
Es ist im _____.
Es dauert _____.

2 **Beschreiben Sie ein Fest/Festival in Ihrem Land.**

Ein Fest in _____ heißt _____.

LITERATUR

PAUL UND HERR ROSSMANN MACHEN FERIEN

Teil 4: Bis bald, Paul!

Paul und Anja sind in einem Café am Münchner Hauptbahnhof. Paul trinkt einen Cappuccino und Anja einen
Espresso.

Zwei Wochen war Paul in München. Jetzt fährt er
wieder nach Wien.

„Wie spät ist es?", fragt Anja.

„13.35 Uhr", sagt Paul.

„Und wann fährt dein Zug?"

„Um 14.02 Uhr."

„Oh je, wir haben nicht mehr viel Zeit."

„Ich finde, wir hatten zwei sehr schöne Wochen
zusammen", sagt Paul.

„Ja, das finde ich auch. Was hat dir besonders gut
gefallen in München, Paul?"

„Hmm … ich weiß nicht … Mir haben viele Dinge
gefallen: das Rathaus, die Frauenkirche, das Olympia-
stadion, der Englische Garten … Und in der Disco hat
es mir sehr gut gefallen. Du tanzt wirklich super …"

„Oh, danke! Du tanzt aber auch nicht schlecht",
sagt Anja.

„Auch das Oktoberfest war toll."

„Das hat dir wirklich so gut gefallen?"

„Ja, wirklich. Ich mag Brezen und Bier."

Herr Rossmann bellt.

„Ich weiß, dir hat das Oktoberfest keinen Spaß
gemacht", sagt Anja. „Zu viele Leute, zu viel Bier,
zu laute Musik."

„Und was hat dir besonders gut gefallen, Anja?"

„Der lange Spaziergang gestern … Wir haben viel
geredet. Das war sehr schön."

„Ja, das war wirklich schön."

Paul und Anja sehen sich lange an.
Paul nimmt Anjas Hand[1] und …
„VORSICHT AUF GLEIS ZWEI! IN FÜNF MINUTEN
FÄHRT DER ZUG NACH WIEN AB!"
„Ach, warum gerade jetzt?", denkt Paul.
Herr Rossmann bellt.
„Ja, ich weiß, Herr Rossmann, unser Zug ist da.
Ich komme ja schon", sagt Paul.
Sie gehen gemeinsam zum Bahnsteig.
„Möchtest du nicht noch in München bleiben?",
fragt Anja. „Eine Woche oder zwei …?"
„Ich möchte gern, aber ich habe morgen einen
Termin in Wien."
„Rufst du mich an?"
„Ja, ich rufe dich an. Schreibst du mir mal eine
E-Mail?"
„Ich schreibe dir viele E-Mails."
„Besuchst du mich einmal in Wien?" fragt Paul.
„Oh ja, das ist eine gute Idee. Ich komme gern
nach Wien."
„VORSICHT AUF GLEIS ZWEI! IHR ZUG FÄHRT
JETZT AB!"
Paul und Herr Rossmann steigen ein.
„Also, mach's gut, Paul."
„Du auch, pass auf dich auf! Bis bald."
„Ja, bis bald."
Herr Rossmann bellt.
„Tschüs, Herr Rossmann. Bis bald!"
Der Zug fährt ab.

1 ☝ : Hand die, -e

KB 1 **1** **Zeichnen Sie.**

WÖRTER

a Biegen Sie links ab. ↰
b Fahren Sie circa noch 200 Meter geradeaus. _____
c Wenden Sie hier. _____
d Fahren Sie nach rechts. _____

KB 2 **2** **Wo sind die Bälle? Ergänzen Sie.**

WÖRTER

Ball 1 ist _neben_ dem Schrank.
Ball 2 ist _____ der Couch.
Ball 3 ist _____ dem Schrank.
Ball 4 ist _____ der Couch.
Ball 5 ist _____ der Couch und dem Schrank.
Ball 6 ist _hinter_ dem Schrank.
Ball 7 ist _____ der Couch.
Ball 8 ist _an_ dem Schrank.
Ball 9 ist _____ der Couch.

KB 3 **3** **In der Stadt.**

WÖRTER

a **Ergänzen Sie das Rätsel.**

1 Sie können hier essen. _ _ s _ _ _ _ _ _ _
2 Anderes Wort für *Stadtmitte*. _ _ _ _ _ r _ _ _
3 Hier fahren Züge ab und es kommen Züge an. _ _ h _ _ _ _ _
4 Hier bekommen Sie Geld. _ _ n _ _
5 Hier können Sie Briefmarken kaufen. _ _ _ _ t
6 Rot: Sie bleiben stehen. Grün: Sie können fahren. _ _ _ _ e _
7 Hier können Sie einen Tee oder Kaffee trinken. C a f é

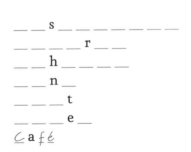 b **Ergänzen Sie die Wörter aus a und vergleichen Sie.**

Deutsch	Englisch	Meine Sprache oder andere Sprachen
1 Restaurant	restaurant	
2	center	
3	station	
4	bank	
5	post office	
6	traffic light	
7	coffee bar	

KB 5 | 4 **Ergänzen Sie den Artikel.**

STRUKTUREN

a Entschuldigen Sie bitte, wo ist denn hier die Polizei? – Die ist ganz in der Nähe, neben
  dem Hotel „Globus".
b Und das Hotel „Globus"? – Das ist vor _____ Restaurant „Zur Glocke".
c Und das Restaurant „Zur Glocke"? – Das ist zwischen _____ Dom und _____ Bank.
d Und wo ist der Dom? – Na dort, schauen Sie, gleich hinter _____ Brücke.
e Danke! Und gibt es hier auch eine Post? – Ja, gleich dort an _____ Ampel.

KB 5 | 5 **Ergänzen Sie die Präposition und den Artikel.**

STRUKTUREN

Wo ist denn …

a … das Hotel „Kirchblick"? – Das ist direkt *am* Bahnhof.

b … die Post? – Die ist _____ Polizei und _____ Café „Glockner".

c … die Mozartstraße? – Die ist _____ Brücke.

d … Wuffel? – Er wartet _____ Ampel.

e … Miezi? – Sie sitzt _____ Brücke.

f … die Frau? – Sie ist _____ Dom.

g … der Mann? – Er ist _____ Bank.

KB 5 | 6 **Zeichnen Sie für Ihre Partnerin / Ihren Partner Orte in der Stadt auf
Kärtchen ähnlich wie in 5.**

Ihre Partnerin / Ihr Partner schreibt einen Satz.

BASISTRAINING

7 Wie komme ich zu …?

Schreiben

Lesen Sie die SMS. Was antwortet Marina? Schreiben Sie Marinas E-Mail fertig.

Brücke | Ampel | links abbiegen | Polizei | Domplatz | nach rechts fahren | Hotel | mein Haus

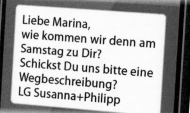

Liebe Marina,
wie kommen wir denn am
Samstag zu Dir?
Schickst Du uns bitte eine
Wegbeschreibung?
LG Susanna+Philipp

Von:	Marina Kreuzner
An:	philippX@web.de
Betreff:	Besuch

Liebe Susanna, lieber Philipp,
den Weg kann ich Euch leicht beschreiben.
Meinburg ist nicht groß und ich wohne im
Zentrum. Ihr fahrt nach Meinburg und seht
gleich eine Brücke. …

_____

_____

_____

Bis Samstag! Viele Grüße, Marina

8 Ordnen Sie die Antworten zu.

Kommunikation

ist sehr nett | sehen Sie schon | ~~bin fremd hier~~ | Wenden Sie hier |
Trotzdem: Dankeschön | bin nicht von hier | ist ganz in der Nähe

a ■ Können Sie mir helfen? Wo ist das Cafe „Glockner"?
  ▲ Tut mir leid, ich _bin fremd hier_. /
    Ich _____.

b ■ Ja, das ist gleich die nächste Straße links.
  ▲ Vielen Dank, das _____.

c ■ Oh. Tut mir leid. Das weiß ich nicht.
  ▲ Schade. _____!

d ■ Kann ich Sie etwas fragen? Ich suche den Bahnhof.
  ▲ Fahren Sie zwei Kilometer geradeaus. Dann _____
    den Bahnhof.

e ■ Kennen Sie das Restaurant „Schönblick"?
  ▲ Ja, das _____. _____
    und fahren Sie zurück bis zur Ampel und dann links.

9 Finden Sie passende Fragen zu den Antworten.

Kommunikation

a Entschuldigen Sie bitte. Kann ich Sie _etwas fragen_? – Ja, kein Problem.
b Können Sie mir _____? – Ja, gern.
c Kennen Sie _____? – Ja, das Hotel „Marienhof" ist im Zentrum.
d Eine _____. Wo ist denn hier die Bank? – Die ist gleich hier.
e Haben Sie einen _____ Zeit? – Klar.

TRAINING: HÖREN

▶ 2 02 **1** **Welche Orte/Einrichtungen in der Stadt hören Sie? Markieren Sie.**

Restaurant | Bahnhof | Kino | Dom | Schwimmbad | Post | Brücke | Bank | Polizei |
Ampel | Hotel | Theater

> **TIPP**
> Sie finden das Hören schwer? Achten Sie beim Hören
> auf die wichtigen Wörter.
> Wichtige Wörter in Wegbeschreibungen sind:
> – Einrichtungen in der Stadt: Bahnhof, Kino, Dom …
> – Richtungsangaben: rechts, links, geradeaus …

▶ 2 02 **2** **Roland möchte Simon besuchen. Er steht am Bahnhof und fragt nach dem Weg.**
Hören Sie noch einmal und zeichnen Sie den Weg in den Stadtplan. Wo ist die Albachstraße?

TRAINING: AUSSPRACHE *Diphthonge „ei", „eu", „au"*

▶ 2 03 **1** **Hören Sie und sprechen Sie nach.**

nein | beschreiben | Polizei | beide | vorbei
ankreuzen | deutsch | Freund | neun | Euro
Auto | auch | Frau | geradeaus | auf

▶ 2 04 **2** **Hören Sie noch einmal und ergänzen
Sie die Regel.**

> **REGEL**
> Man hört „ai", man schreibt meistens:
> _____
> Man hört „oi", man schreibt meistens:
> _____
> Man hört „au" und schreibt auch:
> _____

▶ 2 05 **3** **Ergänzen Sie „au", „ei" oder „eu".**
Hören Sie dann und vergleichen Sie.

a S___d ihr verh___ratet? – N___n,
nur Arb___tskollegen.
b Zur Poliz___? Zuerst gerade___s und
dann am Hotel vorb___.
c Was kostet das ___to? –
N___nzehnt___send ___ro.
d Wie h___ßt das ___f D___tsch? –
Tut mir l___d. Das w___ß ich ___ch
nicht.

▶ 2 06 **Hören Sie noch einmal und sprechen Sie nach.**

TEST _____

1 Ordnen Sie zu.

Stadtplan | Post | Bahnhof | Stadtmitte | ~~Hotel~~ | Bank

a ■ Wie gefällt Ihnen das _Hotel_ „Maritim"? ▲ Sehr gut, die Zimmer dort sind wirklich schön.

b ■ Können Sie bitte Briefmarken mitbringen?

   ▲ Ja, gerne. Ich gehe heute Vormittag zur _____ .

c ■ Oh je, mein Zug fährt in 30 Minuten. Wie komme ich zum _____ ?

d ■ Können wir Sie etwas fragen? Wir suchen den Dom. ▲ Der ist in der _____ .

e ■ Ich habe kein Geld. Wo gibt es hier eine _____ ? ▲ Gleich neben der Brücke.

f ■ Entschuldigung, kennen Sie die Frankfurter Straße?

   ▲ Nein, leider nicht. Aber hier ist ein _____ .

_ / 5 Punkte

2 Beschreiben Sie den Weg. Ergänzen Sie.

■ Haben Sie einen Moment Zeit? Wie komme ich bitte zum Internet-Café?

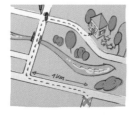

▲ Fahren Sie zuerst _geradeaus_ (a), dann _____ (b) Sie _____ (c) ab. Fahren Sie jetzt einen _____ (d) geradeaus und dann nach _____ (e). Nach 500 m fahren Sie über eine _____ (f) und an der _____ (g) wieder rechts, dann sehen Sie das Café.

■ Danke schön!

_ / 6 Punkte

3 Was ist richtig? Kreuzen Sie an und ergänzen Sie.

a Die Post ist ⊗ unter ○ zwischen _dem_ Hotel.

b Das Café ist ○ hinter ○ neben d_____ Bank.

c Die Polizei ist ○ vor ○ auf d_____ Bahnhof.

d Der Dom ist ○ in ○ an d_____ Stadtmitte.

e Der Bahnhof ist ○ vor ○ hinter d_____ Polizei.

f Das Hotel ist ○ über ○ an d_____ Post.

_ / 10 Punkte

4 Was sagen die Personen? Ergänzen Sie.

1 ■ K _ _ _ _ _ _ _ (a) Sie mir bitte h_ _ _ _ _ _ _ (b)? Ich s_ _ _ _ _ (c) das Theater.

   ▲ Ja gern. F_ _ _ _ _ _ (d) Sie die nächste Straße links. Dann s_ _ _ _ _ (e) Sie das Theater schon.

   ■ S_ _ _ _ n_ _ _ _ (f)! Vielen Dank.

2 ▲ Kann ich Sie etwas f_ _ _ _ _ _ (a)? Wo ist das Hotel „Vier Jahreszeiten"?

   ■ T_ _ mir l_ _ _ _ (b). Ich bin nicht von hier.

   ▲ T_ _ _ _ _ _ _ _ (c): Danke schön.

_ / 9 Punkte

Wörter	Strukturen	Kommunikation
🔴 0–5 Punkte	🔴 0–5 Punkte	🔴 0–4 Punkte
⚪ 6–8 Punkte	⚪ 6–7 Punkte	⚪ 5–7 Punkte
🔴 9–11 Punkte	🔴 8–10 Punkte	🔴 8–9 Punkte

LERNWORTSCHATZ

1 **Wie heißen die Wörter in Ihrer Sprache? Übersetzen Sie.**

In der Stadt

Ampel die, -n _____
  CH: auch: Lichtsignal das, -e
Bank die, -en _____
Brücke die, -n _____
Dom der, -e _____
Hotel das, -s _____
Mitte die, -n _____
  die Stadtmitte _____
Plan der, ⸚e _____
  der Stadtplan _____
Polizei die _____
Post die _____
Zentrum das, _____
  Zentren _____

Wegbeschreibung

Kilometer der, - _____
Meter der, - _____
Nähe die _____
  in der Nähe _____
Weg der, -e _____

ab·biegen, ist
  abgebogen _____
beschreiben, hat
  beschrieben _____
weiter·fahren, ist
  weitergefahren _____
wenden, hat
  gewendet _____
zurück·fahren, ist
  zurückgefahren _____

fremd _____
links _____
  nach links _____
rechts _____
  nach rechts _____

Sich entschuldigen und danken

Ach so. _____
Danke schön! _____
Bitte, gern. _____
  A/CH: Bitte, gern geschehen.
Ja, bitte? _____
Kein Problem. _____
Schade. _____
nett _____
  Sehr nett!

Wo?

an _____
auf _____
hinter _____
in _____
neben _____
über _____
unter _____
vor _____
zwischen _____

Weitere wichtige Wörter

Frage die, -n _____
Moment der, -e _____
  Einen Moment! _____

an·machen, hat
  angemacht _____
  A: ein·schalten, hat eingeschaltet
finden, hat gefunden _____
fragen, hat gefragt _____
helfen, du hilfst, er hilft,
  hat geholfen _____
stimmen, hat
  gestimmt _____

beide _____
  die beiden

> **TIPP** Wie kann ich mir ein Wort merken?
> Überlegen Sie sich eine Hilfe.

Links oder rechts?
Das ist ganz einfach.
L wie links.

2 **Welche Wörter möchten Sie noch lernen? Notieren Sie.**

_____

Wie findest du Ottos Haus?

KB 2 **1** **Haus und Garten. Ordnen Sie zu.**

WÖRTER

Haus | Garten | Garage | Treppe | Baum | Fenster | ~~Balkon~~

_____

_____   _der Balkon_

_____   _____

_____   _____

KB 3 **2** **Wie heißen die Zimmer? Notieren Sie.**

WÖRTER

a Hier stehen der Kühlschrank und hier kocht man: _Küche_

b Die Kinder spielen und schlafen hier: _____

c Sie gehen ins Haus und kommen zuerst in dieses Zimmer:

   _____

d Hier können Sie fernsehen, lesen oder Freunde treffen. Oft stehen hier ein
   Sofa und ein Sessel: _____

e In diesem Raum gibt es ein Bett und einen Schrank: _____

KB 4 **3** **Antworten Sie mit dem Genitiv wie im Beispiel.**

STRUKTUREN

a Wie findest du den Garten von Maximilian? – _Maximilians Garten_ ist sehr schön.

b Und magst du das Haus von Maximilian? – Nein, ich finde _____
   nicht so schön.

c Wie heißt der Nachbar von Maximilian? – _____ heißt Jan.

d Ist die Nachbarin von Maximilian verheiratet? – Nein, _____
   ist geschieden.

KB 4 **4** **Schreiben Sie eigene Sätze zu Sophie wie in 3 und tauschen Sie mit
Ihrer Partnerin / Ihrem Partner. Sie/Er ergänzt den Genitiv.**

KB 5 **5** **Schreiben Sie.**

STRUKTUREN

a   b   c   d   e

Was sucht Otto?   **Wo sind Ottos Sachen?**

a _Sein Auto_   _Sein Auto_   steht vor dem Café.
b _____   _____   sind auf dem Tisch.
c _____   _____   ist in der Tasche.
d _____   _____   ist neben dem Schlüssel.
e _____   _____   ist unter der Zeitung.

BASISTRAINING

STRUKTUREN

KB 6 | **6** **sein** oder **ihr**?

a Ergänzen Sie.

Das ist/sind ...

seine Brille   _____ e Kinder   ihre Geldbörse

_____ Fahrrad   _____ Schirm   _____ Fotoapparat

_____ Auto   _____ e Taschen

STRUKTUREN ENTDECKEN

KB 6 | **b** Notieren Sie die Nominative aus **a**. Und ergänzen Sie dann die Akkusative.

	Nominativ ♀	♂	**Akkusativ** ♀	♂
maskulin	ihr Schirm		ihren Schirm	
neutral				
feminin				
Plural				

STRUKTUREN

KB 6 | **7** Ergänzen Sie **sein/ihr** in der richtigen Form.

Das ist Bruno. Bruno wohnt genau wie Otto und Vanilla in Glückstadt. Sein (a) Haus liegt neben Ottos Haus. Er ist geschieden, aber er wohnt nicht allein. In dem Haus wohnt auch _____ (b) neue Partnerin Mia. Mia hat zwei Kinder. _____ (c) Tochter heißt Sandra und ist 8 Jahre alt und _____ (d) Sohn heißt Mark und ist 4 Jahre alt. Sandra und _____ (e) Bruder wohnen im ersten Stock. Bruno liebt besonders _____ (f) Arbeitszimmer im Erdgeschoss. Dort steht _____ (g) Computer. Er surft gern im Internet und spielt gern Computerspiele. _____ (h) Partnerin ist gern im Garten. Sie findet Computerspiele langweilig. Aber sie liebt _____ (i) Garten und _____ (j) Blumen.

STRUKTUREN

KB 6 | **8** Ergänzen und vergleichen Sie.

Deutsch		**Englisch**		**Meine Sprache oder andere Sprachen**	
Nominativ Das ist/sind ...	Akkusativ Sie / Er sucht ...	Nominativ This is / These are ...	Akkusativ She / He is looking for ...	Nominativ	Akkusativ
ihr___ Schirm	ihren___ Schirm	her umbrella	her umbrella		
s___ Auto	s___ Auto	his car	his car		
i___ Brille	i___ Brille	her glasses	her glasses		
s___ Kinder	s___ Kinder	his children	his children		

BASISTRAINING

KB 6 **9** **Schreiben Sie ein Gespräch.**

a finden / das / Sofa / Wie / du / ?
▲ *Wie findest du das Sofa?*

b aussehen / toll / Sofa / Das / .
■ _____

c finden / Sessel / du / wie / Und / den / ?
■ _____

d mögen / ich / Den Sessel / gar nicht / .
▲ _____

e Ich / toll / finden / den Sessel / .
■ _____

KB 8 **10** **Welche Wörter aus Wohnungsanzeigen sind hier versteckt?**
Markieren und ergänzen Sie.

olepvermietetwatbezahltkamamöbliertgupimatquadratmeterersanzeigemnichul
mieteambultlichtendwasserersamüllsonavermieterinkale

a Frau Gruber hat ein Haus. Es ist sehr groß. Es hat 150 _Quadratmeter_.
b Frau Gruber braucht nicht alle Zimmer. Die Zimmer im ersten Stock _____ sie.
c In den Zimmern stehen auch Möbel. Sie vermietet die Zimmer _____.
d Im letzten Jahr hat Fritzi dort gewohnt. Er mag die Wohnung und findet seine
_____ Frau Gruber sehr nett.
e Jetzt sind die Zimmer frei. Frau Gruber sucht einen Mieter. Die _____
steht in der Osttiroler Zeitung.
f Die _____ für die Zimmer ist nicht sehr hoch.
g Der Mieter _____ noch 50,– Euro für _____,
_____ und _____.

KB 8 **11** **Hören Sie und kreuzen Sie an. Welche Anzeige passt?**

▶ 2 07

○
Schöne 2-Zimmer-Wohnung frei ab 1.5.
45 m² mit großem Balkon
Möbliert, mit Stellplatz in der Tiefgarage
Miete 380,– € inkl. Nebenkosten

○
2-Zimmer-Wohnung zu vermieten.
55 m², Balkon, Küche und Bad.
Miete 450,– € + Nebenkosten

KB 8 **12** **Hören Sie noch einmal und kreuzen Sie an. Was ist richtig?**

▶ 2 07

a Die Wohnung ist ○ möbliert. ○ leer.
b Dalva findet den Balkon ○ super. ○ nicht so toll.
c Das Schlafzimmer ist nicht ○ groß. ○ klein.
d Neben dem Wohnzimmer ist ○ die Küche. ○ das Bad.

TRAINING: LESEN

1 **Lesen Sie die E-Mail und notieren Sie: Was für eine Wohnung sucht Stefan?**

Neue Wohnung
Größe? _____ Zimmer
Miete? _____ €
Ab wann? _____

Liebe Leute! Hilfe!!!
Wir suchen dringend eine 3 bis 4-Zimmer-Wohnung (ca. 100 m²)
ab 1. April. Die Wohnung sollte maximal 1000 Euro inkl. Nebenkosten kosten. Hat jemand einen Tipp? Dann meldet Euch doch
bitte so schnell wie möglich.
Grüße von Stefan

> TIPP
> Sie kennen nicht alle Wörter?
> Das ist kein Problem. Sie können
> die Aufgabe auch so lösen.

2 **Was antworten Stefans Freunde?**

a Lesen Sie und markieren Sie die wichtigen Informationen. Ergänzen Sie dann die Tabelle.

① Hing heute an der Ampel. Super günstige Wohnung
von privat. 3,5 Zimmer. Frei ab 1. Mai. Ruf doch mal an:
0173 / 678543
Vielleicht ist das etwas für Euch!
Viel Glück! Tina

② Guck doch mal ins
Abendblatt!
4 Zimmer, ab 1.4.,
1000 € + Nebenkosten
Gruß Klaus

③ Lieber Stefan,
ich habe den ultimativen Tipp für Dich! Die Nachbarn von meiner Schwester ziehen nach England
und suchen dringend einen Nachmieter zum 1. April. Tolle 4-Zimmer-Wohnung mit Südbalkon.
Die Wohnung kostet nur 700 € + Nebenkosten. Ruf meine Schwester am besten heute noch an.
LG Chris

	Wohnung 1 (Notizzettel)	Wohnung 2 (SMS)	Wohnung 3 (E-Mail)
Größe?			
Miete pro Monat?	/		
Ab wann?			

b Welche Wohnung passt am besten? Kreuzen Sie an.

Wohnung ○ 1   ○ 2   ○ 3

TRAINING: AUSSPRACHE *Plural mit „ä" und „äu"*

1 **Ergänzen Sie den Plural.**

a → ä	
das Bad	die _____
der Wald	die _____
der Garten	die _____

au → äu	
das Haus	die _____
der Baum	die _____
der Raum	die _____

▶ 2 08 **2** **Hören Sie die Wörter aus 1 und sprechen Sie nach.**

▶ 2 09 **3** **Hören Sie das Gedicht und sprechen Sie dann.**

Mein Traumhaus
viele Räume,
zwei Bäder
und Aufzug,
im Garten
Bäume.
Alles ganz neu!

TEST

1 **Markieren Sie die Wörter und ergänzen Sie.**

SCHLAFZIMMERWOHNUNGTOILETTEKINDERZIMMERGARTENERDGESCHOSSWOHNZIMMER

„Ich bin Lena Peterson. Ich wohne mit meiner Familie in der Blumenstraße 44, im
Erdgeschoss (a). So sieht die _____ (b) aus: Links vom Flur ist die Küche, das
Bad mit _____ (c) und das _____ (d) von meinen Eltern. Rechts
vom Flur ist das _____ (e). Dort stehen eine Couch, zwei Sessel, ein Bücherre-
gal und ein Fernseher. Daneben ist das _____ (f), hier schlafen mein Bruder
Manuel und ich. Hinter dem Haus ist ein _____ (g) mit vielen Bäumen."

_ / 6 PUNKTE

2 **Ergänzen Sie _sein_ und _ihr_ in der richtigen Form.**

Lena erzählt weiter: „Im ersten Stock wohnt Maria. Ich liebe _ihre_ (a) Wohnung. Maria hat
viele Bilder und _____ (b) Möbel sind sehr modern. Sie wohnt zusammen mit Florian,
das ist _____ (c) Freund. Florian spricht auch Italienisch. _____ (d) Eltern
kommen aus der Schweiz, aus Lugano. Neben Maria wohnt Herr Wörle. Ich finde _____
(e) Wohnzimmer gemütlich. Herr Wörle geht oft spazieren und besucht _____ (f) Sohn
Wolfgang. Im zweiten Stock wohnen meine Freundin Carla und _____ (g) Mutter."

_ / 6 PUNKTE

3 **Lesen Sie Aufgabe 2 noch einmal und ergänzen Sie die Namen.**

a Maria ist _Lenas_ Nachbarin.   c Herr Wörle ist _____ Vater.
b Florian ist _____ Freund.   d Lena ist _____ Freundin.

_ / 3 PUNKTE

4 **Ordnen Sie zu.**

sieht wirklich toll aus | sie sind hässlich | es ist sehr schön hier | mag ich gar nicht |
das ist langweilig | die Idee ist cool

a ■ Dein Balkon ist toll, die Blumen sind wirklich schön.

    ☺ ▲ Ja, _____.

b ■ Ich liebe Davids Haus, es hat sieben Zimmer und zwei Bäder!

    ☹ ▲ Sein Haus ist nicht schlecht, aber seinen Garten _____.

c ■ Möchtest du einen Fußballplatz vor dem Haus?

    ☺ ▲ Sehr gern, _____.

d ☺ ■ Katharinas Küche _____.

    ▲ Das ist richtig, die Küche ist sehr modern.

e ■ Die Wohnung ist möbliert, das ist praktisch.

    ☹ ▲ Leider sehen die Möbel nicht so schön aus, _____.

f ■ Mein Traumhaus steht im Wald, ich liebe die Natur.

    ☹ ▲ Nur Natur – _____!

_ / 6 PUNKTE

Wörter	Strukturen	Kommunikation
● 0–3 Punkte	● 0–4 Punkte	● 0–3 Punkte
○ 4 Punkte	○ 5–7 Punkte	○ 4 Punkte
● 5–6 Punkte	● 8–9 Punkte	● 5–6 Punkte

LERNWORTSCHATZ

1 **Wie heißen die Wörter in Ihrer Sprache? Übersetzen Sie.**

Haus/Wohnung

Haus das, ¨er _____

Wohnung die, -en _____

Balkon der, -e _____

Baum der, ¨e _____

Blume die, -n _____

Erdgeschoss das, -e _____

  A/CH: Parterre das, -n

  A: Erdgeschoß das, -e

Fenster das, - _____

Garage die, -n _____

Garten der, ¨ _____

Keller der, - _____

Licht das, -er _____

Miete die, -n _____

Müll der _____

  A: auch: Mist der

  CH: auch: Abfall der, ¨e

Nachbar der, -n / die

  Nachbarin, -nen _____

Quadratmeter

  der, - _____

Stock der, die

  Stockwerke _____

Treppe die, -n _____

  A: Stiege die, -n

Vermieter der, - _____

Wasser das

vermieten, hat

  vermietet _____

gemütlich _____

leer _____

möbliert _____

Zimmer

Arbeitszimmer

  das, - _____

  CH: Büro das, -s

Bad das, ¨er _____

  CH: auch: Badzimmer das, -

Flur der, -e _____

  A: Gang der, ¨e

  CH: Gang der, ¨e oder Korridor der, -e

Kinderzimmer

  das, - _____

Küche die, -n _____

Schlafzimmer

  das, - _____

Toilette die, -n _____

Wohnzimmer

  das, - _____

  CH: auch: Stube die, -n

Zimmer das, - _____

In der Natur

Berg der, -e _____

Fluss der, ¨e _____

Meer das, -e _____

Wald der, ¨er _____

Wo ...?

hinten _____

oben _____

unten _____

vorn _____

Weitere wichtige Wörter

Anzeige die, -n _____

Fabrik die, -en _____

Familie die, -n _____

Stadt die, ¨e _____

Zelt das, -e _____

aus·sehen, hat

  ausgesehen _____

bezahlen, hat

  bezahlt _____

stehen, hat

  gestanden _____

  A: ist gestanden

TIPP

Beschreiben Sie Wörter.

Hier kann man kochen. → Küche

Das bezahle ich für meine Wohnung. → Miete

2 **Welche Wörter möchten Sie noch lernen? Notieren Sie.**

In Giesing wohnt das Leben!

1 Wo sind die Personen?

▶ 2 10

a Hören Sie und nummerieren Sie.

○ Kirche ○ Spielplatz ① Flughafen ○ Wald ○ Meer ○ Café ○ Hafen

WÖRTER

b Ergänzen Sie aus **a**. Notieren und vergleichen Sie.

Deutsch	Englisch	Meine Sprache oder andere Sprachen
_ _ f _ _	café	
_ _ f _ _	harbour	
_ _ _ _ _ _ h _ _ _ _ _	airport	
K _ _ _ _ _ _	church	
M e e r	sea	
_ p _ _ _ _ _ _ _ _ _	playground	
W a l d	forest	

KB 3 **2 Was ist das? Ergänzen Sie.**

WÖRTER

~~Kin~~ | me | ge | Ber | Ju | no | gend | her | Bäu | ge | Rat | haus | Ki | ~~der~~ | ~~gar~~ | ber | ~~ten~~ | ge

a

Kindergarten

c

e

b

d

f

KB 3 **3 Wo bin ich? Notieren Sie.**

Ich bin …

WÖRTER

Park | ~~Geschäft/Laden~~ | Bibliothek | Turm | Schloss | Markt | Fluss

a Ich bin shoppen. — in einem Geschäft/Laden.

b Ich suche Bücher, aber ich kaufe sie nicht.

c Ich bin in einem Haus. Es ist sehr groß.
  Ich wohne hier nicht. Ich bin im Urlaub
  und sehe mir das Haus an.

d Ich gehe spazieren. Hier sind Bäume, aber ich
  bin nicht im Wald. Ich bin in einer Stadt.

e Ich bin in der Stadtmitte. Am Donnerstag gibt es
  hier immer Obst und Gemüse. — auf einem …

f Ich bin in einer Kirche und habe einen Blick
  auf die Stadt von oben.

g Das Wetter ist schön und ich schwimme.
  Ich bin im Wasser, aber nicht im Meer.

BASISTRAINING

4 Wo bin ich?

   a Schreiben Sie Aufgaben wie in **3**: Was sehen Sie? Was machen Sie dort?
   b Tauschen Sie mit Ihrer Partnerin / Ihrem Partner. Sie/Er rät.

5 Hören Sie Marlenes Podcast. Was ist falsch? Korrigieren Sie.

   ▶ 2 11

   HÖREN

   a In Giesing haben früher ~~keine~~ Arbeiter gewohnt.   _viele_ _____
   b In Giesing sind die Wohnungen sehr teuer.   _____
   c Es gibt in Giesing ein Kino, aber kein Theater.   _____
   d Das Kulturzentrum ist in einer Kirche.   _____
   e Im Kulturzentrum kann man nicht tanzen.   _____

6 Was passt? Markieren Sie.

   STRUKTUREN

   a Wie **gefällt** / gefallen dir der Stadtteil? – Toll, besonders gefällt / gefallen mir die Cafés.
   b Gehört / Gehören die Schlüssel Dörte? – Nein, das sind meine. Aber der Schlüssel auf dem Tisch gehört / gehören Dörte.
   c Du kannst das Rezept nicht lesen? Dann brauchst du eine neue Brille. Die hilft / helfen dir.
   d Clemens möchte Deutsch lernen und macht viele Übungen. Die Übungen hilft / helfen ihm.
   e Schmeckt / Schmecken dir der Salat? – Nein, aber die Kartoffeln schmeckt / schmecken mir sehr gut.

7 Ergänzen Sie die passenden Verben aus 6 in der richtigen Form.

   STRUKTUREN ENTDECKEN

Der Stadtteil _gefällt_	mir.	Die Stadtteile _____	mir.
Der Schlüssel _____	dir.	Die Schlüssel _____	dir.
Die Übung _____	ihm/ihr.	Die Übungen _____	ihm/ihr.
Der Salat _____	uns.	Die Salate _____	uns.
	euch.		euch.
	Ihnen/Ihnen.		Ihnen/Ihnen.

8 Ergänzen Sie _gehören/gefallen/danken/helfen/schmecken_ in der richtigen Form.

   WÖRTER

   a Welcher Stadtteil _gefällt_ dir besonders gut? – Ich mag das Lehel.
   b Wir _____ dir für deine Hilfe. – Ich habe euch gern geholfen.
   c Kann ich Ihnen _____? – Nein, danke.
   d Die vielen Kneipen und Restaurants _____ mir sehr gut.
   e _____ dir das Buch? – Nein, das ist nicht mein Buch.
   f _____ euch der Kuchen? – Ja, sehr gut. Können wir das Rezept haben?

KB 5 **9 Was passt? Kreuzen Sie an.**

STRUKTUREN

a Marlene meint, Giesing ist normal. Das gefällt ○ mir ⊗ ihr ○ ihm sehr gut.

b Wir feiern nächste Woche eine große Party. Viele Freunde helfen ○ uns. ○ euch.
○ ihnen.

c Ihr habt uns toll geholfen! Wir danken ○ uns. ○ euch. ○ ihnen.

d Das sind Marks Schlüssel. Sie gehören ○ dir. ○ ihm. ○ ihr.

e Du kannst die Lehrerin fragen. Sie hilft ○ dir. ○ ihm. ○ euch.

KB 5 **10 Ergänzen Sie.**

STRUKTUREN

a Hallo Maria und Pedro, wie geht es _euch_? – Danke, gut.

b Maria, kommst du? – Ja, Pedro, ich komme gleich und helfe _____.

c Wir haben Probleme mit den Hausaufgaben. Kannst du _____ helfen? – Ja, klar.

d Pedro, sind das deine Bücher? – Nein, sie gehören nicht _____.
Sie gehören Maria.

e Was machst du? – Ich schreibe eine Postkarte an Sandra und danke _____
für die Einladung.

f Hast du am Sonntag Zeit? – Nein, Peter und Anja ziehen um und ich helfe
_____.

KB 7 **11 Welche Anzeige passt? Lesen Sie und notieren Sie dann.**

LESEN

⑥
NEUES CAFÉ JAZZKANTINE

Eröffnung: Samstag um 15.00 Uhr
Nur am Samstag: 50 % auf alle
Getränke!

Und auch das Kulturprogramm fehlt
nicht:
Es spielt die Jazzband Summerdays
Komm alle!

①
FAHRRADTOUR
Menschen (jung und alt)
treffen sich am Sonntag
um 15.00 Uhr vor der
Kirche.
Wichtig! Getränke
und Essen bringen
Sie selbst mit.

② *Geschäftsaufgabe*
Nur noch diese Woche!
Modische Kleidung zu
kleinen Preisen!
Am Marktplatz 13

④ **Lesenachmittag** für Kinder ab 4 Jahren
Wo? In der Stadtbibliothek
Wann? Am Mittwoch um 10.30 Uhr

③
Deutsch lernen – aber wie?
Wir helfen Ihnen!
Beratung für Ausländer
am Donnerstag um 10.00 Uhr
im Rathaus

⑤
Fernsehen zu Hause?
Das ist langweilig!
Sonntag 20.15 Uhr
TATORT im Bürgertreff (*Breite Straße 15*)

	Anzeige
a Ihre Tochter ist 5 Jahre alt und liebt Bücher.	
b Sie sind neu in der Stadt und möchten Menschen treffen. Sie machen gern Sport.	
c Sie mögen Musik.	
d Sie suchen einen Deutschkurs.	

TRAINING: SPRECHEN

1 **Was machen Sie wo in Ihrem Stadtteil gern und/oder oft? Sammeln Sie Orte und Aktivitäten und notieren Sie.**

Park
spazieren gehen
lesen
Freunde treffen
...

Geschäfte
shoppen
...

> **TIPP** Sie möchten nicht nur mit einem Wort antworten? Machen Sie sich erst Notizen: Was mache ich wo in meinem Stadtteil? So wiederholen Sie wichtige Informationen und planen Ihre Aussage. Das Sprechen ist dann leichter.

2 **Arbeiten Sie zu dritt. Schreiben Sie einen Fragebogen. Sprechen und notieren Sie.**

Was brauchen Sie in Ihrem Stadtteil?

	Ich	Meine Partnerin / Mein Partner A	Meine Partnerin / Mein Partner B
1. Park		X	
2. Geschäfte	X		
3.			
...			

Was brauchst du in deinem Stadtteil?

Einen Park. Ich bin oft im Park und gehe spazieren oder lese. Am Wochenende treffe ich Freunde im Park.

TRAINING: AUSSPRACHE *Vokale: langes „e" und „i"*

▶ 2 12 **1** **Was hören Sie: langes „e" oder „i"? Kreuzen Sie an.**

	e	i		e	i		e	i
1	○	○	4	○	○	7	○	○
2	○	○	5	○	○	8	○	○
3	○	○	6	○	○	9	○	○

▶ 2 13 **2** **Hören Sie und sprechen Sie nach.**

See   viel
Museum   viele Spiele
mehr Museum   viele Spiele fehlen
das lieben wir

3 **Ergänzen Sie „i", „ih", „ie".**

a Marlene lebt in G____sing. Das ist ____r L____blingsv____rtel.
b Die Wohnung ist möbl____rt.
c Im K____no sehen w____r v____le schöne Sp____lfilme.

▶ 2 14 **Hören Sie und vergleichen Sie.**

TEST

1 **In der Stadt. Ordnen und ergänzen Sie die Wörter mit Artikel.**

RPKA | AINDTRKNEERG | THIBLIBOEK | ~~HEFTSGCÄ~~ | HERJUGBEENDRGE | RUTM

a Hier kann man Kleidung einkaufen. _das Geschäft_

b Hier lernen und spielen kleine Kinder von Montag bis Freitag. _____

c Hier kann man schlafen, es ist günstig. _____

d Hier gibt es sehr viele Treppen. _____

e Hier kann man Bücher lesen, aber nicht kaufen. _____

f Hier ist es grün und es gibt viele Bäume. _____

_ / 10 PUNKTE

2 **Wie heißen die Personalpronomen? Kreuzen Sie an.**

a Daniel und Julia, wie findet ihr Berlin? – Super, es gefällt ⊗ uns ○ Ihnen wirklich gut hier.

b Das Auto ist ja toll. Gehört es ○ dir ○ ihnen? – Leider nicht, es gehört meinem Chef.

c Kann ich ○ ihm ○ Ihnen helfen, Herr Thalmann? – Ja bitte, meine Tasche ist so schwer.

d Emma und ich haben für Sie eingekauft, Frau Roth. – Das ist aber nett. Ich danke ○ uns ○ euch.

e Wie findet dein Sohn die neue Firma? – Es gefällt ○ ihm ○ ihr sehr gut dort.

f Kannst du ○ euch ○ mir bei der Aufgabe helfen? – Ja Max, ich komme gleich.

_ / 5 PUNKTE

3 **Ergänzen Sie die E-Mail.**

Hier gibt es viele | das ist nicht so toll | gefällt mir gut | Hier ist | das ist schon okay

Hallo Freunde,

seit August bin ich in Frankfurt. _____ (a) eine Schule für Krankenschwestern. Die Ausbildung _____ (b) und macht viel Spaß. Ich wohne in der Mozartallee 134. Mein Zimmer ist klein und gemütlich. Es hat nur 15 Quadratmeter, aber _____ (c). Leider habe ich keine Küche. Ich koche in meinem Zimmer und _____ (d). Aber das Viertel hier ist super. _____ (e) Kneipen und Restaurants und es ist immer etwas los.

Liebe Grüße nach Innsbruck

Barbara

_ / 5 PUNKTE

Wörter	Strukturen	Kommunikation
● 0–5 Punkte	● 0–2 Punkte	● 0–2 Punkte
◐ 6–7 Punkte	◐ 3 Punkte	◐ 3 Punkte
● 8–10 Punkte	● 4–5 Punkte	● 4–5 Punkte

www.hueber.de/menschen/lernen

LERNWORTSCHATZ

1 Wie heißen die Wörter in Ihrer Sprache? Übersetzen Sie.

In der Stadt

Bibliothek die, -en _____

Geschäft das, -e /
  Laden der, ¨ _____

Hafen der, ¨ _____

Jugendherberge
  die, -n _____

Kindergarten
  der, ¨ _____

Kirche die, -n _____

Markt der, ¨e _____

Park der, -s _____

Rathaus das, ¨er _____

Schloss das, ¨er _____

Spielplatz der, ¨e _____

Turm der, ¨e _____

Weitere wichtige Wörter

Ausländer der, - _____

Blick der, -e _____

Mensch der, -en _____

Reisebüro
  das, -s _____

Rezept das, -e _____

Urlaub der
  CH: Ferien die (Pl.)

Wetter das _____

danken, hat
  gedankt _____

fehlen, hat
  gefehlt _____

gehören, hat
  gehört _____

wichtig

alle _____

wenig _____

zu Hause

> **TIPP**
> Sehen Sie den Lernwortschatz „In der Stadt" an.
> Schließen Sie das Buch.
> Schreiben Sie jetzt die Wörter mit Artikel auf.
> Wie viele Wörter kennen Sie?

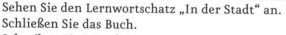

der Turm,
der Park ....

2 Welche Wörter möchten Sie noch lernen? Notieren Sie.

_____

_____

_____

_____

_____

_____

_____

_____

_____

_____

_____

_____

_____

_____

WIEDERHOLUNGSSTATION: WORTSCHATZ

1 In der Stadt. Was ist das? Notieren Sie.

a *eine Bank* _____ e _____
b _____ f _____
c _____ g _____
d _____ h _____

2 Was passt zusammen? Ordnen Sie zu.

Garage   Couch
Arbeitszimmer   Toilette
Bad   Computer
Schlafzimmer   Kühlschrank
Garten   Auto
Wohnzimmer   Blumen
Küche   Bett

3 Wo wohnt Charlotte? Lösen Sie das Rätsel.

Charlotte wohnt in der Stadtmitte, direkt im ____(1)____.
Ihre Wohnung ist im 3. ___(4)___ und hat 45 m².
Charlotte hat zwei Zimmer mit ___(2)___ und Bad.
Ihr Vermieter ist sehr nett und die ___(3)___ ist günstig.
Neben ihr wohnt Frau Thiele, das ist ihre ____(5)____.

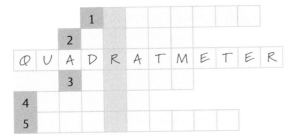

Lösung: Charlotte wohnt in der
Schweiz, in _ _ _ _ _ _ .

4 Ergänzen Sie das Gespräch.

Urlaub | Wetter | Meer | ~~Grüße~~ | Dom | Wochen | Hause | Bergen

ARISA: Hallo Uli, schöne *Grüße* aus Italien!
Uli91: Aus Italien? Was machst du dort?
ARISA: _____ (a)! 😎
        Ich war in den _____ (b), in den Dolomiten. Jetzt bin ich an der Adria.
Uli91: Toll! Wie ist das _____ (c) dort?
ARISA: Sehr warm! Ich schwimme jeden Tag im _____ (d).
        Morgen fahre ich weiter nach Mailand, ich möchte den _____ (e) sehen.
Uli91: Sprichst du Italienisch?
ARISA: Sí, naturalmente ...
        In zwei _____ (f) bin ich wieder zu _____ (g). Ciao!
Uli91: Tschüs und viel Spaß!

WIEDERHOLUNGSSTATION: GRAMMATIK

1 **Sehen Sie das Bild an und ergänzen Sie die Präpositionen und den Artikel, wo nötig.**

a Frau Kerner wohnt _neben_ Herrn Rahn und _____ Familie Burlach.

b Frau Other wohnt _____ Familie Burlach.

c _____ d_____ Haus ist ein Baum. Die Fahrräder stehen _____ Baum.

d _____ d_____ Baum ist ein Zelt. _____ Zelt sind Sophie und Paul.

e Herr und Frau Burlach sitzen gern _____ d_____ Balkon.

2 **Ergänzen Sie die Possessivartikel.**

a Herr Rahn wohnt im Erdgeschoss. Er wohnt allein und liebt _seine_ Blumen.

b _____ Nachbarin, Frau Kerner, wohnt auch im Erdgeschoss.

c Im 1. Stock wohnt Familie Burlach. _____ Sohn heißt Paul und _____ Tochter Sophie. Die Eltern finden _____ Balkon sehr schön.

d Frau Other wohnt im 2. Stock. _____ Wohnung ist sehr groß und sie vermietet ein Zimmer. _____ Mieterin heißt Frau Reimer.

3 **Wer ist wer? Ergänzen Sie die Namen.**

a Sophie ist Herrn und Frau _Burlachs_ Tochter.

b Frau Reimer ist Frau _____ Mieterin.

c Paul ist _____ Bruder.

d Frau Burlach ist _____ und _____ Mutter.

e Herr Rahn ist Frau _____ Nachbar.

4 **Ergänzen Sie das Pronomen.**

a ■ Frau Neuner hat heute viel Arbeit und wenig Zeit. Können Sie _____ bitte helfen?
   ▲ Ja, natürlich helfe ich _ihr_.

b ■ Johanna und Martin, gefällt _____ denn mein Sofa nicht?
   ▲ Doch, es gefällt _____.

c ■ Gehört das Handy _____, Herr Kleinschmid?
   ▲ Ja, es gehört _____.

d ■ Ich finde das Schloss Schönbrunn in Wien sehr schön. Gefällt es _____ nicht, Juliane?
   ▲ Doch, es gefällt _____, aber ich finde Schlösser ein bisschen langweilig.

SELBSTEINSCHÄTZUNG Das kann ich!

Ich kann jetzt ...   ● ○ ●

... jemanden um Hilfe bitten: L13   ○ ○ ○

_____ Sie bitte.

_____ helfen?

Entschuldigung! _____ etwas fragen?

_____ einen Moment Zeit?

... nach dem Weg fragen: L13   ○ ○ ○

Kennen _____ ?

Wo _____ ?

Ich _____ .

... den Weg beschreiben: L13   ○ ○ ○

Fahren Sie zuerst _____ . ↑

Biegen Sie dann _____ ab. ↰

Fahren Sie die nächste Straße _____ . ↱

_____ Sie. ↧

... sagen: Ich kenne den Weg nicht: L13   ○ ○ ○

Nein, tut _____ . _____ fremd

_____ / _____ von hier.

... Häuser und Wohnungen beschreiben: L14   ○ ○ ○

Mein Haus ist _____ . Es hat sieben _____ .

Im _____ sind drei Zimmer und im ersten

_____ sind vier Zimmer.

... Häuser und Wohnungen bewerten: L14   ○ ○ ○

Den Garten _____ ich cool, aber das Haus _____ nicht so

toll aus.

Ich liebe das Haus, aber den Garten _____ ich gar nicht.

... Gefallen und Missfallen äußern: L15   ○ ○ ○

■ Wie _____ dir Giesing? ▲ Giesing _____ ganz normal und das

_____ ich super so.

... nach Einrichtungen fragen und Einrichtungen nennen: L15   ○ ○ ○

■ _____ _____ in Giesing eigentlich auch ein Kino?

▲ Ja, aber _____ _____ leider nur sehr wenige Geschäfte.

Ich kenne ...

... 15 Institutionen/Einrichtungen und Plätze in der Stadt: L13/L15   ○ ○ ○

Diese Orte besuche ich gern: _____

Diese Orte besuche ich fast nie/nie: _____

Diese Einrichtungen brauche ich oft: _____

SELBSTEINSCHÄTZUNG *Das kann ich!*

... 10 Wörter rund um Haus und Wohnung: L14

Das gibt es in meiner Wohnung / in meinem Haus: _____

_____

Das gibt es nicht in meiner Wohnung / in meinem Haus: _____

_____

Ich kann auch ...

... die Lage von Dingen angeben (lokale Präpositionen mit Dativ): L13

Wo ist der Stab?

Der Stab ist _____ _____ Würfel.

Der Stab ist _____ _____ Würfeln.

... Zugehörigkeit ausdrücken (Genitiv + Possessivartikel *sein* und *ihr*): L14

Vanilla wohnt neben Otto. Vanilla ist _____ Nachbarin.

■ Wie findest du Vanillas Haus? ▲ _____ Haus finde ich super,

aber _____ Garten mag ich nicht so gern.

**... sagen, wem etwas gefällt/gehört und wem ich helfe/danke
(Personalpronomen im Dativ):** L15

Das finde ich gut.	→	Das _____ _____.
Das ist dein Haus.	→	Das _____ _____.
Vielen Dank, Otto!	→	Wir _____ _____.
Die Übungen sind wichtig für Maria und Pedro.	→	Die Übungen _____.

Üben / Wiederholen möchte ich noch ...

_____

RÜCKBLICK

Wählen Sie eine Aufgabe zu Lektion 13 _____

**1 Sehen Sie noch einmal den Stadtplan im Kursbuch auf Seite 76 an.
Sie sind vor der Post. Wie gehen Sie zum Bahnhof? Beschreiben Sie den Weg.**

Ich gehe geradeaus und dann ...

2 Wie gehen Sie zu ...?

Was ist bei Ihnen in der Nähe? Ein Bahnhof, eine U-Bahn- oder Bus-Haltestelle, ein Restaurant ...? Wählen Sie und beschreiben Sie den Weg von Ihnen zu Hause zu diesem Ort.

Ich gehe aus dem Haus und gleich nach links. Dann ...

RÜCKBLICK

Wählen Sie eine Aufgabe zu Lektion **14**

🔍 **1** Lesen Sie noch einmal die Anzeigen im Kursbuch auf Seite 81 und ergänzen Sie die Tabelle.

	Zimmer	Größe	Was gibt es noch?	Kosten
A	2 Zimmer	54 m²	Balkon, Aufzug, Tiefgarage	400 € + 120 € Nebenkosten
B				
C				
D				
E				

 2 Sie suchen Ihr Traumhaus. Schreiben Sie eine Anzeige.

> Suche Traumhaus!
> Ich suche ein Haus mit 6 Zimmern, ca. 200 m².
> Mit Swimmingpool und Garten.
> Bitte maximal ... / Monat.
> Kontakt: ....

Wählen Sie eine Aufgabe zu Lektion **15**

🔍 **1** Welche Sätze passen zu Claudia, welche passen zu Teddybär?
Lesen Sie noch einmal die Kommentare zu Marlenes Blog im Kursbuch auf Seite 84 und kreuzen Sie an.

		Claudia	Teddybär
a	Ich finde deinen Blog sehr gut.	○	○
b	Ich kenne München.	○	○
c	Ich finde die Maxvorstadt und das Lehel super.	○	○
d	Ich suche bald eine Wohnung in München.	○	○
e	Ich möchte vielleicht in Giesing wohnen.	○	○

2 Schreiben Sie einen Kommentar zu Marlenes Blog im Kursbuch auf Seite 84.
Möchten Sie in Giesing wohnen? Warum / Warum nicht? Machen Sie erst Notizen.

Das gefällt mir in Giesing: _____

Das gefällt mir nicht so gut in Giesing: _____

Das möchte ich noch wissen: _____

_____ aus _____ hat geschrieben:

Hallo Marlene! _____

_____

_____

LITERATUR

WIEDERSEHEN IN WIEN

Das ist bisher passiert:

Paul und sein Hund Herr Rossmann machen Urlaub in München. Dort treffen sie Anja. Die drei werden Freunde. Sie machen viele Dinge gemeinsam, aber schon bald müssen Paul und Herr Rossmann wieder zurück nach Wien fahren. Zwei Wochen sind zu kurz, finden sie …

Teil 1: Wo ist Pauls Wohnung?

‚Ist das schön hier …!' ,denkt Anja.

Sie ist gerade aus der U-Bahn ausgestiegen und steht vor dem Schloss Schönbrunn in Wien.

„Entschuldigen Sie, ich suche die Penzinger Straße", sagt sie zu einem Mann.

„Hm, ich bin nicht von hier. Ich kenne diese Straße nicht."

„Und Sie? Können Sie mir helfen? Wo ist die Penzinger Straße?"

„Pardon?"

‚Gibt es hier nur Touristen!?', denkt Anja.

Sie fragt eine alte Frau: „Entschuldigen Sie, ich suche die Penzinger Straße."

„Ja, die ist ganz in der Nähe. Gehen Sie geradeaus über den Platz hier. Sehen Sie die Straßenbahnstation dort? Da gehen Sie nach links und dann nach rechts. Die nächste Straße ist die Penzinger Straße."

„Vielen Dank!"

Anja nimmt ihren Koffer und geht los.

‚Hoffentlich ist Paul zu Hause', denkt sie. ‚Er weiß ja nicht, dass ich ihn besuchen komme.'

„Was ist denn los, Herr Rossmann?", fragt Paul.

Sein Hund läuft schon den ganzen Morgen in der Wohnung herum: zum Fenster, zur Tür, zum Fenster …

„Ja, ich sehe schon, Herr Rossmann, du wartest auf einen Gast. Aber heute kommt uns niemand besuchen."

Herr Rossmann bellt.

„Bitte, Herr Rossmann!"

Herr Rossmann läuft zur Tür und bellt wieder.

„Herr Rossmann, was ist …"

Es klingelt. Doch ein Gast?

Paul öffnet die Tür und …

„Anja! … Du bist in Wien? Das ist ja eine tolle Überraschung."

„Ich komme dich besuchen. Kann ich reinkommen?"

„Ja, klar, komm rein. Ich nehme deinen Koffer."

Herr Rossmann bellt.

„Hallo Herr Rossmann, endlich sehe ich dich wieder!", sagt Anja und streichelt den Hund.

„Wie geht es dir, Anja?", fragt Paul. „Bist du müde von der Reise? Möchtest du etwas essen? Oder einen Kaffee?"

„Oh ja, Kaffee ist gut … Und dann suchen wir ein Hotel für mich."

„Ach was, Hotel. Du kannst hier auf dem Sofa schlafen."

„Wirklich? Super, danke! Dann können wir ja gleich Wien ansehen."

„Ja, den Stephansdom, das Riesenrad, das Schloss Schönbrunn …"

„Das habe ich schon gesehen", sagt Anja und lacht. „Aber mit dem Stephansdom können wir anfangen."

Wir haben hier ein Problem.

1 Ergänzen Sie das Gespräch. Schreiben Sie Sätze.

sehr nett sein | nicht funktionieren | ~~für Sie tun können~~ | sofort kümmern | Ihre Hilfe brauchen

- ■ Was _kann ich für Sie tun_____?
- ▲ Ich _____.
  Die Klimaanlage in meinem Zimmer
  _____.

- ■ Das tut mir leid. Ich _____
  mich _____ darum.
- ▲ Das _____. Vielen Dank!

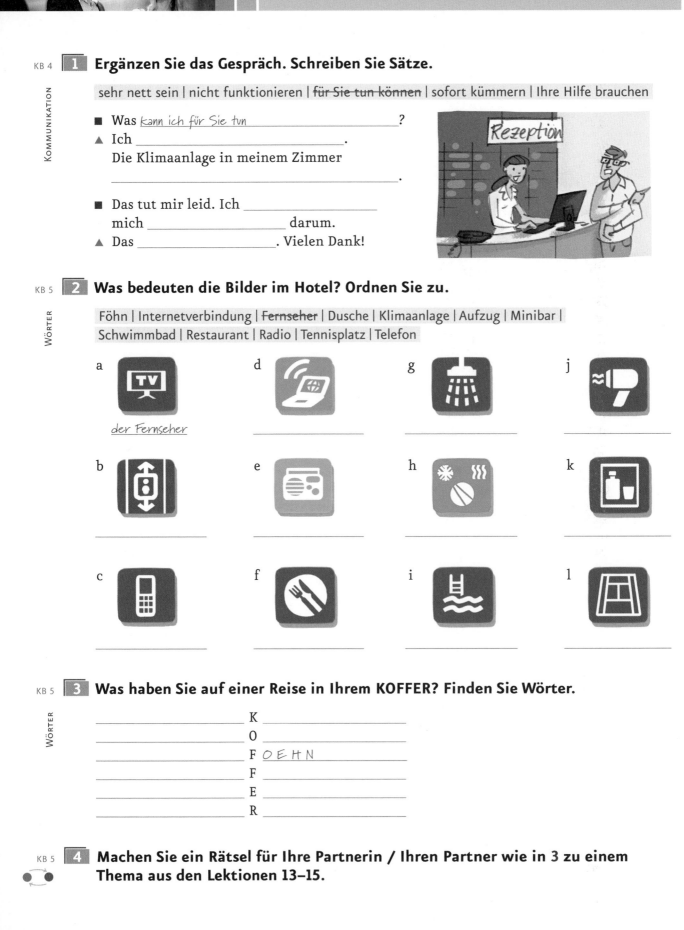

2 Was bedeuten die Bilder im Hotel? Ordnen Sie zu.

Föhn | Internetverbindung | ~~Fernseher~~ | Dusche | Klimaanlage | Aufzug | Minibar |
Schwimmbad | Restaurant | Radio | Tennisplatz | Telefon

a _der Fernseher_

b _____

c _____

d _____

e _____

f _____

g _____

h _____

i _____

j _____

k _____

l _____

3 Was haben Sie auf einer Reise in Ihrem KOFFER? Finden Sie Wörter.

_____ K _____
_____ O _____
_____ F _O E H N_
_____ F _____
_____ E _____
_____ R _____

4 Machen Sie ein Rätsel für Ihre Partnerin / Ihren Partner wie in 3 zu einem Thema aus den Lektionen 13–15.

KB 6 **5** **Der Fernseher ist kaputt. Schreiben Sie das Gespräch.**

Rezeptionist/in	Gast
helfen können?	*Kann ich Ihnen helfen?*
	Ja, ich habe ein Problem. ...
↘ Problem haben	
Fernseher kaputt	
Techniker schicken ↙	
sofort darum kümmern	
↘ Eine Bitte noch: Es gibt keine Handtücher.	
sofort Handtücher bringen ↙	
↘ Dank für Hilfe	

KB 7 **6** **Was ist richtig? Kreuzen Sie an.**

a Peter möchte ○ nach einem ○ für ein Jahr nach Japan gehen. Er hat ○ nach
  ○ vor einem Jahr schon ein Praktikum in Japan gemacht.
b Anne möchte ○ für ○ nach ihrem Medizinstudium in Afrika als Ärztin arbeiten.
c Barbara beginnt ○ nach ○ in drei Monaten mit dem Studium.
d Moritz hat ○ in ○ vor einem halben Jahr mit seinem Ingenieur-Studium angefangen. ○ In ○ Für vier Jahren ist er fertig. Dann möchte er gern in einer
  Autofirma arbeiten.
e Maria möchte ○ nach dem ○ für den Deutschkurs die Prüfung machen.

KB 7 **7** **Akkusativ oder Dativ? Ergänzen Sie.**

a für ein_e_ Woche
b in ein_____ Monat
c nach ein_____ Stunde

d vor d_____ Sitzung
e für ein_____ Monat
f nach d_____ Kurs

g in ein_____ Woche
h vor ein_____ Jahr

KB 7 **8** **Im Chatroom. Ordnen Sie zu.**

~~am~~ | um | nach | am | vor | um | von ... bis | nach

siri99: Hi Jule, was machst du _am_ (a) Freitag? Sehen wir uns mal wieder?
Jule_m: Gern. Am Freitag arbeite ich _____ (b) acht _____ (c) zwei Uhr und
         _____ (d) der Arbeit gehe ich zum Arzt. Aber _____ (e) Abend habe ich Zeit.
siri99: Gehen wir ins Kino? In den neuen Film mit Angelina Jolie? Hast du Lust?
         _____ (f) 20:30 Uhr?
Jule_m: Gute Idee. Wollen wir _____ (g) dem Kino noch etwas zusammen essen? Komm
         doch _____ (h) sieben Uhr zu mir. Ich koche etwas und _____ (i) dem
         Essen fahren wir zusammen ins Kino.
siri99: Super! Das ist sehr nett von dir. Bis morgen.

BASISTRAINING

9 **Einen Termin verschieben.**

SCHREIBEN

a Ergänzen Sie die E-Mail.

```
●○○                                    Neue E-Mail
  Senden   Chat  Anhang  Adressen  Schriften  Farben  Als Entwurf sichern

        Von:  p.frei@gmx.de
         An:  chriswinter@aol.com
     Betreff:  Termin heute


      Sehr geehrte Frau Winter,

      leider _____.
      (heute um 16 Uhr nicht kommen können)
      Wir haben ein Problem mit der Internetverbindung in der Firma und ich warte auf den
      Techniker. _____?
      (Termin verschieben können)
      _____?
      (Mittwoch Zeit haben)

      _____.
      (ab Freitag für eine Woche im Urlaub sein)
      Mit freundlichen Grüßen
      Peter Frei
```

b Antworten Sie auf die E-Mail.

kein Problem | natürlich Termin verschieben können | Mittwoch Zeit haben | passt 15 Uhr? | Grüße

```
●○○                                    Neue E-Mail
  Senden   Chat  Anhang  Adressen  Schriften  Farben  Als Entwurf sichern

        Von:  chriswinter@aol.com
         An:  p.frei@gmx.de
     Betreff:  Re: Termin heute


      Sehr _____,
      _____
      _____
      _____
      _____
      _____
```

10 **Hören Sie das Telefongespräch und ordnen Sie zu.**

▶ 2 15

HÖREN

a Heute um elf   muss Stefan Kollegen am Flughafen abholen.
b In zwei Stunden   hat Nina eine Sitzung.
c Am Donnerstag um drei   am Freitag um 14.30 Uhr Zeit.
d Nach der Sitzung   hat Stefan keine Zeit.
e Am Freitag   muss Nina einen Kollegen anrufen.
f Stefan hat   hat Nina nach dem Mittagessen Zeit.

TRAINING: SPRECHEN

1 Wie bittet man um Hilfe? Was antwortet man?

Schreiben Sie Bitten auf gelbe Kärtchen und Antworten auf blaue Kärtchen. (Hilfe finden Sie in den Lektionen 13 und 16.)

> Kann ich mal ...

> Entschuldigung, können Sie mir helfen? Ich / ...

> Ja, natürlich.

> Tut mir leid ...

> **TIPP** Sie möchten besser sprechen? Lernen Sie die Fragen und Sätze in der Rubrik Kommunikation auf der 4. Seite jeder Lektion auswendig. Sie helfen Ihnen in vielen Situationen.

2 Spiel: Bitten Sie eine Mitspielerin / einen Mitspieler. Sie/Er antwortet. Die Kärtchen in 1 können Ihnen helfen.

Spielanleitung: Stellen Sie Ihre Spielfigur auf ein Feld und würfeln Sie. Ziehen Sie mit Ihrer Spielfigur. Formulieren Sie Bitten. Ist die Bitte richtig, bekommen Sie zwei Punkte. Spielen Sie zehn Minuten. Wer hat die meisten Punkte?

■ Entschuldigung, können Sie mir helfen? Die Klimaanlage funktioniert nicht.
▲ Das tut mir leid. Ich kümmere mich sofort darum.

TRAINING: AUSSPRACHE *Vokale: „o" und „u"*

▶ 2 16 **1 Sie hören jeweils vier Wörter.**

Wie oft hören Sie „o", wie oft „u"? Notieren Sie.

1 o 2x   u 2x   3 o ___   u ___
2 o ___ u ___   4 o ___   u ___

2 Ergänzen Sie „o" oder „u".

Pr___blem – H___tel – M___se___m –
M___sik – D___sche – Telef___n – Aufz___g –
M___nat – ___hr – Kin___ – Handt___ch

▶ 2 17 Hören Sie und sprechen Sie nach.

3 Schreiben Sie kurze Gespräche mit den Wörtern aus 2 und sprechen Sie auch vor dem Spiegel.

■ Entschuldigen Sie, ich habe ein Problem: Die Dusche funktioniert nicht.
▲ Oh, das tut mir leid. Ich komme sofort.
...

TEST _____

1 **Im Hotel. Ergänzen Sie.**

Das Hotel ist 150 Jahre alt. Es hat 45 Zimmer auf vier Stockwerken, aber leider keinen
(a) _Aufzug_ (FUGAZU) und keine (b) _____ (ALGALENMIAK). Im Erdgeschoss
stehen zwei Computer mit (c) _____ (DEBTGVIRENTURNENIN).
Jedes Zimmer hat ein Radio und einen (d) _____ (RENFEHESR).
In jedem Bad gibt es eine (e) _____ (SHEDUC) und einen Föhn. _ / 4 PUNKTE

2 **Ergänzen Sie.**

a Das Radio funktioniert nicht, es ist k _a p u t t_ .

b Er kommt immer zu spät, er ist nie p _ _ _ _ _ _ _ _ .

c Der Deutschkurs ist nicht langweilig, er ist l _ _ _ _ _ _ .

d Heute ist es nicht heiß, es ist k _ _ _ . _ / 3 PUNKTE

3 **Ergänzen Sie _für, vor, nach_ und _in_.**

■ Wann bist du mit der Ausbildung fertig?

▲ _In_ (a) einem Jahr.

■ Und was machst du _____ (b) der
Ausbildung?

▲ Ich gehe _____ (c) zwei Jahre nach
London.

■ Warst du schon einmal in England?

▲ Ja, _____ (d) fünf Jahren.

■ Wie hat es dir gefallen?

▲ Es war super. _____ (e) sechs
Monaten habe ich wirklich sehr
gut Englisch gesprochen. _ / 4 PUNKTE

4 **Was ist richtig? Kreuzen Sie an.**

a Die U-Bahn kommt in ⊗ einer ○ einen ○ einem Minute.

b Nach ○ das ○ der ○ dem Deutschkurs fährt Isabella in die Stadt.

c Yakub ist vor ○ einer ○ einen ○ einem Jahr nach Deutschland gekommen.

d Christiane braucht das Auto nur für ○ ein ○ einen ○ eine Tag. _ / 3 PUNKTE

5 **Ergänzen Sie das Gespräch.**

Das ist | Was kann | Es gibt | Ich kümmere | Das tut

■ Können Sie mir helfen?

▲ Ja gern. _____ (1) ich für Sie tun?

■ _____ (2) keine Seife in der Dusche.

▲ Wie dumm! _____ (3) mir leid.
_____ (4) mich sofort darum.

■ _____ (5) sehr nett. Vielen Dank! _ / 5 PUNKTE

Wörter	Strukturen	Kommunikation
● 0–3 Punkte	● 0–3 Punkte	● 0–2 Punkte
○ 4–5 Punkte	○ 4–5 Punkte	○ 3 Punkte
● 6–7 Punkte	● 6–7 Punkte	● 4–5 Punkte

www.hueber.de/menschen/lernen

LERNWORTSCHATZ

1 Wie heißen die Wörter in Ihrer Sprache? Übersetzen Sie.

Im Hotel

Aufzug der, ⸚e _____
CH/A: Lift der, -e

Dusche die, -n _____

Fernseher der, - _____

Föhn der, -e / -s _____

Gast der, ⸚e _____

Handtuch das, ⸚er _____

Heizung die, -en _____

Klimaanlage
die, -n _____

Verbindung die, -en _____
die Internetver-
bindung _____

Wecker der, - _____

Beschwerden

Bescheid sagen _____

Hilfe rufen _____

bringen, hat
gebracht _____

funktionieren, hat
funktioniert _____

kümmern, hat
gekümmert _____

reparieren, hat
repariert _____

schicken (einen Techniker/...),
hat geschickt _____

kaputt _____

sofort _____

Termine

Lust die _____
Lust haben _____

Termine ab·sagen,
hat abgesagt _____

vereinbaren, hat
vereinbart _____

verschieben, hat
verschoben _____

passen, hat
gepasst _____
Passt es dir/
Ihnen? _____

pünktlich _____

Weitere wichtige Wörter

Angst die, ⸚e _____
Angst haben _____

Kurs der, -e (Tanz-/
Spanischkurs) _____

Leben das _____

Sitzung die, -en _____

Stunde die, -n _____
die halbe
Stunde _____

aus·machen, hat
ausgemacht _____

kennen·lernen, hat
kennengelernt _____

mit·nehmen, hat
mitgenommen _____

tun, hat getan _____

warten, hat
gewartet _____

dumm _____
Wie dumm! _____

kalt _____

lustig _____

seltsam _____

sicher _____

nichts _____

selbst _____

Sehr geehrte /
Sehr geehrter _____

Mit freundlichen
Grüßen _____
CH: Freundliche Grüsse

> **TIPP**
> Schreiben Sie Zettel und hängen Sie die Zettel in der Wohnung auf.

der Wecker

der Fernseher

2 Welche Wörter möchten Sie noch lernen? Notieren Sie.

KB 3 **1** **Markieren Sie die Verben und ordnen Sie zu.**

WÖRTER

LERATEANMELDENGERUBEKOMMENPORATREHLESENITERNUMSCHREI
BENERTOSARABSCHLIESSENAKLUFARTSCHAFFENIMADHABENELTAR

a eine Anzeige _lesen_

b eine Ausbildung _____

c sich an einer Sprachschule
_____

d Angst _____

e eine Prüfung _____

f einen Studienplatz
_____

KB 3 **2** **Ordnen Sie zu.**

WÖRTER

Ausbildung | Studienplatz | ~~Prüfung~~ | Sprachenschule | Anzeige

a Jan ist glücklich. Er hat endlich die _Prüfung_ geschafft.

b Mike möchte Deutsch lernen. Er hat in der Zeitung eine _____
gelesen. Jetzt möchte er sich an einer _____ anmelden.

c Morgen fängt Jos Studium an. Sie hat einen _____ an der Uni in
Basel bekommen.

d Jule möchte eine _____ als Friseurin machen.

KB 4 **3** **Ergänzen Sie *mit* oder *ohne*.**

STRUKTUREN

a Cherry geht nur _mit_ ihrer „Starbrille" zur Aufnahmeprüfung.

b _____ Aufnahmeprüfung kann sie nicht an der Pop-Akademie studieren.

c Sie möchten ein Popstar werden? _____ eine gute Ausbildung ist das schwierig.

d _____ einer Ausbildung hat man bessere Chancen.

e Fabian geht nur _____ seiner Gitarre zur Aufnahmeprüfung.

KB 4 **4** **Was ist richtig? Kreuzen Sie an.**

STRUKTUREN

a Ich arbeite mit ○ meine ⊗ meinem Mann in einem Büro zusammen.

b Ohne ○ einem ○ einen Kaffee am Morgen kann ich nicht arbeiten.

c Ich frühstücke jeden Morgen mit ○ meiner ○ meine Kollegin.

d Ohne ○ meinem ○ mein Handy gehe ich nicht aus dem Haus.
Das nehme ich immer mit.

KB 5 **5** **Ergänzen Sie *e* oder *i*.**

STRUKTUREN ENTDECKEN

ich	w_e_rde
du	w__rst
er/sie	w__rd
wir	w__rden
ihr	w__rdet
sie/Sie	w__rden

Sängerin

BASISTRAINING

KB 5 **6** **Urlaubswünsche. Ergänzen Sie *wollen* in der richtigen Form.**

STRUKTUREN

a Also ich _will_ dieses Jahr zu Hause bleiben!
b Aber meine Freunde Theresa und Boris _____ im Urlaub nach Schweden fahren.
c Meine Freundin Beatrice _____ nach Italien fahren.
d Aber nächstes Jahr _____ wir alle zusammen nach Tunesien fliegen.
e Und was _____ du im Urlaub machen?

KB 6 **7** **Schreiben Sie Sätze.**

STRUKTUREN

a _Cherry will unbedingt Sängerin werden._
(unbedingt / Cherry / Sängerin / werden / wollen)

b _____.
(auf keinen Fall / Sara und Felix / wollen / heiraten)

c _____.
(meine Ausbildung / Nächstes Jahr / abschließen / ich / wollen)

d _____.
(wollen / unbedingt / Wir / schaffen / die Führerscheinprüfung)

e _____.
(können / wir / Dann / mit dem Motorrad / reisen / durch Europa)

f _____.
(Jan / vielleicht / werden / Liedermacher / wollen)

KB 6 **8** **Ergänzen Sie die Wörter.**

WÖRTER

Im Sommer hat Sofia ihre (a) _Ausbildung_ (BLUGASIDNU) als Friseurin abgeschlossen.
Sie hatte große Angst vor der Prüfung. Aber zum Glück hat sie die Prüfung
(b) _____ (SCHEFGATF). Jetzt möchte sie endlich Geld
(c) _____ (DERENIVEN). Dann möchte sie mit ihrem Freund
Johnny ein (d) _____ (RORTOMDA) kaufen und durch
(e) _____ (PORUEA) fahren. Zuerst macht sie aber noch den
(f) _____ (RENFEHÜRSHIC). Sie möchten durch viele Länder
(g) _____ (SINERE), die Welt und andere junge
(h) _____ (UTELE) kennenlernen. In ein paar Jahren möchten
sie und Johnny (i) _____ (RITAHENE) und Kinder haben.

KB 6 **9** **Was sind Ihre Wünsche? Schreiben Sie 4–5 Sätze wie in 8.**
Ihre Partnerin / Ihr Partner ergänzt die Wörter.

Ich möchte gern nach China
_____. (SIERNE)

KB 6 **10** **Lesen Sie die Texte.**

LESEN

a Was möchten die Leute machen? Kreuzen Sie an.

	SUSANNE	GEORG	MARIANNE
an die Universität gehen	○	○	○
Urlaub machen	○	○	○
im Ausland leben	○	○	○

50 PLUS – KRISE ODER CHANCE?

Ist mit 50 Jahren der schönste Teil des Lebens zu Ende?
Was sind die Wünsche und Pläne der über 50-Jährigen?

Susanne M., Hausfrau, 51 Jahre alt
Meine Wünsche? Ich habe nur einen Wunsch: Ich will ins Ausland gehen und noch einmal eine Fremdsprache lernen. Ich habe mit 20 Jahren geheiratet und drei Kinder bekommen. Jetzt bin ich 51, die Kinder sind groß. In VITAL habe ich einen Artikel über „Granny-Au-Pairs" gelesen und da habe ich gedacht: Das mache ich. Ein halbes Jahr in Rio de Janeiro in einer Familie leben und eine neue Kultur kennenlernen. Super, oder? Und ein bisschen Geld verdiene ich dort auch: 300 € pro Monat und für das Zimmer und Essen zahle ich nichts.

Georg K., Mechatroniker, 58 Jahre alt
Ich habe gerade den Motorradführerschein gemacht und nächstes Jahr will ich sechs Wochen mit meinem Sohn mit dem Motorrad durch Kanada fahren. Er hat letztes Jahr schon eine Reise durch die USA gemacht. Da hat er viel fotografiert und diese wunderbare Natur hat mir sehr gefallen.

Marianne O., Studentin, 52 Jahre alt
Mit 50 Jahren ist man heute doch nicht alt! Ich habe 25 Jahre als Verkäuferin gearbeitet. Vor einem Jahr habe ich einen tollen Mann kennengelernt und mich total verliebt. Er hat gesagt: „Marianne, ich verdiene genug Geld für uns zwei. Willst du wirklich dein ganzes Leben als Verkäuferin arbeiten?" Da habe ich sofort gewusst: Das ist meine Chance! Ich kann endlich studieren! Jetzt studiere ich Arabisch und Französisch. Das spreche ich schon gut. Als Kind habe ich 10 Jahre in Marokko gelebt.

b Lesen Sie noch einmal und kreuzen Sie an.

	richtig	falsch
1 Susanne hat schon mit 20 Jahren als Au-Pair gearbeitet.	○	○
2 Sie bezahlt 300 € für Zimmer und Essen in der Familie.	○	○
3 Georgs Sohn hat letztes Jahr eine Reise gemacht.	○	○
4 Marianne hat vor 25 Jahren einen tollen Mann kennengelernt.	○	○
5 Sie ist jetzt Studentin.	○	○

TRAINING: SCHREIBEN

1 **Lesen Sie Fabios Beitrag. Lesen Sie dann die Notizen und ergänzen Sie den Beitrag von Alina im Forum.**

Beruf oder Traumberuf?
Ich gehe noch zur Schule, aber ich will unbedingt Musiker werden.   Fabio, 7. Juli
Wie ist es bei euch? Was macht ihr? Gefällt es euch? Ist das euer Traumberuf?
Was wollt ihr unbedingt noch machen? Schickt mir eure Beiträge.

Beruf oder Traumberuf?
Was mache ich jetzt? Ausbildung als Verkäuferin
Gefällt es mir? langweilig, arbeite oft lange,
verdiene nicht viel
Was ist mein Traumberuf? Schauspielerin
Was will ich noch machen? Schauspielschule

Alina, 7. Juli

Ich _____.
Das ist _____! 😒 Ich mache jeden Tag das Gleiche. Ich
_____ und ich _____. Eigentlich will
ich _____. Ich spiele in meiner Freizeit Theater. Vielleicht
melde ich mich nächstes Jahr bei einer _____ an.

2 **Machen Sie wie in 1 Notizen zu den Fragen und schreiben Sie dann einen Beitrag ins Forum.**

> **TIPP**
> Sie haben Probleme beim Schreiben? Sammeln Sie Ideen und machen Sie Notizen. Machen Sie Sätze aus Ihren Notizen. Nach dem Schreiben: Lesen Sie Ihren Text noch dreimal und suchen Sie Fehler.
> 1. Lesen: Steht das Verb immer an der richtigen Position?
> 2. Lesen: Hat das Verb die richtige Form?
> 3. Lesen: Sind die Wörter richtig geschrieben?

TRAINING: AUSSPRACHE *Internationale Wörter*

▶ 2 18 **1** **Hören Sie und markieren Sie den Wortakzent.**

meine Sprache / andere Sprachen

a international   *international*
b komponieren   _____
c interessant   _____
d Musik   _____
e elegant   _____
f Instrument   _____
g Technik   _____
h studieren   _____
i Akademie   _____
j Familie   _____
k Politiker   _____
l Produktion   _____

Ergänzen Sie die Wörter in Ihrer Sprache oder in einer anderen Sprache. Markieren Sie auch hier den Wortakzent.

2 **Wie viele internationale Wörter kennen Sie? Notieren Sie und sprechen Sie die Wörter.**

notieren
reparieren

TEST

1 Ergänzen Sie.

Geld | Führerschein | Wunsch | Fremdsprachen | Sängerin | ~~Prüfungen~~ | Welt

Die Klasse 12a hat alle Prüfungen (a) geschafft. Wie geht es weiter? David möchte den _____ (b) machen und mit dem Auto durch Australien reisen. Nicole will _____ (c) werden. Martin will viel _____ (d) verdienen und nach ein paar Jahren um die _____ (e) segeln. Sophia hat nur einen _____ (f). Sie möchte bald heiraten. Wilson spricht vier _____ (g) und möchte Bücher übersetzen.   _ / 6 PUNKTE

2 Kreuzen Sie an und ergänzen Sie die Endung, wo nötig.

a David möchte allein, ○ mit ⊗ ohne seine Eltern, in Australien leben.

b Nicoles Eltern finden ihren Berufswunsch gut, aber nur ○ mit ○ ohne ein____ Ausbildung.

c Martin kauft immer viel ein. Er geht nie ○ mit ○ ohne sein____ Kreditkarte aus dem Haus.

d Sophia will zusammen ○ mit ○ ohne ihr____ Mann drei Kinder haben.

e Man sieht Wilson nie ○ mit ○ ohne sein____ Buch, er liest immer.   _ / 8 PUNKTE

3 Schreiben Sie Sätze mit wollen.

a ■ Tom, machst du bitte deine Hausaufgaben!
  ▲ Nein, ich will Radio hören. (ich/Radio hören)

b ■ Wann _____ (ihr/heiraten)?
  ▲ Nächstes Jahr im April.

c ■ Welche Fremdsprache _____? (Sie/lernen)
  ▲ Dänisch.

d ■ Was _____? (du/werden)
  ▲ Popstar.   _ / 3 PUNKTE

4 Ergänzen Sie auf keinen Fall, vielleicht oder unbedingt.

a Die Sitzung ist sehr wichtig. Der Chef will den Termin _____ absagen.

b Franz möchte Lehrer werden oder _____ auch Politiker.

c Ich lerne jetzt jeden Tag. Ich will _____ die Prüfung schaffen.

d Das Wetter ist so schlecht. Ich möchte _____ mit dem Rad fahren.

e Katharina will _____ Französisch lernen. Sie hat einen Job in Paris.   _ / 5 PUNKTE

Wörter		Strukturen		Kommunikation	
●	0–3 Punkte	●	0–5 Punkte	●	0–2 Punkte
○	4 Punkte	○	6–8 Punkte	○	3 Punkte
●	5–6 Punkte	●	9–11 Punkte	●	4–5 Punkte

www.hueber.de/menschen/lernen

LERNWORTSCHATZ

1 **Wie heißen die Wörter in Ihrer Sprache? Übersetzen Sie.**

Ausbildung

Ausbildung die, -en _____

Ausland das _____

Chance die, -n _____

Fremdsprache
die, -n _____

Geld das _____

Politiker der, - _____

Prüfung die, -en _____
eine Prüfung schaffen,
hat geschafft _____

Sänger der, - _____

Sängerin die,
-nen _____

Star der, -s _____

ab·schließen, hat
abgeschlossen _____
eine Ausbildung
abschließen _____

an·melden, hat
angemeldet _____

verdienen, hat
verdient _____

werden, du wirst,
er wird,
ist geworden _____

wollen, ich will,
du willst, er will,
hat gewollt _____

unbedingt _____

auf keinen Fall _____

Weitere wichtige Wörter

Europa (das) _____

Führerschein
der, -e _____

Instrument
das, -e _____

Kreditkarte
die, -n _____

Lied das, -er _____

Motorrad das,
¨er _____

Welt die _____

Wunsch der, ¨e _____

heiraten, hat
geheiratet _____

laufen, du läufst,
er läuft,
ist gelaufen _____
A/CH: rennen, ist gerannt
(laufen = (zu Fuss) gehen)

reisen, ist
gereist _____

putzen, hat
geputzt _____

ohne _____

> **TIPP** Suchen Sie Wörter zu
> einem Thema.
>
> Musik: Sänger, Lied,
> Instrument spielen, singen,
> tanzen, Konzert

2 **Welche Wörter möchten Sie noch lernen? Notieren Sie.**

_____

_____

_____

_____

_____

_____

KB 2 **1** **Lesen Sie das Telefongespräch und ergänzen Sie.**

WÖRTER

Arme | bleibe | Fieber | hoch | huste | schmerzen | ~~krank~~ | weh

■ Hallo Lea, ich kann heute leider nicht zum Schwimmen kommen. Ich muss absagen.
▲ Warum denn?
■ Ich bin _krank_.
▲ Oh, was hast du denn?
■ Ich habe Kopf_____ und ich _____.
▲ Oh, das tut mir leid. Hast du auch _____?
■ Ja, es ist nicht sehr _____. Aber gut geht es mir nicht. Und meine _____ und Beine tun auch _____.
▲ Ach Mensch! Wie schade!
■ Ja, das finde ich auch. Also, ich _____ lieber im Bett.

2 **Was ist das? Notieren Sie.**

WÖRTER

a Dort können Sie Medikamente bekommen. _____
b Haben Sie Kopfschmerzen? Dann können sie helfen.
  Sie sind oft klein und weiß. _Tabletten_____
c Sie bekommen es beim Arzt und gehen damit zur Apotheke. _____
d Hier arbeitet der Arzt. _____
e Haben Sie Schmerzen in den Beinen? Dann kann sie helfen.
  Sie sollen sie auf keinen Fall essen. _____
f Ein anderes Wort für „Arzt". _____
g So heißen Tabletten, Salben und vieles mehr. _____

KB 3 **3** **Was sagt der Arzt? Schreiben Sie im Imperativ.**

STRUKTUREN

a Soll ich viel trinken? _Ja, trinken Sie viel!_
b Soll ich im Bett bleiben? _____
c Soll ich diese Salbe nehmen? _____
d Soll ich die Medikamente in der Apotheke abholen? _____

KB 3 **4** **Aussagen, Fragen und Imperativsätze**

STRUKTUREN ENTDECKEN

a **Ordnen Sie die Sätze zu.**

Holst du das Rezept in der Praxis ab? | Ich hole das Rezept in der Praxis ab. |
Holen Sie das Rezept bitte in der Praxis ab!

	Position 1	Position 2
Aussage: _____	○	○
Ja-/Nein-Frage: _____	○	○
Imperativsatz: _____	○	○

b **Markieren Sie die Verben in a. Kreuzen Sie dann an: Wo stehen die Verben?**

KB 3

KOMMUNIKATION

5 Schreiben Sie Ratschläge mit *doch*.

Ihr Nachbar arbeitet ein halbes Jahr nicht. Geben Sie Ratschläge!

a <u>Reisen Sie doch durch Europa!</u>
(durch Europa reisen)

Soll ich um die Welt segeln oder soll ich zu Hause bleiben?

b _____ .
(ins Ausland gehen)

c _____ .
(ein Instrument lernen)

d _____ .
(den Motorradführerschein machen)

e _____ .
(noch eine Fremdsprache lernen)

KB 3

6 Notieren Sie fünf Probleme und tauschen Sie mit Ihrer Partnerin / Ihrem Partner.

Ihre Partnerin / Ihr Partner gibt Ratschläge.

Problem	Ratschlag
Ich bin immer müde.	Machen Sie doch Sport!

KB 3

STRUKTUREN

7 Ergänzen Sie *sollen* in der richtigen Form.

a Ich habe seit 3 Wochen Kopfschmerzen. Was <u>soll</u> ich tun?
b Was hat der Doktor gesagt? _____ du im Bett bleiben?
c Die Lehrerin hat gesagt, wir _____ oft Deutsch sprechen.
d Und was _____ ihr noch machen?
e Der Techniker _____ morgen die Heizung reparieren.
f Der Arzt sagt, Sie _____ morgen Vormittag noch einmal kommen.

KB 4

WÖRTER

8 Suchen Sie Körperteile, notieren und zeichnen Sie.

~~Köp~~ | Häl | Fin | Rü | Bäu | ~~fe~~ | che | me | de | ger | Bei | cken | se |
ne | Fü | ren | ße | Knie | Oh | Au | Ar | gen | ne | Hän | Zäh

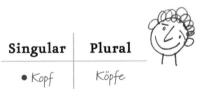

Singular	Plural
• Kopf	Köpfe

KB 4

9 Ergänzen Sie aus 8 und vergleichen Sie.

Deutsch	Englisch	Meine Sprache oder andere Sprachen
Kopf	head	
	arm	
	finger	
Bein	leg	
Auge	eye	
	knee	
	hand	

KB 5 **10** **Was tut Ihnen weh? Notieren Sie.**

a Ich <u>habe Rückenschmerzen</u>.
b Meine <u>Beine tun weh</u>.
c Ich _____.
d Mein _____.
e Ich _____.
f Meine _____.

a

b

c

d

e

f

KB 5 **11** **Ergänzen Sie das Gespräch.**

hilft | viel Sport | schaffe ich nicht | einen Kräutertee | gegen Stress | einen Tipp

▲ Hallo Lina, wie geht's?
■ Na ja, es geht so. Ich habe gerade Probleme im Büro und super viel Stress.
▲ Oh je. Du Arme.
■ Was machst du so _____?
▲ Ich mache _____. Das _____.
■ Ja, das stimmt. Aber ich habe nur wenig Zeit. Das _____.
   Du kennst mich ja. Hast du noch _____?
▲ Hm, vielleicht kannst du am Abend _____ trinken.
■ Das ist eine gute Idee. Den kaufe ich mir gleich heute Abend.

KB 6 **12** **Was meint T. Lohmann? Lesen Sie den Text und kreuzen Sie an. Was ist richtig?**

■ Wie essen wir gesund?

Der Ernährungswissenschaftler T. Lohmann sagt: „Essen Sie, was Sie wollen." Sie haben viel zum Thema Essen gelernt und gelesen? Vergessen Sie es! Es ist nicht
5 wichtig. Es gibt keine gesunden und auch keine ungesunden Lebensmittel. Wir sollen fünfmal am Tag Obst und Gemüse essen? „Nicht unbedingt", sagt T. Lohmann. Möchten Sie Obst und Gemüse essen und
10 schmeckt es Ihnen? Schön, dann essen Sie es. Sie möchten eigentlich gerade gar kein Obst und Gemüse essen? Dann sollen Sie es auch nicht tun.

Und wie essen wir dann gesund?
15 T. Lohmanns Ratschlag lautet: „Ihr Körper weiß es." Sie frühstücken immer morgens um 7.00 Uhr? Das sollen Sie nicht tun. Essen Sie nicht zu festen Zeiten! Fragen Sie immer Ihren Körper: Habe ich gerade
20 Hunger?
Und was sollen wir essen? Auch das ist ganz leicht. Fragen Sie sich: „Was möchte ich gerade gern essen?" Unser Körper braucht viele verschiedene Nahrungsmit-
25 tel und kann uns immer sagen, was gut für ihn ist.

a Wir sollen auf keinen Fall Obst und Gemüse essen.   ○
b Wir sollen nur gesunde Lebensmittel essen.   ○
c Wir sollen uns vor dem Essen fragen: „Habe ich Hunger?"   ○
d Der Körper kann uns sagen: „Das ist gesund für mich."   ○

TRAINING: HÖREN

▶ 2 19 **1** **Ansagen am Telefon**

Lesen Sie die Antworten und die Fragen. Hören Sie dann die Ansage und kreuzen Sie an.

	Welche Zeiten hören Sie?	Wann möchte Klaus Schneider zum Termin kommen?
Morgen, um 10.00 Uhr	○	○
Mittwoch, um 8.00 Uhr	○	○
Mittwoch, von 10.00 bis 12.00 Uhr	○	○

> TIPP
> Was ist beim Hören wichtig? Lesen Sie die Fragen genau und markieren Sie wichtige Wörter. Lesen Sie dann die Antworten. Alle Antworten können im Text vorkommen, aber achten Sie genau auf die Frage.

▶ 2 20 **2** **Was ist richtig? Kreuzen Sie an. Sie hören jeden Text zweimal.**

a Wann kann Frau Huber vielleicht wieder arbeiten?
  ○ Heute Nachmittag.
  ○ Morgen Vormittag.
  ○ Morgen Nachmittag.

b Wo genau treffen sich Lea und David?
  ○ An der Uni.
  ○ Im Hotel.
  ○ In der Bar.

c Was funktioniert nicht?
  ○ Der Drucker.
  ○ Das E-Mail-Programm.
  ○ Die Internetverbindung.

d Wann können Sie in die Praxis kommen?
  ○ Am Dienstagabend um 18.00 Uhr.
  ○ Am Donnerstagmorgen um 7. 00 Uhr.
  ○ Am Mittwochvormittag um 9.00 Uhr.

TRAINING: AUSSPRACHE *Satzmelodie in Imperativ-Sätzen*

▶ 2 21 **1** **Hören Sie und ergänzen Sie die Satzmelodie: ↘, ↗.**

a Trinken Sie Tee? ____
  Nehmen Sie Vitamin C? ____
  Trinken Sie Kaffee? ____
  Arbeiten Sie viel? ____

b Trinken Sie viel Tee! ____
  Nehmen Sie Vitamin C! ____
  Trinken Sie keinen Kaffee! ____
  Und arbeiten Sie nicht so viel! ____

2 **Ergänzen Sie ↘ oder ↗.**

> REGEL
> Die Satzmelodie geht bei Ja-/Nein-Fragen nach _____, bei Bitten und Ratschlägen nach _____.

▶ 2 22 **3** **Hören Sie und ergänzen Sie das Satzzeichen: ? oder !**

a Haben Sie Husten ____
b Probieren Sie Heilkräuter ____
c Schlafen Sie viel ____
d Essen Sie regelmäßig Obst ____
e Gehen Sie schwimmen ____
f Machen Sie Sport ____

▶ 2 23 Hören Sie noch einmal und sprechen Sie nach.

1 Ergänzen Sie die Körperteile.

WÖRTER

Ich habe eine Brust, einen B a u c h (a) und einen R _ _ _ _ _ (b),
zwei Arme, A _ _ _ _ (c), B _ _ _ _ (d), F _ _ _ (e), H _ _ _ _ (f), O _ _ _ _ (g) und Knie,
zehn F _ _ _ _ _ (h) und viele Zähne.

_ / 7 PUNKTE

2 Viele Ratschläge. Was sagen die Personen?

STRUKTUREN

a Der Arzt sagt, ich soll in die Apotheke gehen und Medikamente kaufen.
Arzt: „*Gehen Sie in die Apotheke und kaufen Sie Medikamente!*"
b Der Apotheker sagt, ich soll eine Tablette nehmen und viel Tee trinken.
Apotheker: „_____!"
c Der Chef sagt, ich soll zu Hause bleiben und alle Termine absagen.
Chef: „_____!"
d Der Kollege sagt, ich soll Obst essen und Sport machen.
Kollege: „_____!"

_ / 6 PUNKTE

3 Ergänzen Sie *sollen* in der richtigen Form.

STRUKTUREN

a ■ Wir *sollen* viele Orangen essen. Ist das richtig? ▲ Ja, sie sind sehr gesund.
b ■ Der Arzt sagt, ihr _____ viel Wasser trinken! ▲ Wir mögen aber kein Wasser!
c ■ Ich _____ jeden Tag fünf Tabletten nehmen. ▲ Das ist aber viel!
d ■ _____ Herr Meyer in die USA fliegen? ▲ Nein, Herr Herold.
e ■ Was _____ Tanja und Tamara noch einkaufen? ▲ Tomaten und fünf Brötchen bitte.
f ■ Du _____ doch im Bett liegen. ▲ Och, es ist so langweilig.

_ / 5 PUNKTE

4 Schreiben Sie.

KOMMUNIKATION

Leser S. | Frau Dr. Hauck
Rückenschmerzen | Tipp? | viel Sport machen | Apotheke/Salbe gegen Schmerzen holen | Arzt fragen

Leser S. aus Stuttgart: Ich habe ein Problem. Seit Monaten _____ .
Haben Sie _____ ?

Frau Dr. Hauck: Ja, das Problem haben viele. Diese Tipps sind jetzt wichtig für Sie:

_____ .

Gehen Sie _____ und

_____ .

Das hilft nichts? Dann _____ .
Er kann Ihnen helfen. Alles Gute.

_ / 6 PUNKTE

Wörter	Strukturen	Kommunikation
● 0–3 Punkte	● 0–5 Punkte	● 0–3 Punkte
◐ 4–5 Punkte	◐ 6–8 Punkte	◐ 4 Punkte
● 6–7 Punkte	● 9–11 Punkte	● 5–6 Punkte

www.hueber.de/menschen/lernen

LERNWORTSCHATZ

1 Wie heißen die Wörter in Ihrer Sprache? Übersetzen Sie.

Gesundheit und Krankheit

Apotheke die, -n _____

Doktor der, -en _____

Fieber das _____

Husten der _____

Medikament
  das, -e _____

Medizin die _____

Pflaster das, - _____

Praxis die, Praxen _____

Rezept das, -e _____

Salbe die, -n _____

Schmerz der, -en _____

Schnupfen der _____

Tablette die, -n _____

husten, hat
  gehustet _____

weh·tun, hat
  wehgetan _____

gesund _____

krank _____

Körper

Arm der, -e _____

Auge das, -n _____

Bauch der, ⸚e _____

Bein das, -e _____

Brust die, ⸚e _____

Finger der, - _____

Fuß der, ⸚e _____

Hals der, ⸚e _____

Hand die, ⸚e _____

Knie das, - _____

Kopf der, ⸚e _____

Nase die, -n _____

Mund der, ⸚er _____

Ohr das, -en _____

Rücken der, - _____

Zahn der, ⸚e _____

Weitere wichtige Wörter

bleiben, ist
  geblieben _____

geben, du gibst,
  er gibt,
  hat gegeben _____

sollen, ich soll,
  du sollst,
  er soll _____

hoch _____

doch

gegen

> **TIPP** Spielen Sie ein Memo-Spiel zum Thema „Gesundheit und Krankheit". Schreiben Sie einen Satz auf zwei Karten. Mischen Sie und finden Sie die Paare.

Mein Bein — tut weh.

Ich habe — Husten und Schnupfen.

Ich bin — krank.

2 Welche Wörter möchten Sie noch lernen? Notieren Sie.

_____

_____

_____

_____

_____

WIEDERHOLUNGSSTATION: WORTSCHATZ

1 Ergänzen Sie.

■ Guten Morgen Herr _Doktor_ 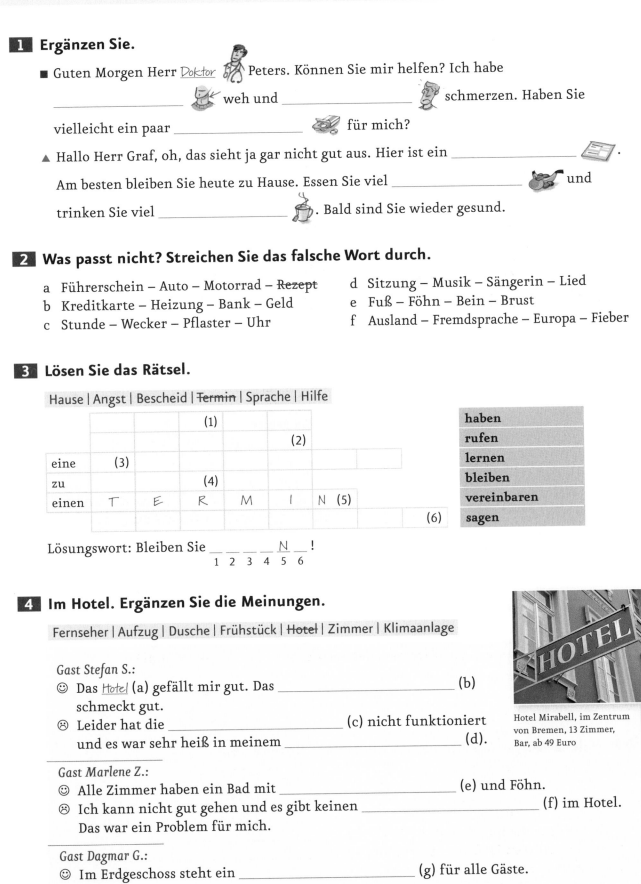 Peters. Können Sie mir helfen? Ich habe

_____ weh und _____ schmerzen. Haben Sie

vielleicht ein paar _____ für mich?

▲ Hallo Herr Graf, oh, das sieht ja gar nicht gut aus. Hier ist ein _____ .

Am besten bleiben Sie heute zu Hause. Essen Sie viel _____ und

trinken Sie viel _____ . Bald sind Sie wieder gesund.

2 Was passt nicht? Streichen Sie das falsche Wort durch.

a Führerschein – Auto – Motorrad – ~~Rezept~~
b Kreditkarte – Heizung – Bank – Geld
c Stunde – Wecker – Pflaster – Uhr

d Sitzung – Musik – Sängerin – Lied
e Fuß – Föhn – Bein – Brust
f Ausland – Fremdsprache – Europa – Fieber

3 Lösen Sie das Rätsel.

| Hause | Angst | Bescheid | ~~Termin~~ | Sprache | Hilfe |

				(1)			
					(2)		
eine	(3)						
zu			(4)				
einen	T	E	R	M	I	N	(5)
							(6)

| haben |
| rufen |
| lernen |
| bleiben |
| vereinbaren |
| sagen |

Lösungswort: Bleiben Sie _ _ _ _ N _ !
                 1 2 3 4 5 6

4 Im Hotel. Ergänzen Sie die Meinungen.

| Fernseher | Aufzug | Dusche | Frühstück | ~~Hotel~~ | Zimmer | Klimaanlage |

Gast Stefan S.:
☺ Das _Hotel_ (a) gefällt mir gut. Das _____ (b)
schmeckt gut.
☹ Leider hat die _____ (c) nicht funktioniert
und es war sehr heiß in meinem _____ (d).

Gast Marlene Z.:
☺ Alle Zimmer haben ein Bad mit _____ (e) und Föhn.
☹ Ich kann nicht gut gehen und es gibt keinen _____ (f) im Hotel.
Das war ein Problem für mich.

Gast Dagmar G.:
☺ Im Erdgeschoss steht ein _____ (g) für alle Gäste.
☹ Nichts!

Hotel Mirabell, im Zentrum
von Bremen, 13 Zimmer,
Bar, ab 49 Euro

WIEDERHOLUNGSSTATION: GRAMMATIK

1 **Ergänzen Sie in den Notizen die Präpositionen.**

a   Bin bei Chris. Komme _in_ zwei Stunden zurück.
b   Hallo Schatz, ich komme heute Abend _____ der Arbeit nicht nach Hause —
     gehe mit Kathrin ins Theater. Gruß M. ♥
c   Fahre _____ drei Tage nach Salzburg. Komme _____ Montag zurück.
d   Liebe Frau Meinert, ich gehe morgen _____ der Arbeit zum Arzt. Komme
     erst _____ 10 Uhr. Grüße Lena Daum

2 **Ergänzen Sie *ohne* oder *mit* und den Artikel.**

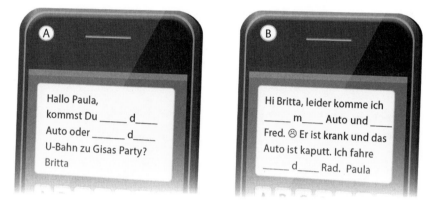

A
Hallo Paula,
kommst Du _____ d_____
Auto oder _____ d_____
U-Bahn zu Gisas Party?
Britta

B
Hi Britta, leider komme ich
_____ m_____ Auto und _____
Fred. ☹ Er ist krank und das
Auto ist kaputt. Ich fahre
_____ d_____ Rad. Paula

3 **Ergänzen Sie *wollen* in der richtigen Form.**

GIGI22: Hi Sophie, sag mal, was _____ du denn in den Semesterferien machen?
SoSa13: Das weiß ich noch nicht so genau. Ich _____ vielleicht nach Portugal fahren. Und du?
GIGI22: Jan und ich _____ eigentlich den Führerschein machen, aber wir haben nicht
        genug Geld.
SoSa13: Wie dumm.
GIGI22: Ja, wirklich dumm. Jans Eltern _____ ihm auch kein Geld geben.
SoSa13: Das finde ich aber nicht nett.

4 **Im Hotel. Was soll das Zimmermädchen tun?**

Warum denn?

Puh, so viel Arbeit!
Ich schaffe das
alles nicht!

a   Putzen Sie das Bad von Zimmer 233.
b   Bringen Sie Handtücher in Zimmer 311.
c   Vereinbaren Sie bitte für Frau Holler
     einen Termin beim Friseur.
d   Machen Sie Ordnung in Zimmer 235.

Die Chefin sagt,
ich soll das Bad von Zimmer 233 putzen.
_____
_____
_____
_____

SELBSTEINSCHÄTZUNG Das kann ich!

Ich kann jetzt ...

... Hilfe anbieten: L16

Was _____ tun?

Ich _____ sofort darum.

... um Hilfe bitten / mich beschweren: L16

_____, _____ helfen?

_____ keine Handtücher.

Die Heizung _____ nicht.

... Termine verschieben: L16

Können wir _____?

Ich _____ am Montag _____.

Passt _____ am Montag?

... etwas entschuldigen: L16

K_____ P_____! / Das m_____.

... Wünsche äußern / über Pläne sprechen: L17

Ich _____ unbedingt noch ein Instrument _____.

Ich _____ auf keinen Fall Sänger/Sängerin _____.

... Schmerzen beschreiben: L18

Mein Kopf _____.

_____ Halsschmerzen.

... um Hilfe / Ratschläge bitten: L18

Wer _____ helfen?

Was machst _____ Halsschmerzen?

... Ratschläge geben und Ratschläge wiedergeben: L18

_____ Sie doch _____!

Angelika sagt, ich _____.

Ich kenne ...

... 6 Dinge im Hotel: L16

Diese Dinge sind mir wichtig: _____

Diese Dinge sind mir nicht wichtig: _____

... 6 Pläne und Wünsche: L17

Das will ich unbedingt noch machen: _____

Das will ich auf keinen Fall machen: _____

... 10 Körperteile: L18

_____

... 10 Wörter zum Thema Krankheit / Gesundheit: L18

_____

SELBSTEINSCHÄTZUNG Das kann ich!

Ich kann auch ...

... einen Zeitpunkt angeben (temporale Präpositionen: vor, nach, in): L16   ○ ○ ○
Der Techniker kann leider erst _____ einer Stunde kommen.
_____ dem Mittagessen habe ich keine Zeit. Aber wir können uns gern am
Nachmittag _____ der Mittagspause treffen.

... einen Zeitraum angeben (temporale Präposition: für): L16   ○ ○ ○
▲ Für wie lange fährst du in den Urlaub? ■ _____ drei Wochen.

... über meine Pläne sprechen (Modalverb: wollen): L17   ○ ○ ○
wollen / ich / Sängerin / werden / unbedingt:

_____ .

... sagen, wie ich etwas mache (Präpositionen: ohne, mit): L17   ○ ○ ○
Ich fahre nie _____ in den Urlaub. (ohne, Handy)
Ich fahre nie _____ in den Urlaub. (mit, Laptop)

... jemanden auffordern (Imperativ): L18   ○ ○ ○
_____ viel Obst!
_____ !

... Ratschläge geben (Modalverb: sollen): L18   ○ ○ ○
er / sollen / gehen / zum Arzt: _____

Üben / Wiederholen möchte ich noch ...

_____

RÜCKBLICK

Wählen Sie eine Aufgabe zu Lektion 16 _____

1 Lesen Sie noch einmal die E-Mail an Fred im Kursbuch auf Seite 93.
Sortieren Sie Freds Antwort.

○ Leider habe ich vor dem Tanzkurs einen Termin an der Uni.
○ vielen Dank für Deine E-Mail.
○ Ich lade Dich zum Essen in meiner Wohnung ein.
○ Viele Grüße Fred
○ Aber nach dem Kurs habe ich Zeit.
① Liebe Petra,
○ Hast Du Lust?

2 Schreiben Sie eine E-Mail.

Eine Freundin hat Sie am Samstag zum Abendessen eingeladen. Sie haben keine Zeit.
Sagen Sie warum und machen Sie einen anderen Vorschlag.

RÜCKBLICK

Wählen Sie eine Aufgabe zu Lektion 17 _____

🔍 **1** **Lesen Sie noch einmal Ihre Pläne im Kursbuch auf Seite 97 (Aufgabe 6).**
Wann wollen Sie was machen? Schreiben Sie.

Im August / Im Sommer ...
In zwei Jahren ...
In zehn Jahren ...
...

> Im August mache ich einen Segelkurs.
> Ich kaufe vielleicht in zwei Jahren ein Motorrad.
> ...

🔭 **2** **Sie haben 100 000 € gewonnen. Was machen Sie? Schreiben Sie.**

Reisen?
Hobbys?
Auto?
...

> Ich möchte ...
> Natürlich will ich auch ...

Wählen Sie eine Aufgabe zu Lektion 18 _____

🔍 **1** **Lesen Sie noch einmal den Ratgeber im Kursbuch auf Seite 101 und notieren Sie.**

Diese Körperteile stehen im Text: _____

Diese Körperteile stehen nicht im Text: _____

🔭 **2** **Was machen Sie gegen Stress? Machen Sie Notizen und schreiben**
Sie dann einen Ratgeber.

Gegen Stress hilft: _____

> Ninas Ratgeber gegen Stress
> Gehen Sie doch einmal in der Woche schwimmen!
> Trinken Sie doch am Abend einen Kräutertee!
> ...

LITERATUR

WIEDERSEHEN IN WIEN

Teil 2: Ich habe Bauchschmerzen!

„Guten Morgen, Anja! Gut geschlafen?"

„Naja ..."

„Was möchtest du zum Frühstück? Tee? Kaffee? Semmeln[1]? Ein Ei?"

„Gar nichts."

„Nichts? Was ist los?"

„Ich ... ich bin krank. Ich habe Bauchschmerzen."

„Oje, sollen wir zum Arzt gehen?"

„Ja, es geht mir wirklich nicht gut."

Herr Rossmann bellt.

„Nein, Herr Rossmann, du kannst nicht mitkommen."

Herr Rossmann bellt wieder. Er legt sich auf den Boden.

„Ich glaube, Herr Rossmann ist auch krank", sagt Anja.

„Anja ist krank, also ist Herr Rossmann auch krank ... Ok, du darfst mitkommen. Aber du musst im Auto warten."

Beim Arzt sitzt Paul im Wartezimmer und liest Zeitung.

„Paul ... bist du das?", fragt eine Frau.

„Äh, ja, ich bin Paul. Und Sie sind ...? Ach, Lisa! Das gibt es ja nicht! Wie geht's dir? Was machst du jetzt?"

„Ich bin Architektin. Und du?"

„Ich bin Journalist."

„Wir haben uns seit der Schule nicht mehr gesehen."

„Viel zu lang!"

„Ja, wirklich."

Anja kommt zurück: „Paul, alles in Ordnung, der Doktor hat mir Tabletten gegeben. Er sagt, bald sind die Bauchschmerzen weg."

Paul sieht noch immer Lisa an.

„Paul ...?"

„Oh, Entschuldigung. Das ist super, Anja. Schau mal, ich habe eine Freundin aus der Schule getroffen: Lisa."

„Ich mache am Samstag eine Geburtstagsfeier", sagt Lisa. „Wollt ihr auch kommen?"

„Ja, sehr gern", sagt Paul. „Super!"

Lisa gibt ihnen ihre Adresse, dann gehen sie zurück zum Auto.

„Herr Rossmann, bist du noch immer krank?", fragt Anja.

Herr Rossmann bellt ganz leise.

„Oh, du Armer! Sieh mal, der Arzt hat mir Medizin für dich gegeben."

Anja gibt Herrn Rossmann bunte Hunde-Bonbons.

„Na, geht's wieder besser?"

Herr Rossmann bellt. Alles wieder super ...

„Ich freue mich auf die Party!", sagt Paul.

„Lisa ist sehr nett! Was sagst du?"

„Hm ... ja."

„Und sie sieht auch toll aus."

„Hm ... naja."

1 Semmel die, -n: in Österreich und Süddeutschland für *Brötchen*

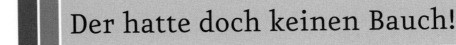

Der hatte doch keinen Bauch!

1 **Das war Herbert früher. Das ist er heute. Ordnen Sie zu.**

STRUKTUREN

~~hatte~~ | ~~hat~~ | hatten | war | hat | ist | hatte | hat | haben | waren | hatte

Früher …

a *hatte* Herbert Locken und seine
   Haare _____ lang.

b _____ er sehr dünn.

c _____ er eine Brille.

d _____ er einen Bart.

e _____ er und seine Freundin
   nur Fahrräder.

Heute …

hat er kurze Haare.

_____ er ein bisschen dick.

_____ er keine Brille.

_____ er keinen Bart.

_____ er und seine Frau ein Auto.

2 **Ergänzen Sie *haben* oder *sein* im Präteritum.**

STRUKTUREN

Schau mal, hier sind Fotos von früher:

Das *waren* (a) mein Bruder, meine Schwester und ich vor 20 Jahren: Mein Bruder
_____ (b) vier, ich _____ (c) sechs und meine Schwester _____ (d)
zehn Jahre alt. Ich _____ (e) schon ein Fahrrad und _____ (f) sehr
glücklich mit meinem Rad! Mein Bruder und ich _____ (g) immer fröhlich und
wir zwei _____ (h) immer viel Spaß. Aber meine große Schwester _____ (i)
immer nur mit ihren Freundinnen zusammen. Die _____ (j) nicht so sympathisch
und haben nie mit uns gespielt.

3 **Was passt? Kreuzen Sie an.**

WÖRTER

a Ich mag Herrn Brunner. Er ist immer sehr ○ unsympathisch. ⊗ freundlich.

b Warum bist du denn so ○ traurig? ○ langweilig? Kann ich dir helfen?

c Gina fährt nächste Woche in Urlaub und ist total ○ interessant! ○ glücklich!

d Ich mag unseren neuen Chef nicht. Ich finde ihn ziemlich ○ unfreundlich.
   ○ fröhlich.

e Sag mal, hast du Anna gesehen? Sie sieht wirklich super aus! Früher war sie dick
   und jetzt ist sie so ○ glatt. ○ schlank.

f Luisa ist manchmal sehr ○ seltsam. ○ dick. Hat sie Probleme?

4 **Suchen Sie in einer Zeitschrift oder im Internet Fotos von drei Frauen
oder drei Männern.**

Beschreiben Sie die Frauen/Männer auf drei Kärtchen.
Ihre Partnerin / Ihr Partner rät: Welche Beschreibung
passt zu welchem Foto?

Der Mann ist dünn und groß. Er …

Die Frau finde ich hübsch und …

KB 4 **5 Wie heißt das Gegenteil? Schreiben Sie.**

WÖRTER

a interessant   _uninteressant_ / _langweilig_
b freundlich   _____
c sympathisch   _____
d dick   schlank / _____
e glücklich   _____ / _____

KB 6b **6 Lesen Sie die SMS.**

STRUKTUREN ENTDECKEN

a Markieren Sie die <u>trennbaren Verben blau</u> und die <u>nicht trennbaren Verben grün</u>.

> Hallo Johnny, ①
> Herr Sander hat <u>angeru-</u>
> <u>fen</u> und sich <u>beschwert</u>.
> Du warst gestern nicht in
> der Sitzung und hast Dich
> auch nicht entschuldigt.
> LG Martina

> Hi Sophie, Sina hat ③
> uns am Samstag zum
> Essen eingeladen.
> Hast Du Zeit?
> LG Anna

> Hi Alex, ⑤
> und? Wie hat Dir die
> Party gefallen?
> LG Frieda

> Hi Martina, ②
> Entschuldigung!
> Das habe ich total
> vergessen.
> Grüße
> Johnny

> Ohh, die SMS habe ④
> ich nicht bekommen.

> Hallo Frieda, sehr gut! ⑥
> Elena habe ich fast nicht
> erkannt! Super Frau! Ich
> habe sie nach der Party
> im Auto mitgenommen.
> LG Alex

b Sortieren Sie die Partizipien und ergänzen Sie den Infinitiv.

trennbar		nicht trennbar	
Partizip	Infinitiv	Partizip	Infinitiv
angerufen	anrufen	beschwert	(sich) beschweren
...	...	...	...

STRUKTUREN

KB 6 **7 Ergänzen Sie das Verb im Perfekt.**

~~sich entschuldigen~~ | gehören | gefallen | beschweren | vergessen | bekommen

a Warum hast du dich bei Simon nicht _entschuldigt_?
b Haben Sie die E-Mail von Professor Klüger schon _____?
c Wie hat Ihnen das Konzert _____?
d War das Essen wirklich schlecht? Hast du dich _____?
e Ich muss noch einmal ins Büro gehen. Ich habe mein Handy _____.
f Das Auto hat mir früher _____.

KB 7 **8 Haben Sie schon einmal einen Promi getroffen?**

Lesen Sie den Forumsbeitrag und antworten Sie dann *petersilie*.

ANTWORTEN			1	2	3	11	51	>	>>	▼

petersilie	Thema-Optionen ▼ Thema durchsuchen ▼ Ansicht ▼
Registriert seit: 24.09.2010 Beiträge: 682	**Welchen Promi habt ihr schon mal getroffen?** Mir ist gerade ein bisschen langweilig, deshalb meine Frage: Welchen Promi, welche berühmte Person, habt ihr schon mal getroffen? Also, beim Einkaufen oder im Zug oder so. Habt ihr den Promi gleich erkannt? Wie hat er/sie ausgesehen?

SCHREIBEN

Beantworten Sie folgende Fragen.

– Haben Sie schon einmal einen Promi getroffen?
– Wer war das?
– Wann und wo war das?
– Wie hat er/sie ausgesehen?
– Was hat er/sie gemacht?

> Also, ich habe mal den Regisseur Tom Tykwer gesehen. Das war 2011 auf dem Filmfest in Berlin. Er ist direkt vor mir über den roten Teppich gegangen. Ich habe ihn gar nicht erkannt.

Sie haben noch nie einen Promi getroffen? Dann schreiben Sie eine Fantasiegeschichte.

KOMMUNIKATION

KB 8 **9 Wie können Sie reagieren? Ergänzen Sie.**

a ■ Gehört der Porsche Juliane?
  ▲ _A c h   w a s_! Das glaube ich nicht. Sie hat doch nicht so viel Geld!

b ■ Lolita hat am Samstag geheiratet.
  ▲ _ a _ _ _ _ _ _ _! Sie ist doch erst seit einem Monat geschieden.

c ■ Gestern habe ich Michael Ballack am Flughafen gesehen.
  ▲ _ _ h _? Bist du sicher?
  ■ Ja natürlich! Glaubst du, ich erkenne Michael Ballack nicht?

d ■ Hast du schon gehört? Frau Bauer ist ab 1.5. unsere neue Chefin.
  ▲ _ _ _ _ _ o _ _! Frau Bauer? Das kann doch nicht sein! Sie ist doch erst seit einem Monat hier!
  ■ Doch. Sie hat es mir heute Morgen gesagt.

TRAINING: SPRECHEN

1 **Ihre Freundin / Ihr Freund hat ihren Traummann / seine Traumfrau kennengelernt. Was möchten Sie wissen?**

a Sammeln Sie Fragewörter.

Welche Fragen kann ich stellen? Machen Sie eine Liste mit Fragewörtern und notieren Sie zu dem Thema Fragen.

Wer ...   Wie ...
Was ...   Wo ...
Woher ...

b Notieren Sie fünf Fragen auf Kärtchen.

Was macht sie/er beruflich?

Wie sieht sie/er aus?

Wo hast du die Frau / den Mann kennengelernt?

2 **Spiel: Meine Traumfrau / Mein Traummann. Spielen Sie zu viert.**

Legen Sie alle Kärtchen auf einen Stapel. Person A zieht eine Karte und fragt Person B. Person B beschreibt ihren Traummann / seine Traumfrau. Dann zieht Person B eine Karte und fragt Person C ...

(A) Wie sieht sie/er aus?

(B) Er ist blond und hat blaue Augen. Wo hast du deine Traumfrau / deinen Traummann kennengelernt?

(C) Im Supermarkt. Was macht sie/er beruflich?

TRAINING: AUSSPRACHE *Wortakzent bei trennbaren und nicht trennbaren Verben*

▶ 2 24 **1** **Hören Sie die Wörter und markieren Sie den Wortakzent.**

<u>aus</u>sehen – be<u>kom</u>men – entschuldigen – gefallen – erkennen – mitnehmen – anmelden – absagen – vergessen – einkaufen

2 **Ordnen Sie die Wörter aus 1 zu.**

trennbar	nicht trennbar
aussehen	bekommen

3 **Wo ist der Wortakzent? Kreuzen Sie an.**

	1. Silbe	2. Silbe
Bei trennbaren Verben:	○	○
Bei nicht trennbaren Verben:	○	○

▶ 2 25 **4** **Hören Sie das Gespräch.**

■ Entschuldigen Sie! Kennen wir uns nicht? Sie sind doch Susi Meier. Ich habe Sie gleich erkannt.
▲ Äh ... ja ... Wie war noch gleich Ihr Name? Ich habe ihn wohl vergessen.
■ Ich heiße Peter. ... Susi, Sie sehen toll aus! Kann ich Sie irgendwohin mitnehmen?
▲ Danke, nein. Ich muss noch einkaufen und bekomme noch Besuch.
■ Schade. Na ja, vielleicht ein anderes Mal.
▲ Ja, gern ... ein anderes Mal.

▶ 2 26 **Hören Sie noch einmal und sprechen Sie nach.**

WÖRTER

1 **Ergänzen Sie das Gespräch.**

■ Wie sieht Sarah van der Ahe aus?

▲ Sie steht am Eingang. Sie ist s c h l a n k (a) und hat k _ _ _ _ (b) braune H _ _ _ _ (c).

■ Sie ist wirklich h _ _ _ _ _ (d) .

▲ Ja, das finde ich auch.

■ Und wer ist der Mann neben ihr mit dem B _ _ _ (e)?

▲ Hat er dunkle L _ _ _ _ _ (f)? Dann ist es Louis.

_ / 5 PUNKTE

STRUKTUREN

2 **Ergänzen Sie *haben* und *sein* in der richtigen Form.**

a ■ _____ du früher auch blonde Haare?   ▲ Nein, braune.

b ■ Wie geht es Frau Brunner? _____ sie wieder gesund?

　　▲ Sie _____ vier Wochen im Krankenhaus.

c ■ Was bist du von Beruf?

　　▲ Früher _____ ich Krankenschwester, heute _____ ich Ärztin.

d ■ Wo _____ ihr gestern Abend?   ▲ Im Büro. Wir _____ viel Stress.

_ / 7 PUNKTE

STRUKTUREN

3 **Ordnen Sie zu und ergänzen Sie die Verben in der richtigen Form.**

sagen | ~~gefallen~~ | kommen | tanzen | entschuldigen | erkennen | vergessen

■ Wie hat dir Melanies Party _gefallen_ (a)?

▲ Gut. Leider bin ich zu spät _____ (b) und ich habe ihr
Geburtstagsgeschenk _____ (c).

■ Was hat sie _____ (d)?

▲ Natürlich nichts. Aber ich habe mich _____ (e).
Wir haben dann viel zusammen _____ (f). Die Musik war super.

■ Stimmt! Hast du den Sänger _____ (g)? Das war Richie.

_ / 6 PUNKTE

KOMMUNIKATION

4 **Ergänzen Sie das Gespräch.**

▲ Richie? A _ _ w _ s! (a) Das war doch nicht Richie. Richie hat lange Haare und
einen Bart.

■ Das war früher. Jetzt hat er kurze Haare und keinen Bart mehr.

▲ E _ _ _ ? (b)

■ Und – das glaubst du nicht – er ist verheiratet.

▲ _ c _ _ o _ m! (c)

■ Und er hat fünf Kinder.

▲ W _ _ _ s i _ _ ! (d) – Wann kommt denn der Bus? Es ist schon halb eins.

■ A _ _ _ u _ i e _ Z _ i _ ! (e) Der Bus fährt nur bis 24 Uhr.

_ / 5 PUNKTE

Wörter	Strukturen	Kommunikation
🔴 0–2 Punkte	🔴 0–6 Punkte	🔴 0–2 Punkte
⚪ 3 Punkte	⚪ 7–10 Punkte	⚪ 3 Punkte
🔴 4–5 Punkte	🔴 11–13 Punkte	🔴 4–5 Punkte

www.hueber.de/menschen/lernen

LERNWORTSCHATZ

1 Wie heißen die Wörter in Ihrer Sprache? Übersetzen Sie.

Aussehen

Bart der, ⸚e _____

Haar das, -e _____

blond _____

dick _____

dünn _____

glatt _____

grau _____

hübsch _____

schlank _____

Charakter

freundlich/
  unfreundlich _____

fröhlich _____

glücklich/
  unglücklich _____

komisch _____

seltsam _____

sympathisch/
  unsympathisch _____

traurig _____

Weitere wichtige Wörter

Bäckerei die,
  -en _____

Hausfrau die,
  -en _____

beschweren (sich),
  hat sich
  beschwert _____

erkennen, hat
  erkannt _____

geboren sein,
  ist geboren _____

vergessen,
  du vergisst,
  er vergisst,
  hat vergessen _____

gleich _____

laut _____

ledig _____

> TIPP Machen Sie Wortbilder.

vergessen

schlank

2 Welche Wörter möchten Sie noch lernen? Notieren Sie.

_____

_____

_____

_____

_____

_____

_____

_____

_____

_____

_____

_____

_____

Komm sofort runter!

1 **Familie Richter räumt die Küche auf. Wer macht was? Schreiben Sie.**

WÖRTER

a Frau Richter _räumt die Waschmaschine aus_ .
b Herr Richter _____ .
c Sein Sohn _____ .
d Seine Tochter _____ .
e Oma _____ .
f Opa _____ .

2 **Was sollen Carla und Tim machen? Ordnen Sie zu.**

STRUKTUREN

waschen | gehen | schicken | ~~reparieren~~ | rausbringen | putzen | aufräumen

Tim:
Reparier bitte Carlas Fahrrad!
_____ den Abfall _____ !

Tim und Carla:
_____ bitte die Fenster in der Küche!
_____ zusammen einkaufen!
Und _____ mir mal eine E-Mail!
Ich vermisse Euch schon jetzt! ☺

Eure Mama

Carla:
_____ bitte unbedingt mal dein Zimmer
_____ !
_____ bitte die Wäsche!

3 **Schreiben Sie Sätze im Imperativ.**

STRUKTUREN

a Was? Ihr wollt schon fahren? _Kommt gut nach Hause!_ _____
   (gut nach Hause kommen)
b Du hast den Job nicht bekommen? _____ !
   (nicht traurig sein)
c Jakob, in der Küche steht so viel Geschirr! _____ !
   (bitte Küche aufräumen)
d Ina, komm mal bitte! _____ !
   (bitte mir kurz helfen)
e Opa schläft. Kinder, _____ !
   (bitte nicht so laut sein)

KB 4 **4** **Schreiben Sie fünf Kärtchen mit einem Problem und fünf Kärtchen mit einer Lösung im Imperativ.**

Ich habe Hunger.

Ich bin krank.

Iss etwas!

Geh doch zum Arzt!

Tauschen Sie mit Ihrer Partnerin / Ihrem Partner.
Sie/Er sucht: Welche Kärtchen passen zusammen?

KB 7 **5** **Markieren Sie die Pronomen: <u>Dativ grün</u>, <u>Akkusativ rot</u>**

STRUKTUREN ENTDECKEN

a ■ Hast du Lisa und Susi mal wieder gesehen?
  ▲ Ja, ich habe <u>sie</u> gestern Abend getroffen.

b ■ Wir kommen um 18.40 Uhr an. Holst du uns ab?
  ▲ Ja, klar. Ich kann euch gern abholen.

c ■ Und? Hat dir der Film mit Matt Damon gefallen?
  ▲ Ich habe ihn noch nicht gesehen.

d ■ Hallo Julius, ich habe dich gestern im Allotria mit einer Frau gesehen.
  Wer war denn das?
  ▲ Ach, das ist Emma. Ich kenne sie schon lange.

e ■ Gehört der Koffer Ihnen?
  ▲ Jaja, der gehört mir.

f ■ Frau Weller hat viel Arbeit heute. Können Sie ihr bitte ein bisschen helfen?
  ▲ Ja, das mache ich gern.

KB 7 **6** **Ergänzen Sie die Pronomen aus 5 in der Tabelle.**

STRUKTUREN ENTDECKEN

Nominativ	Akkusativ	Dativ
ich	mich	
du		
er		ihm
es	es	ihm
sie		
wir		uns
ihr		euch
sie/Sie	/Sie	ihnen/

BASISTRAINING

KB 7 **7** **Ergänzen Sie die Pronomen im Akkusativ.**

STRUKTUREN

a	b	c	d
Heute Abend kommt Oma. Das Bad ist nicht sauber. Kannst du _es_ bitte putzen?	Hi Carola, kommst du heute Abend zum Essen? Ruf _____ bitte an. Hannes und Pia	Hallo Frau Gruber, danke für Ihren Anruf. Ich rufe _____ später zurück.	Anna kommt um 18.23 Uhr an. Kannst du _____ am Bahnhof abholen?

KB 7 **8** **Schreiben Sie Sätze im Imperativ und mit Pronomen.**

STRUKTUREN

a ■ Hast du die Spülmaschine schon
    ausgeräumt?
  ▲ Nein.
  ■ Dann _räum sie bitte aus!_

b ■ Hast du schon den Müll runtergebracht?
  ▲ Nein.
  ■ Dann _____ !

c ■ Hast du die Küche geputzt?
  ▲ Nein.
  ■ Dann _____ !

d ■ Hast du das Fenster zugemacht?
  ▲ Nein.
  ■ Dann _____ !

KB 9 **9** **Sie suchen ein Zimmer in einer WG.**

a Lesen Sie die Anzeigen.

> **Du suchst ein Zimmer und du liebst Katzen?**
> Dann bist du vielleicht unsere
> perfekte Mitbewohnerin!
> Achtung: Wir (= Paula, Susi und drei Katzen)
> sind nicht sehr ordentlich, aber sehr sympathisch ☺
> Schreib uns bitte:
> paula.patent@t-online.de

> **Kannst du kochen? Magst du Partys?**
> Wir sind eine lustige WG und feiern gern zusammen.
> Ihr auch? Suchen noch zwei Mitbewohner (ca. 20–30 Jahre)
> für Zimmer (350,– €); wg-kontakt@web.de

SCHREIBEN

b Wählen Sie eine Anzeige und schreiben Sie eine Antwort zu folgenden Punkten:
Wer sind Sie? Was studieren/arbeiten Sie? Wie sind Sie? Was machen Sie gern / nicht so gern im Haushalt?

> Hallo _____,
> mein Name ist _____, ich bin _____ Jahre alt und ich suche ein
> Zimmer in einer WG.
> Ich studiere/arbeite _____
> Ich bin _____
> _____
> Im Haushalt _____
> Vielleicht wollt Ihr mich ja mal kennenlernen?

1 **Tanya arbeitet als Au-pair-Mädchen bei Familie Pichler. Was soll Tanya machen?**
Sehen Sie die Bilder an. Lesen Sie dann den Notizzettel von Frau Pichler und ordnen Sie die Bilder den Sätzen zu. Achtung: Nicht alle Bilder passen.

die Spülmaschine
reparieren

Sara nicht zu spät in den
Kindergarten bringen

auf Frau Leitners Anruf
warten

auf den Techniker warten

einen Ausflug mit Sara
machen

Frau Leitner anrufen

Liebe Tanya,
ich bin schon fast weg. Hier noch schnell die letzten Informationen:
- Der Kindergarten macht morgen einen Ausflug. Bring Sara doch bitte schon um halb acht in den Kindergarten. ⓒ
- Um 10.00 Uhr kommt der Techniker und repariert die Spülmaschine. Sei bitte auf jeden Fall zu Hause. ◯
- Und vergiss bitte nicht den Einkauf für Frau Leitner. Sie ist immer noch krank. Sie wartet auf deinen Anruf. ◯
Dir einen schönen Tag und grüß die Kinder ganz lieb!
Bis morgen!
Maria

> **TIPP** Sehen Sie die Bilder immer genau an. So verstehen Sie den Text besser.

TRAINING: AUSSPRACHE   *Satzmelodie (Zusammenfassung)* _____

▶ 2 27 **1** **Hören Sie und ergänzen Sie die Satzmelodie:** ↗, ↘.

a Deckt bitte den <u>Tisch</u>. ↘
b Deckt ihr den <u>Tisch</u>? ↗
c Wann deckt ihr den <u>Tisch</u>? ____
d Ihr deckt den <u>Tisch</u>. ____
e Ich will <u>schlafen</u>. ____
f <u>Schläfst</u> du noch? ____
g <u>Warum</u> schläfst du noch? ____
h <u>Schlaf</u> nicht so lange. ____

2 **Ergänzen Sie die Satzmelodie:** ↗, ↘ **und sprechen Sie.**

Räum auf, ____
wasch ab, ____
putz das Bad! ____
So geht das den ganzen Tag. ____
Was willst du noch? ____
Hast du noch nicht genug? ____
Hör endlich auf! ____
Ich kann nicht mehr. ____

▶ 2 28 **Hören Sie noch einmal und sprechen Sie nach.**

▶ 2 29 **Hören Sie dann und vergleichen Sie.**

TEST _____

1 Was passt? Ordnen Sie zu.

wischen | decken | rausbringen | abtrocknen | aufhängen | machen | ~~ausräumen~~

die Spülmaschine _ausräumen_   das Bett _____

die Wäsche _____   den Boden _____

das Geschirr _____   den Tisch _____

den Müll _____

_ / 6 PUNKTE

2 Ergänzen Sie den Imperativ.

a (wischen – putzen)
Guten Morgen Milka. Bitte _wisch_ den Boden und _____ die Fenster im
Wohnzimmer. Bis nächste Woche.

b (ausräumen – decken – vergessen)
Hallo Kinder, ich komme um 19 Uhr. Bitte _____ die Spülmaschine _____ und
_____ den Tisch. Kuss, Mama. ... Und _____ die Hausaufgaben nicht!

c (sein)
Florentin, das Konzert beginnt um 20 Uhr. _____ bitte pünktlich!

d (spülen – rausbringen)
Wie sieht es hier wieder aus! Tim und Steffi, bitte _____ das Geschirr und
_____ den Abfall _____! Danke. Margret

_ / 7 PUNKTE

3 Ergänzen Sie die Personalpronomen im Akkusativ.

a Die Türe ist auf. Kannst du _sie_ bitte zumachen? – Ja gerne.
b Susanne und Peter, habt ihr am Samstag Zeit? Ich möchte _____ zum Essen einladen.
c Wo ist Dominik? Ich habe _____ nicht gesehen. – Er ist bei Max.
d Wann kommt ihr? – Um 13.34 Uhr. Kannst du _____ bitte abholen?
e Die Verbindung ist so schlecht, Daniel. Ich kann _____ nicht hören.
f Deine Eltern haben angerufen. – Wirklich? Ich rufe _____ gleich zurück.

_ / 5 PUNKTE

4 Schreiben Sie Sätze im Imperativ mit *bitte*.

a (du: zurückrufen – Frau Lang) _Bitte ruf Frau Lang zurück_!
b (ihr: kommen – um 10 Uhr) _____!
c (du: sein – so nett) _____ und bring den Müll runter!
d (ihr: zumachen – Fenster) _____!
e (ihr: – sprechen – auf den Anrufbeantworter) Ich bin nicht zu Hause,
_____!

f (du: machen – Kaffee) _____!

_ / 5 PUNKTE

Wörter	Strukturen	Kommunikation
● 0–3 Punkte	● 0–6 Punkte	● 0–2 Punkte
○ 4 Punkte	○ 7–9 Punkte	○ 3 Punkte
● 5–6 Punkte	● 10–12 Punkte	● 4–5 Punkte

www.hueber.de/menschen/lernen

LERNWORTSCHATZ

1 Wie heißen die Wörter in Ihrer Sprache? Übersetzen Sie.

Im Haushalt

Abfall der, ⸚e _____

Boden der, ⸚ _____

Geschirr das _____

Haushalt der _____

Ordnung die /
 Unordnung die _____

Spülmaschine
 die, -n _____
 CH: Abwaschmaschine die, -n

Wäsche die _____

ab·trocknen, hat
 abgetrocknet _____

ab·waschen, hat
 abgewaschen _____

spülen, hat gespült
 Geschirr spülen _____
 CH: den Abwasch machen oder abwaschen

waschen, hat
 gewaschen _____

ordentlich _____

sauber _____

schmutzig _____

Weitere wichtige Wörter

Anruf der, -e _____

Anrufbeantworter
 der, - _____

Antwort die,
 -en _____

Brief der, -e _____

Größe die, -n _____

Information die,
 -en _____

auf sein _____
 CH: offen sein

hassen, hat
 gehasst _____

zu·machen, hat
 zugemacht _____

fertig _____

ganz _____

schnell _____

spülen — abwaschen

TIPP Suchen Sie Wörter mit gleicher
oder ähnlicher Bedeutung.

2 Welche Wörter möchten Sie noch lernen? Notieren Sie.

_____

_____

_____

_____

_____

_____

_____

_____

_____

_____

_____

_____

_____

KB 3 **1** **Ergänzen Sie.**

WÖRTER

einen Helm tragen | Hunde nicht mitkommen | ~~stehen bleiben~~ | zu Fuß gehen

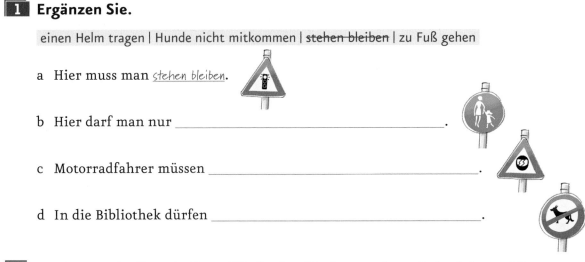

a Hier muss man *stehen bleiben*.

b Hier darf man nur _____.

c Motorradfahrer müssen _____.

d In die Bibliothek dürfen _____.

KB 3 **2** **Ergänzen Sie die Tabelle. Hilfe finden Sie in 1 und am Beispiel von *können*.**

STRUKTUREN ENTDECKEN

	können	wollen	müssen	dürfen
ich	kann	will	muss	darf
du	kannst	willst	musst	
er/es/sie	kann	will		
wir	können	wollen		
ihr	könnt	wollt	müsst	
sie/Sie	können	wollen		

KB 3 **3** **Sortieren Sie die Sätze.**

STRUKTUREN

a darf / Warum / hier / man / grillen / nicht
   Warum darf man hier nicht grillen?

b nicht / Flugzeug / Im / darf / rauchen / ich
   _____.

c Radfahrer / Deutschland / Müssen / in / einen Helm / tragen
   _____?

d wir / See / Dürfen / baden / im
   _____?

e musst / Warum / heute / zu / bleiben / Hause / du
   _____?

f leider / Ihr / dürft / nicht / zelten / hier
   _____.

g Bibliothek / muss / Handy / In / mein / der / ausmachen / ich
   _____.

BASISTRAINING

KB 3 **4** **Ergänzen und vergleichen Sie.**

	Deutsch	Englisch	Meine Sprache oder andere Sprachen
	Grillen erlaubt	Barbecuing allowed	
		Parking allowed	
		Swimming allowed	
		Dogs allowed	

KB 4 **5** **Ergänzen Sie müssen, dürfen oder nicht dürfen in der richtigen Form.**

a   b   c   d   e   f

a   Hier _muss_ man _____/_____ rechts abbiegen.
b   Hier _____ ich leider _____ fotografieren.
c   Hier _____ du _____ rauchen.
d   Hier _____ ihr _____ Fußball spielen.
e   Hier _____ Sie _____ Rad fahren.
f   Hier _____ wir _____ geradeaus fahren.

KB 4 **6** **Malen Sie Schilder oder suchen Sie Schilder im Internet und schreiben Sie eigene Aufgaben wie in 5.**
Tauschen Sie mit Ihrer Partnerin / Ihrem Partner.

KB 4 **7** **Was passt? Kreuzen Sie an.**

a   ⊗ Kannst   ○ Musst   du Tennis spielen? – Ja, aber ich   ○ muss   ○ darf
    im Moment nicht spielen. Ich habe Probleme mit meinem Rücken.
b   ○ Sollst   ○ Willst   du heute mit mir Fußball spielen? – Nein, ich habe leider keine
    Zeit. Ich   ○ darf   ○ muss   arbeiten.
c   Der Doktor sagt, du   ○ willst   ○ sollst   viel trinken. – Ich habe aber keinen Durst.
d   ○ Will   ○ Darf   ich hier rauchen? – Nein, tut mir leid. Das ist hier nicht erlaubt.
e   Ich   ○ darf   ○ muss   heute noch Hausaufgaben machen.
    ○ Darfst   ○ Kannst   du mir helfen? – Ja, kein Problem.

STRUKTUREN

KB 4 **8 Ergänzen Sie *können, wollen, sollen, dürfen* oder *müssen* in der richtigen Form.**

a Wir <u>müssen</u> morgen sehr früh aufstehen. Die Prüfung fängt schon um 7.00 Uhr an.

b Ich _____ heute leider doch nicht kommen. _____ wir den Termin verschieben?

c Sara _____ unbedingt ihren Führerschein machen, aber sie _____ noch nicht. Sie ist erst 16.

d Du _____ noch abwaschen. Heute Abend haben wir Gäste.

e Die Ärztin sagt, ich _____ viel schlafen, aber ich _____ tanzen gehen.

KOMMUNIKATION

KB 5 **9 Ordnen Sie zu.**

Das ist doch gefährlich, oder? | ~~Das verstehe ich nicht.~~ | Das weiß ich nicht. | Ich finde das in Ordnung.

a ■ Nun ist das Rauchen auch noch in meiner Lieblingsbar verboten. <u>Das verstehe ich nicht.</u> Fast alle Gäste sind Raucher.

  ▲ _____ Dann habe ich auch keine Kopfschmerzen am nächsten Tag.

b ■ Warum sind eigentlich Handys in Flugzeugen verboten?

  ▲ _____

  ■ Ach! Was soll denn da passieren? Aber ich finde das Handyverbot nicht richtig.

c ■ Wir machen ein Picknick im Park. Kommst du mit?

  ▲ Sind da Hunde erlaubt?

  ■ _____.

WÖRTER

KB 6 **10 Was passt nicht? Streichen Sie durch.**

a Krankenhaus – leise sein – nicht telefonieren – ~~grillen~~

b Bäckerei – Wiese – sitzen – Picknick

c Fahrrad – schieben – Helm – Hund

d langsam fahren – Spielstraße – hupen – auf Kinder achten

e baden – grillen – Picknick machen – parken

f Regeln – Beispiele – verboten – erlaubt

HÖREN

KB 7 **11 Wie finden die Personen das Handyverbot an der Fachhochschule?**

▶ 2 30   **Hören Sie die Umfrage und notieren Sie.**

☺ <u>Person 1</u> _____   ☹ _____

HÖREN

KB 7 **12 Wer meint was? Hören Sie noch einmal und ordnen Sie zu.**

▶ 2 30

Person 1   Warum muss es immer Regeln geben?

Person 2   Ich kann mein Handy nicht ausmachen. Ich habe eine kleine Tochter.

Person 3   Ich finde, es gibt hier zu viele Regeln.

Person 4   Ich kann mit Handys nicht gut arbeiten.

TRAINING: SCHREIBEN

1 **Lesen Sie den Beitrag und notieren Sie die Regeln.**

REGELN IM MIETSHAUS

Paco, 7. September

Mein Vermieter hat sich gestern schon wieder beschwert. Ich habe laut Musik gehört und sofort klingelt er an der Tür. Also, ich bin gegen viele Regeln in einem Haus. Und ihr? Was meint ihr? Schickt mir eure Kommentare.

Immer heißt es: Das darfst du nicht. Das ist verboten. Sei leise! Bei uns im Haus ist es ganz schlimm. Ich spiele in einer Band, aber am Mittag darf ich nicht üben. Wir dürfen nicht auf dem Balkon grillen. In der Woche darf ich keine Party feiern. Laute Musik ist natürlich auch verboten. Ich frage mich: Wo bleibt da der Spaß im Leben?

Moritz am 7. September

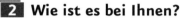

2 **Wie ist es bei Ihnen?**

a Welche Regeln gibt es? Ergänzen Sie den Wortigel.

b Wie finden Sie die Regeln? Ergänzen Sie Smileys.

Das finde ich richtig: ☺   Das finde ich falsch: ☹

3 **Sortieren Sie Ihre Notizen und schreiben Sie einen Kommentar.**

Bei uns darf man auch nicht laut Musik hören.
Das finde ich falsch. Ich höre gern laut Musik.
Man darf auch nicht ... Das finde ich ...

> **TIPP**
> Wie schreiben Sie gute Texte? Sortieren Sie vor dem Schreiben Ihre Notizen. Womit wollen Sie anfangen? In welcher Reihenfolge wollen Sie die Punkte erwähnen? Nummerieren Sie Ihre Notizen.

TRAINING: AUSSPRACHE *Vokale: „ä" und „e"*

1 **Ergänzen Sie „ä" oder „e".**

a Gesch__ft – z__lten – H__lm – Fußg__nger
b N__he – W__g – Fahrr__der – R__gel

▶ 2 31 **Hören Sie und sprechen Sie nach.**

▶ 2 32 **2** **Hören Sie noch einmal und kreuzen Sie an.**

> **REGEL**
> **Die Vokale „ä" und „e"**
> ○ sind lang.
> ○ sind kurz.
> ○ können lang oder kurz sein.
> Achtung: Kurzes „ä" und „e" klingen gleich!

▶ 2 33 **3** **Hören Sie die Gedichte und sprechen Sie dann.**

Das Leben ist voller Regeln:
An der Ampel stehen,
ohne Hund in Geschäfte gehen
und im Park nur auf den Wegen.

Keinen Helm tragen,
das ist gefährlich,
aber mal ehrlich,
Fußgänger sagen:
Es geht auch ohne!

TEST

1 Regeln in „Ordnungsstadt". Bilden Sie Wörter und ordnen Sie zu.

gen | ben | ach | gril | pen | tra | ~~ba~~ | men | schie | ten | ~~den~~ | hu | len | neh

a Der See ist für alle da. Hier dürfen Sie _baden_ und _____.

b In Ordnungsstadt gibt es viele Fahrräder. Alle Fahrer müssen einen Helm _____.

c Im Park sind viele Spielplätze. Bitte _____ Sie Ihr Fahrrad, _____ Sie auf Kinder und _____ Sie Hunde an die Leine.

d Vor dem Krankenhaus müssen Sie leise sein und dürfen nicht _____.

_ / 6 PUNKTE

2 Was ist richtig? Kreuzen Sie an.

Hier ⊗ können ○ müssen (a) Kinder bis 14 Jahren spielen,
aber sie ○ dürfen ○ wollen (b) nicht Rad fahren.
Am Morgen ○ wollen ○ können (c) die Kinder nicht auf dem Platz
spielen, und nach 20 Uhr ○ dürfen ○ müssen (d) sie gehen.
Die Kinder ○ können ○ müssen (e) etwas trinken, aber sie
○ dürfen ○ müssen (f) keine Glasflaschen mitbringen.

Spielplatz
für Kinder bis 14 Jahren
von 13 – 20 Uhr
keine Hunde, Glasflaschen
Radfahren und
Fußballspielen verboten

_ / 5 PUNKTE

3 Ergänzen Sie dürfen oder müssen in der richtigen Form.

a ■ _Darf_ ich hier fotografieren?   ▲ Nein, leider nicht.

b ■ Wann _____ ihr gehen?   ▲ In 10 Minuten, der Zug fährt um 13.30 Uhr.

c ■ Gehen wir ein Eis essen?   ▲ Später, ich _____ lernen.

d ■ _____ die Kinder auf der Straße spielen?   ▲ Ja, das ist eine Spielstraße.

e ■ Die Ampel ist rot. Wie heißt dann die Regel?   ▲ Wir _____ hier warten.

_ / 4 PUNKTE

4 Ergänzen Sie die Gespräche.

Diese Regel ist in Ordnung. | Das finde ich gar nicht gut. | Das ist falsch. |
Das ist ja wirklich sehr gefährlich, oder?

a ■ Ich soll manchmal Obst essen. Ist das richtig?
   ▲ ☹ _____. Du sollst jeden Tag Obst essen.

b ■ Mein Freund segelt im Herbst im Pazifik.
   ▲ ☹ _____

c ■ Meine Kinder wollen nie im Haushalt helfen!
   ▲ ☹ _____

d ■ Autofahrer müssen immer einen Gurt anlegen.
   ▲ ☺ _____

_ / 4 PUNKTE

Wörter	Strukturen	Kommunikation
● 0–3 Punkte	● 0–4 Punkte	● 0–2 Punkte
◐ 4 Punkte	◐ 5–7 Punkte	◐ 3 Punkte
● 5–6 Punkte	● 8–9 Punkte	● 4 Punkte

www.hueber.de/menschen/lernen

LERNWORTSCHATZ

1 Wie heißen die Wörter in Ihrer Sprache? Übersetzen Sie.

Im Straßenverkehr

Fahrer (Auto-/Fahrrad-)
 der, -

Regel die, -n _____

Schild das, -er _____

Verkehr der _____
 Straßenverkehr,
 der _____

Wiese die, -n _____

achten, hat
 geachtet _____

hupen, hat
 gehupt _____

parken, hat
 geparkt _____
 CH: parkieren, hat parkiert

schieben, hat
 geschoben _____
 CH: stossen (Velo), hat gestossen

stehen bleiben, ist
 stehen geblieben _____

tragen, du trägst, er trägt,
 hat getragen _____
 einen Helm tragen
 (Helm der, -e) _____

langsam _____
erlaubt _____
verboten _____

zu Fuß _____

Etwas bewerten

verstehen, hat
 verstanden _____
 Das verstehe
 ich nicht. _____

gefährlich _____
schlimm _____

in Ordnung _____

Weitere wichtige Wörter

Beispiel das, -e _____
 zum Beispiel _____
Hund der, -e _____
Krankenhaus
 das, -er _____
 CH/A: auch: Spital das, -e
Picknick das,
 -e und -s _____

auf·stehen, ist
 aufgestanden _____
baden, hat
 gebadet _____
dürfen, ich darf, du darfst,
 er darf _____
grillen,
 hat gegrillt _____
 CH: grillieren/bräteln
klingeln, hat
 geklingelt _____
müssen, ich muss, du musst,
 er muss _____
sitzen, hat
 gesessen _____
 A: ist gesessen

leise _____

für _____
gegen _____

TIPP Schreiben Sie kleine Geschichten mit den Wörtern aus der Lektion.

Mein Bruder ist im Krankenhaus. Ein Hund ist in sein Fahrrad gelaufen. Das war wirklich gefährlich ...

2 Welche Wörter möchten Sie noch lernen? Notieren Sie.

_____

WIEDERHOLUNGSSTATION: WORTSCHATZ

1 **Ergänzen Sie die Vokale (*a, e, i, o, ö, u, ü*) und ordnen Sie zu.**

~~glcklch~~ | schlnk | blnd | trrg | kmsch | dck | frndlch | hbsch

Aussehen	Charakter
	glücklich

2 **Was passt nicht? Streichen Sie das falsche Wort durch.**

a Wäsche: ~~abtrocknen~~ – bügeln – aufhängen
b Zimmer: aufräumen – rausbringen – staubsaugen
c Tisch: decken – spülen – putzen
d Geschirr: abwaschen – abtrocknen – wischen
e Bad: kochen – putzen – aufräumen
f Boden: staubsaugen – backen – wischen

3 **Der Ampelmann. Ergänzen Sie den Text.**

dürfen | schiebt | Fahrradfahrer | stehen bleiben | ~~Regeln~~ | trägt | achten

Die <u>Regeln</u> für Ampeln sind einfach. Bei Rot müssen Sie _____,
bei Grün _____ Sie gehen. Autofahrer und
_____ müssen auf Ampeln _____ – und natürlich
auch Fußgänger.
Die Ampeln für Fußgänger sehen aber besonders aus:
Sie haben einen „Ampelmann". Dieser Ampelmann ist in Deutschland sehr bekannt.
Es gibt ihn seit 1961, er ist also über 50 Jahre alt.
Viele Länder haben einen Ampelmann. Sie sehen verschieden aus.
Manchmal ist er dick oder dünn, manchmal _____ er ein Fahr-
rad oder _____ einen Hut, und manchmal gibt es auch eine
Ampelfrau.

WIEDERHOLUNGSSTATION: GRAMMATIK

1 **Ergänzen Sie *haben* oder *sein* im Präteritum.**

Hallo Elly,
wie geht's Dir? <u>Warst</u> (a) Du schon einmal in Graz? Jonas und ich _____ (b) letzte
Woche in Graz. Es _____ (c) wunderbar! Wir _____ (d) auch immer schönes Wetter.
Am Mittwoch sind noch Mona und Tim gekommen und wir _____ (e) so viel Spaß
zusammen. Am Freitag _____ (f) ich den ganzen Tag allein mit Mona shoppen. Die
Männer _____ (g) keine Lust. ☹
Viele Grüße
Tanja

2 **Markieren Sie die Verben und ergänzen Sie dann die Verben in der richtigen Form.**

KALDEVERGESSENFAGUERKENNENLÜTAGEFALLENEDERBEKOMMENZUTERVERSTEHEN
REDASBEZAHLENZUTAS

a Entschuldigung! Ich habe den Termin total <u>vergessen</u>!
b Und, wie hat euch das Konzert _____?
c Haben Sie meine E-Mail _____?
d Hast du die Miete schon _____?
e Wow Barbara, ich habe dich nicht _____. Seit wann hast du denn kurze Haare?
f Den letzten Satz habe ich nicht _____. Können Sie ihn bitte wiederholen?

3 **Notizzettel. Ergänzen Sie die Pronomen.**

a Das Geschirr steht seit 3 Tagen hier. Wer spült es _____?
b Wem gehört die Wäsche in der Waschmaschine? Bitte hängt _____ auf.
  Ich will auch waschen.
c Alex: Anruf von Herrn Bäumer – du sollst _____ bitte zurückrufen.
d Das Bad ist mal wieder schmutzig. Wer putzt _____?
e Nina: Timo war hier. Er möchte _____ sprechen. Ruf _____ bitte an.

4 **Im Flugzeug. Was darf man (nicht) / muss man / kann man? Schreiben Sie.**

Handy benutzen | Filme anschauen | ~~sich anschnallen~~ | rauchen | etwas essen | Musik hören

Im Flugzeug muss man sich anschnallen, ...

5 **Schreiben Sie Sätze mit *bitte* im Imperativ.**

👤	👥	
Sei bitte nicht so laut!	Seid bitte nicht so laut!	nicht so laut sein
		Geschirr abtrocknen
		Küche aufräumen
		Musik leise machen
		Schlüssel nicht vergessen
		Tisch decken

SELBSTEINSCHÄTZUNG *Das kann ich!*

Ich kann jetzt ...

... eine Person beschreiben: L19

Walter ist ein bisschen _____.
Er hat einen _____ und keine _____ .

○ ○ ○

... erstaunt reagieren: L19

▲ Brad Pitt ist wieder Single. ■ E_____?
● Vor zwei Monaten hat Mark sein Kind an der Kasse vergessen.
◆ A_____ k_____! Das gibt's doch nicht.

○ ○ ○

... Aufforderungen und Bitten formulieren: L20

Sophie, _____!
Lara und Simon, _____!

○ ○ ○

... über Regeln sprechen: L21

Man _____ hier _____.
Das ist _____.
Man _____ hier _____.
Das ist nicht _____.

○ ○ ○

... meine Meinung sagen: L21

Im Flugzeug darf man nicht telefonieren. Das finde ich _____. ☺
Ich finde das _____. ☹
Ich v_____ das nicht. Das kann doch nicht so s_____ sein.

○ ○ ○

Ich kenne ...

... 8 Wörter zum Aussehen: L19

4 Wörter für mein Aussehen:

_____

4 Wörter für das Aussehen von meiner Traumfrau / meinem Traummann:

_____

○ ○ ○

... 6 Charaktereigenschaften: L19

Positiv (3x):_____
Negativ (3x): _____

○ ○ ○

... 10 Aktivitäten im Haushalt: L20

Das mache ich ganz gern. / Das finde ich nicht so schlimm (5x):

_____

Das hasse ich (5x): _____

○ ○ ○

... 5 Regeln in Verkehr und Umwelt: L21

_____

_____

○ ○ ○

SELBSTEINSCHÄTZUNG *Das kann ich!*

Ich kann auch ...

... **über Vergangenes sprechen (Präteritum: war, hatte):** L19 ○ ○ ○
Früher _____ Simone blond. Sie _____ kurze Haare und eine Brille.

... **über Vergangenes sprechen (Perfekt: nicht trennbare Verben):** L19 ○ ○ ○
Natascha hat sich verändert. Tom _____ Natascha nicht sofort
_____.(erkennen)
Sie _____ vor zwei Jahren ein Baby _____. (bekommen)
Er _____ das Baby leider _____. (vergessen)

... **Befehle formulieren (Imperativ: du/ihr):** L20 ○ ○ ○
Line, _____ leise!
Line und Melanie, _____ sofort da runter!

... **sagen, wen man anrufen soll (Personalpronomen im Akkusativ):** L20 ○ ○ ○
Lisa, ruf _____ bitte heute noch an! (ich)
Lisa, ruf _____ bitte heute noch an! (er)

... **Verbote und Gebote ausdrücken (Modalverben: dürfen, müssen):** L21 ○ ○ ○
Im Park _____ man auf dem Weg bleiben.
Sieh mal! Hier _____ wir baden.

Üben / Wiederholen möchte ich noch ...

_____

RÜCKBLICK

Wählen Sie eine Aufgabe zu Lektion 19 _____

🔍 **1 Sehen Sie noch einmal das Bild im Kursbuch auf Seite 108 (Aufgabe 4) an.**
Wählen Sie eine Person. Beschreiben Sie die Person (Aussehen, Charakter).

> *Sie/Er hat kurze/lange Haare ...*
> *Ich finde, sie/er sieht ... aus und ...*

2 Wählen Sie eine Person aus Ihrer Familie. Wie war sie/er vor zehn Jahren?
Was haben Sie zusammen gemacht? Wie ist sie/er heute? Schreiben Sie.

> *Meine Oma war schon immer lustig.*
> *Sie war auch total hübsch. Ich war*
> *oft im Urlaub bei ihr. Wir haben ...*

RÜCKBLICK

Wählen Sie eine Aufgabe zu Lektion **20**

🔍 **1** **Lesen Sie noch einmal im Kursbuch auf Seite 114 die E-Mail von Gert (Aufgabe 9).**

a **Was macht Gert gern? Was kann er gut? Wie ist er?**

Er kocht gern. …

b **Die perfekte Mitbewohnerin / Der perfekte Mitbewohner. Schreiben Sie zu folgenden Punkten:**

- Wie ist sie/er?
- Was macht sie/er gern und gut?
- Was macht sie/er oft?

Sie/Er backt am Wochenende immer Kuchen. …

🔍 **2** **Wie ist eine NICHT perfekte Mitbewohnerin / ein NICHT perfekter Mitbewohner? Schreiben Sie.**

Sie/Er feiert oft Partys, macht viel Unordnung, …

Wählen Sie eine Aufgabe zu Lektion **21**

🔍 **1** **Sehen Sie noch einmal das Bild im Kursbuch auf Seite 117 (Aufgabe 6) an und wählen Sie zwei Personen. Ergänzen Sie die Tabelle.**

	Person 1	Person 2	Person 3
Was machen die Personen? Ist das erlaubt/ verboten?	*Der Mann fährt Fahrrad. Das ist verboten.*		
Wie finden Sie das?	*Ich finde das nicht so schlimm.*		
Machen Sie das auch manchmal/nie?	*Ich mache das auch fast immer. Ich fahre dann nicht so schnell und achte auf Kinder.*		

🔍 **2** **Sie wohnen in einer WG oder wollen ein Zimmer in einer WG mieten.**
Notieren Sie: Welche Regeln gibt es? Welche Regeln akzeptieren Sie?

Regeln in der WG	Wie finde ich die Regel?	Das mache ich.
Wir dürfen in der Küche nicht rauchen.	*Ich finde die Regel in Ordnung.*	*Aber manchmal rauche ich am Abend in der Küche. Ich mache dann das Fenster auf.*
…		

LITERATUR

WIEDERSEHEN IN WIEN

Teil 3: Findest du Lisa wirklich schön?

„Nach rechts!"

„Anja, bitte!"

„Ich habe es aber auf dem Stadtplan gesehen."

„Hier darf man nicht nach rechts fahren."

„Warum nimmst du dann die Ringstraße?"

„So können wir noch ein Stück von Wien sehen, bevor
die Party anfängt. Schau, rechts sind der Heldenplatz
und die Hofburg, und dort ist schon das
Burgtheater …"

Aber Anja schaut nicht hinaus.

„Was ist los, Anja?" fragt Paul.

„Nichts."

Das ist los: Paul redet die ganze Zeit nur noch von Lisa.

„Was ist denn das?", fragt Anja.

„Naja … Blumen."

„Für wen?"

„Für Lisa natürlich."

„Gefällt dir Lisa wirklich so gut?

„Ja, klar, ich finde sie sehr schön und auch nett.
Du nicht?"

„Ich weiß nicht, ich finde sie nicht so hübsch."

„Was gefällt dir nicht an ihr?"

„Naja … ihre Haare sind zu kurz."

„Was? Zu kurz? Die sind genau richtig."

„Und die Locken passen nicht zu ihr."

„Ach was, die sind sehr schön."

Herr Rossmann bellt.

„Siehst du, Herr Rossmann findet die Haare
auch gut."

„Herr Rossmann findet die Haare hässlich."

Herr Rossmann bellt.

„Herr Rossmann sagt Nein."

„Herr Rossmann sagt Ja."

Sie kommen in die Walfisch-
gasse. Paul parkt das Auto.

„Hier ist es schön", sagt Paul.

„Eine Wohnung im ersten
Bezirk – nicht schlecht …"

„Ach was …"

Herr Rossmann bellt.

„Ja, genau, gehen wir,
Herr Rossmann!"

„Genau. Und vergiss deine
Blumen nicht, Paul."

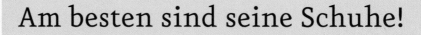

KB 2 **1** **Was haben die Leute an? Ergänzen Sie.**

WÖRTER

H U T
_ L _ _ _ mit G _ R _ _ _ _
_ _ R _ _ _ _ H O _ _
_ _ C K _

_ _ T Z _
_ _ M _
S P O R T _ _ _ _ _ _
_ A _ _ _ _
_ O S _
_ _ L L _ V _ _

KB 3 **2** **Malen Sie eine Person wie in 1. Beschreiben Sie die Person.**
 Ihre Partnerin / Ihr Partner malt. Vergleichen Sie die beiden Bilder.

KB 4 **3** **Was passt? Markieren Sie.**

STRUKTUREN

a Das T-Shirt gefällt mir besser/lieber als die Bluse.
b Ich mag besser/lieber Orangensaft als Cola.
c Mir schmeckt das Brot in Deutschland besser/lieber als das Brot in meinem Heimatland.
d Ich trage besser/lieber Kleider als Röcke.

KB 4 **4** ***als* oder *wie*? Kreuzen Sie an.**

STRUKTUREN

a Der Hut gefällt mir besser ⊗ als ○ wie die Mütze.
b Schau mal, die Bluse kostet genauso viel ○ als ○ wie das T-Shirt.
c Die Jacke finde ich schöner ○ als ○ wie den Mantel.
d Die Hose finde ich nicht schön. Nimm doch die Jeans hier.
   Die finde ich viel besser ○ als ○ wie die Hose.
e Ich mag T-Shirts genauso gern ○ als ○ wie Blusen.

KB 4 **5** **Ergänzen Sie in der richtigen Form.**

STRUKTUREN

a ■ Wie gefällt dir der Rock?
   ▲ Der ist schön, aber das Kleid hier gefällt mir _besser_. (gut)
   ● Und mir gefällt die Jeans am _____. (gut)

b ■ Wie findest du die Jacke?
   ▲ Die blaue finde ich _____ als die schwarze. (gut)
   ● Also, ich mag Blau nicht so gern. Schwarz mag ich _____
      als Blau. (gern)

c ■ Wir müssen noch Obst kaufen. Was magst du _____? (gern)
      Orangen oder Äpfel?
   ▲ Ich mag Orangen genauso _____ wie Äpfel. (gern)
   ■ Gut, dann kaufen wir beides. Und was trinkst du gern?
   ▲ Das weißt du doch. ... Ich mag am _____ Cola. (gern)

KB 5 **6 Vergleichen Sie die drei Häuser. Ergänzen Sie die Sätze.**

STRUKTUREN

Pauls Haus   Peters Haus   Kais Haus

a (groß)
Peters Haus ist _größer_ als Kais Haus, aber am _größten_ ist Pauls Haus.

b (klein)
Peters Haus ist _____ als Pauls Haus. Am _____ ist Kais Haus.

c (modern – alt)
Kais Haus ist am _____ . Pauls Haus ist am _____ .

d (viel – billig)
Pauls Haus kostet _____ . Am _____ ist Kais Haus.

e (schön – viel)
In Kais Garten gibt es _____ Bäume als in Pauls Garten. Kais Garten ist
viel _____ .

KB 5 **7 Ordnen Sie die Adjektive in Gruppen und ergänzen Sie die Formen.**

STRUKTUREN ENTDECKEN

schnell | klein | klug | leicht | gut | jung | lustig | billig | gern | viel

+	++	+++
1 schön	schöner	am schönsten
schnell		
2 groß	größer	am größten
3 alt	älter	am ältesten
4 gut	besser	
	mehr	
		am liebsten

BASISTRAINING

8 Komparativ

Wie heißt das Gegenteil? Ergänzen und vergleichen Sie.

a jünger   c billiger   e kürzer
b kleiner   d hübscher   f dicker

Deutsch	Englisch	Meine Sprache oder andere Sprachen
a älter	older	
b	bigger / larger	
c	more expensive	
d	uglier	
e	larger	
f	thinner	

9 Eine E-Mail schreiben

Lesen Sie die E-Mail und antworten Sie Johanna.

> Hallo …,
> vielen Dank für Deine E-Mail. Du kommst mich in Wien besuchen! Das ist klasse!
> Möchtest Du drei Tage in Wien bleiben oder lieber einen Ausflug an den Neusiedler See
> machen? Vielleicht kann ich das Auto von meinen Eltern haben.
> Was möchtest Du am liebsten machen? In die Oper oder ins Theater gehen? Im Hotel Sacher
> Kuchen essen? In unseren großen Freizeitpark (er heißt *Prater*) fahren?
> Bitte schreib mir Deine Wünsche.
>
> Ich freue mich sehr auf Deinen Besuch!!!
> Viele Grüße
> Johanna

Schreiben Sie eine E-Mail zu folgenden Punkten.

• lieber in Wien bleiben
• Oper – Theater: wahnsinnig langweilig finden – am liebsten ins Museum gehen
• natürlich gern Kuchen im Hotel Sacher essen
• den Prater – total lustig finden

> *Hallo Johanna,*
> *das sind ja viele gute Ideen! Drei Tage sind natürlich sehr kurz. Ich möchte lieber in Wien*
> ....
> ....
> ....
> *Ich freue mich sehr!*
>
> *Bis bald*
> *Dein/e ....*

TRAINING: LESEN

1 Schilder und Zettel

a Was passt zusammen? Ordnen Sie zu.

morgen | nach | Nachmittag | ~~bis~~ | ohne | nie | keine | manchmal

ab: _bis_ Vormittag: _____ vor: _____ mit: _____
viele: _____ heute: _____ immer: _____ oft: _____

b Lesen Sie den Zettel und kreuzen Sie an.
Im Bekleidungsgeschäft am Fenster

> ### Räumungsverkauf
> 50 % auf alle Jacken, Hemden, Blusen und Kleider
> Nur noch bis zum 31. März

	richtig	falsch
Nach dem 31. März gibt es viele Sonderangebote.	○	○
Vor dem 31. März gibt es viele Sonderangebote.	○	○

> **TIPP**
> Sie haben Probleme beim Lesen von Schildern? Achten Sie besonders auf die kleinen Wörter: *ab* oder *bis*, *vor* oder *nach* …

2 Lesen Sie jetzt die Schilder und Zettel und kreuzen Sie an.

a Im Supermarkt an der Tür

> **Inventur**
> Am Dienstag haben wir Inventur.
> Wir haben daher leider ab 15.00 Uhr geschlossen.
> Am Mittwochmorgen können Sie wieder wie gewohnt bei uns einkaufen.

Der Supermarkt ist am Mittwochmorgen wieder geöffnet. ○ richtig ○ falsch

b An der Bushaltestelle

> **Sehr geehrte Fahrgäste!**
> Ab dem 01. Juli fährt der Bus Nr. 13 nur bis zum Stadttor.
> Fahrgäste bis zum Hauptbahnhof nehmen bitte den Bus Nr. 5.

Die Buslinie 13 fährt nach dem 01. Juli wieder bis zum Hauptbahnhof. ○ richtig ○ falsch

TRAINING: AUSSPRACHE *unbetontes „e"*

▶ 2 34 **1 Hören Sie und markieren Sie den Wortakzent.**

Gürtel – Schuhe – dunkel – golden –
Hose – getragen – Mantel – am besten –
Bluse – danke – bitte

2 Was ist richtig? Kreuzen Sie an.

> **REGEL**
> Am Wort-Ende bei Wörtern mit -e, -el, -en, -er hört man „e" nur wenig oder gar nicht.
> ○ Ja. ○ Nein.

▶ 2 35 **3 Hören Sie und sprechen Sie nach.**

a Meine Schuhe sind dunkelbraun.
b Ich habe noch nie einen Gürtel getragen.
c Die Bluse hier gefällt mir am besten.
d Alles ist golden: seine Schuhe, seine Hose, sein Hemd und sein Mantel.

1 Wie heißt die Kleidung? Ergänzen Sie.

WÖRTER

a Mama, brauche ich eine M ü t z e? – Ja, und mach deine J _ _ _ _ _ zu. Es ist kalt.
b Meine Füße sind so kalt. – Hier sind warme _ _ c k _ _ .
c Kann ich Ihnen helfen? – Gerne, ich suche einen G ü _ _ _ _ für meine H _ _ _ .
d Warst du auf der Hochzeit von Ann-Sophie? – Ja, ihr _ l _ _ d war toll!
e Was trägst du im Büro? – Meistens ein Hemd mit P _ _ _ _ _ _ _ r.
f Anna, dein Hemd gefällt mir. – Oh danke, aber das ist eine B _ _ s _ .
g Meine Oma trägt immer einen _ u _ . – Klasse!

_/ 8 PUNKTE

2 Ergänzen Sie *alt, gern, groß, gut* in der richtigen Form.

STRUKTUREN

a Duisburg ist *groß* (+), München ist _____ (++) und _____ (+++) ist Berlin.
b Niklas macht _____ (+) Sport, _____ (+++) findet er Fußball.
c Ich bin 15, mein Bruder Paul ist _____ (++), er ist schon 20.
d Tobias mag kein Obst, _____ (+++) isst er Schokolade.
e Carla spricht _____ (++) Deutsch als ich, ich mache noch viele Fehler.
f Sandra mag Röcke _____ (++) als Hosen.

_/ 8 PUNKTE

3 Was ist richtig? Kreuzen Sie an.

STRUKTUREN

a Sie ist genauso groß ○ als ⊗ wie ihre Freundin.
b Karl hat mehr Urlaub ○ als ○ wie Franziska.
c Hier ist es genauso schön ○ als ○ wie in der Schweiz.
d Dominik spielt besser Gitarre ○ als ○ wie Udo.
e Dieser Test ist genauso leicht ○ als ○ wie der Test in Lektion 7.

_/ 4 PUNKTE

4 Ergänzen Sie die Sätze.

KOMMUNIKATION

wie langweilig | wahnsinnig teuer | total schön | am besten | fast täglich | viel praktischer

Dita312:   Was zieht ihr gern an? Habt ihr ein Lieblingskleid oder ein Lieblingsshirt?
Blue_ocean: Im Büro muss ich immer eine Bluse und einen Rock tragen. Zu Hause trage ich nur Hosen, ich finde das _____ (a) als Röcke und es gefällt mir so _____ (b).
Lola: Ich habe ein Lieblings-T-Shirt, das ist _____ (c). Das habe ich im Hard-Rock-Café in Rom gekauft. Es war _____ (d), 35 Euro! Ich trage es _____ (e).
Dita312:   Was? Das gefällt dir? Ach, _____ (f)! Also, ich trage nur Kleidung von …

_/ 6 PUNKTE

Wörter		Strukturen		Kommunikation	
●	0–4 Punkte	●	0–6 Punkte	●	0–3 Punkte
○	5–6 Punkte	○	7–9 Punkte	○	4 Punkte
●	7–8 Punkte	●	10–12 Punkte	●	5–6 Punkte

LERNWORTSCHATZ

1 **Wie heißen die Wörter in Ihrer Sprache? Übersetzen Sie.**

Kleidung

Kleidung die _____
Bluse die, -n _____
Jacke die, -n _____
Gürtel der, - _____
Hemd das, -en _____
Hose die, -n _____
Hut der, ⁼e _____
Kleid das, -er _____
Mantel der, ⁼ _____
Mütze die, -n _____
  A: Haube die, -n
  CH: Kappe die, -n
Pullover der, - _____
Rock der, ⁼e _____
  CH: auch: der Jupe, -s
Schuh der, -e _____
Socke die, -n _____
Strumpf der, ⁼e _____
  CH: Strumpfhose die, -n oder
  Kniesocke die,-n
Strumpfhose
  die, -n _____
T-Shirt das, -s _____

Weitere wichtige Wörter

Text der, -e _____
an·haben, hat
  angehabt
an·ziehen, hat
  angezogen _____
erzählen, hat
  erzählt _____
klug
als
  schöner als
(genau)so wie
  (genau)so schön
  wie
zuletzt
zurzeit
Klasse!
  A/CH: Super!
Toll!

TIPP Schneiden Sie Bilder aus und ergänzen Sie die Kleidung.

2 **Welche Wörter möchten Sie noch lernen? Notieren Sie.**

KB 3

WÖRTER

1 **Ordnen Sie zu.**

Die Sonne scheint. | ~~Es wird bald sehr windig.~~ | Es ist bewölkt. | Es ist kühl. | Es ist schön warm. |
Es regnet schon lange. | ~~Es wird kälter.~~ | Man sieht nicht viele Wolken. | Es gibt bald ein Gewitter.

A _____

_____

_____

B Es wird bald sehr windig.

_____

_____

C Es wird kälter.

_____

_____

KB 3

WÖRTER

2 **Ergänzen Sie.**

a Es ist heute sehr _neblig_ (ginble). Man kann den Kirchturm im _____ (benle) fast
 nicht sehen.

b Oh, sieh mal, wie schön der _____ (cheens) in den Bergen ist. Morgen soll es
 noch mehr _____ (neisnech).

c Morgen bekommen wir wieder mehr _____ (dnwi). Dann können wir weiter segeln.

d Die Kinder können nicht schlafen. Es _____ (tnnored) und _____ (iltbtz).

e Morgen wird das Wetter super. Es wird _____ (gionns) und wir bekommen
 25 _____ (drag).

KB 3

WÖRTER

3 **Suchen Sie Wetterwörter in 1 und 2 und im Kursbuch.**
Ergänzen Sie in der Tabelle so viele Wörter wie möglich.

Nomen	Adjektive	Verben
die Sonne		scheinen
der Wind	windig	/

KB 3

KOMMUNIKATION

4 **Ergänzen Sie die Gespräche.**

a ■ Morgen _scheint die Sonne_ (Sonne, scheinen). Wollen wir an die See fahren?
 ▲ Ach nein, da _____ (immer, so, windig, sein).
 Ich möchte lieber im Café in der Sonne sitzen.

b ■ Hier _____ (es, regnen,
 schon, seit drei Tagen). Da kann man ja nur schlechte Laune bekommen. Wie ist denn
 das Wetter bei euch? Ist es auch so schlecht?
 ▲ Nein, wir haben wunderschönes Frühlingswetter. _____
 _____ (es, warm, sein, und, sonnig). Kommt uns doch am Wochenende besuchen!

c ■ Wie ist das Wetter im Winter in Österreich?
 ▲ In den Bergen _____ (es, kalt, sein) und
 _____ (es, viel Schnee, geben). Aber oft _____
 _____ (auch, Sonne, scheinen).

d ■ Tschüs, bis heute Abend. ▲ Tschüs. Und vergiss deine Regenjacke nicht. Heute Nachmittag _____ (es, Gewitter, geben).

KB 4 **5** **Ergänzen und vergleichen Sie.**

WÖRTER

Deutsch	Englisch	Meine Sprache oder andere Sprachen
der N*orden*	the north	
der O_____	the east	
der S_____	the south	
der W_____	the west	
Norddeutschland	Northern Germany	
Süddeutschland	Southern Germany	

KB 4 **6** **Wie ist das Wetter in …? Hören Sie und ordnen Sie zu.**

▶ 2 36

HÖREN

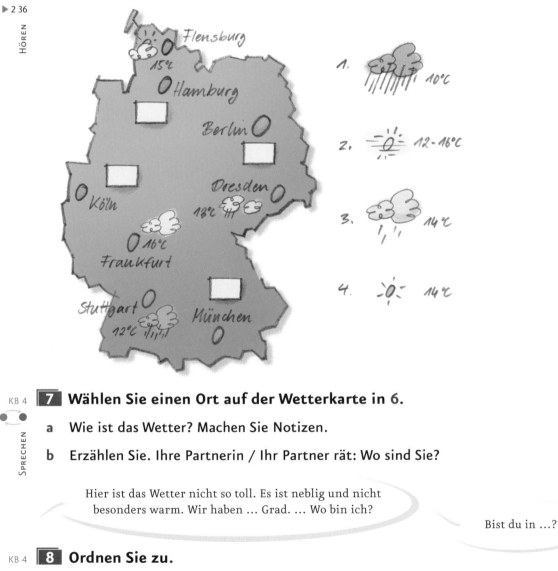

KB 4 **7** **Wählen Sie einen Ort auf der Wetterkarte in 6.**

SPRECHEN

a Wie ist das Wetter? Machen Sie Notizen.

b Erzählen Sie. Ihre Partnerin / Ihr Partner rät: Wo sind Sie?

Hier ist das Wetter nicht so toll. Es ist neblig und nicht
besonders warm. Wir haben … Grad. … Wo bin ich?

Bist du in …?

KB 4 **8** **Ordnen Sie zu.**

STRUKTUREN

arbeitslos | wolkenlos | farblos

a Heute ist so schönes Wetter. Die Sonne scheint und der Himmel ist _____.

b Seit letztem Frühjahr sucht Hannes einen Job. Er ist _____.

c In Norddeutschland war der Winter in diesem Jahr besonders grau und _____.

STRUKTUREN

KB 5 **9 Ordnen Sie zu.**

er hat gestern lange gefeiert | es schneit zu viel | ihr Fahrrad ist kaputt | ~~sie fahren morgen in den Urlaub~~

A Luca und Alina suchen den Reiseführer,
denn *sie fahren morgen in den Urlaub*.

B Herr Brunner muss noch
ein paar Stunden in München bleiben,
denn _____.

C Urs ist heute sehr müde,
denn _____
_____.

D Sandra kommt heute nicht pünktlich,
denn _____.

STRUKTUREN ENTDECKEN

KB 5 **10 Ergänzen Sie die Sätze aus 9.**

	Position 0	Position 1	Position 2	
...,	denn	sie	fahren	morgen in den Urlaub.

STRUKTUREN

KB 5 **11 Schreiben Sie die Sätze mit *denn*.**

a Ich kann leider nicht kommen. Ich habe einen Termin beim Zahnarzt.
Ich kann leider nicht kommen, denn ich habe einen Termin beim Zahnarzt.

b In dem Haus kann man nicht mehr wohnen. Nach dem Sturm war das Dach kaputt.
..., denn nach _____.

c Ella kommt heute nicht mit in die Disco. Sie hat morgen eine Prüfung.
_____.

d Mit dem Urlaub hatten wir wirklich Glück. Das Wetter war ein Traum.
_____.

STRUKTUREN

KB 5 **12 Verbinden Sie.**

a Soll ich das Kleid nehmen   denn   die Spülmaschine funktioniert nicht.
b Am See darf man nicht grillen   aber   am liebsten bin ich in den Bergen.
c Ich mache gern Urlaub am Meer,   oder   findest du den Rock schöner?
d Der Techniker muss kommen,   und   Baden ist auch verboten.

TRAINING: HÖREN

1 Gespräch in der Kantine.

Sehen Sie das Bild an. Was meinen Sie? Was passiert hier? Was sagen die Personen?

Familie | Arbeit | ~~Urlaub~~ | Krankheit | Haushalt | Wetter …

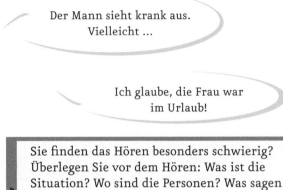

> Der Mann sieht krank aus.
> Vielleicht …

> Ich glaube, die Frau war
> im Urlaub!

TIPP
Sie finden das Hören besonders schwierig? Überlegen Sie vor dem Hören: Was ist die Situation? Wo sind die Personen? Was sagen die Personen vielleicht?

▶ 2 37 **2 Hören Sie nun das Gespräch und korrigieren Sie die Sätze.**

a ~~Peter~~ war im Urlaub krank.   *Peters Frau*

b Das Hotelzimmer war sauber.   _____

c Das Wetter war zu warm.   _____

d Peters Frau möchte nächstes Jahr wieder nach Italien. _____

e Der Urlaub von Peters Kollegin war nicht schön. _____

f Sie war in Italien.   _____

TRAINING: AUSSPRACHE *Vokal „ö"*

▶ 2 38 **1 Wann hören Sie „ö"? Kreuzen Sie an.**

	1. Wort	2. Wort
1	○	○
2	○	○
3	○	○
4	○	○
5	○	○
6	○	○

b Mädchen
Brötchen
Mädchen möchten Brötchen.

c Fan
Föhn
Ein Föhn vom Fan

d Kellner
Köln
Ein Kölner Kellner ist ein Kellner aus Köln.

e sonnig
bewölkt
im Norden sonnig, im Osten bewölkt

▶ 2 39 **2 Hören Sie und sprechen Sie dann.**

a Wetter
Wort
macht: Wetterwörter

TEST

1 **Das Wetter in Deutschland. Ordnen Sie zu.**

Wolken | scheint | Sturm | neblig | Grad | ~~Gewitter~~ | regnet | Himmel | warm

a In Frankfurt gibt es ein *Gewitter* und es _____ .
b In Köln _____ die Sonne, es ist _____ .
c In Dresden ist der _____ blau, es gibt keine _____ .
d In München ist es sehr windig, es gibt bald einen _____ .
e In Hamburg ist es _____ , es hat nur 3 _____ .   __/ 8 PUNKTE

2 **Bilden Sie Wörter mit -los und ergänzen Sie.**

kosten- | wolken- | arbeits- | ~~fehler-~~ | farb-

a Mein Test ist *fehlerlos*. Ich habe keinen Fehler gemacht!
b Man kann im Zentrum parken, aber es ist teuer. Hinter der Post ist es _____ .
c Das Wetter ist schön, der Himmel ist _____ .
d Es regnet seit Stunden. Alles ist grau und _____ .
e Thomas hat keinen Job mehr, er ist jetzt _____ .   __/ 4 PUNKTE

3 **Schreiben Sie Sätze mit denn.**

a Ich gehe heute zum Zahnarzt, *denn ich habe Zahnweh*.
   (ich / Zahnweh haben)
b Wir fahren am Samstag zu den Großeltern, denn _____ .
   (unsere Oma / krank sein)
c Wir müssen zu Fuß gehen, denn _____ .
   (der Aufzug / nicht funktionieren)
d Niko macht ein Fest, denn _____ .
   (er / Wohnung gefunden haben)   __/ 3 PUNKTE

4 **Ordnen Sie zu.**

ich arbeite am Wochenende | der Schnee ist traumhaft | ich backe gern | deine Partys sind immer lustig | ich schreibe am Montag eine Prüfung | ich habe Geburtstag

Hallo, ich mache am Freitag eine Party, denn _____ .
Könnt ihr kommen?
■ Klar, ich komme gern, denn _____ .
▲ Leider nein. Ich muss viel lernen, denn _____ .
● Nur kurz, denn _____ und muss am Samstag früh aufstehen.
▲ Tolle Idee. Ich bringe zwei Kuchen mit, denn _____ .
■ Ich weiß nicht. Vielleicht gehe ich Ski fahren, denn _____ .

         __/ 6 PUNKTE

Wörter	Strukturen	Kommunikation
● 0–4 Punkte	● 0–3 Punkte	● 0–3 Punkte
○ 5–6 Punkte	○ 4–5 Punkte	○ 4 Punkte
● 7–8 Punkte	● 6–7 Punkte	● 5–6 Punkte

www.hueber.de/menschen/lernen

LERNWORTSCHATZ

1 Wie heißen die Wörter in Ihrer Sprache? Übersetzen Sie.

Wetter

Wetter das _____

Gewitter das, - _____

Grad das, -e _____

Nebel der _____

Regen der _____

Schnee der _____

Sonne die, -n _____

Sturm der, ⸚e _____

Wind der, -e _____

Wolke die, -n _____

regnen, hat
  geregnet
schneien, hat
  geschneit _____
scheinen, hat
  geschienen _____

kühl _____

neblig _____

sonnig _____

warm _____

windig _____

Himmelsrichtungen

Himmelsrichtung
  die, -en _____

Norden der _____

Süden der _____

Osten der _____

Westen der _____

Weitere wichtige Wörter

Dach das, ⸚er _____

Frühjahr das, -e _____

Glas das, ⸚er _____

Glück das _____

Himmel der _____

Laune die, -n _____

Reiseführer
  der, - _____

Traum der, ⸚e _____

> **TIPP** Suchen Sie
> Wortfamilien.

Wolke – bewölkt – wolkenlos
Reise – Reiseführer – reisen – Reisebüro

2 Welche Wörter möchten Sie noch lernen? Notieren Sie.

_____

_____

_____

_____

_____

_____

_____

_____

_____

_____

_____

_____

Ich würde am liebsten jeden Tag feiern.

KB 2 **1 Ergänzen Sie die Einladung.**

Bescheid | Fluss | geben | Getränke | grillen | vergessen | Wald | Wetter | ~~wunderbar~~ | zufrieden

Hallo!
Ist es nicht *wunderbar* (a)? Für die Wochenenden haben wir ein Haus im _____ (b)
gefunden. Was für ein Glück! Wir sind super _____ (c).
Am Freitag, den 1. April würden wir das gern mit Euch feiern. Wir wollen _____ (d).
Hoffentlich spielt das _____ (e) mit. _____ (f) und Grillfleisch
kaufen wir. Aber bringt doch bitte Salate mit!
Und Zelte und Schlafsäcke nicht _____ (g)! Ihr könnt auch Badesachen mitbringen.
Es gibt dort einen _____ (h) in der Nähe.

Kommt Ihr? Bitte _____ (i) uns doch bis zum 15. März _____ (j).
Alisa und Leon

P.S. „Wohin soll ich denn kommen?", werdet Ihr Euch jetzt fragen.
Ganz einfach: Die Wegbeschreibung findet Ihr im Anhang.

KB 3 **2 Welcher Tag ist heute? Notieren Sie.**

Heute ist ...

a 03.09. *der dritte Neunte / der dritte September* _____

b 07.12. _____

c 15.01. _____

d 28.05. _____

KB 3 **3 Wann ...? Notieren Sie.**

a    b    c    d

1. August   26. Oktober   3. Oktober   24. Dezember –
                                                            26. Dezember

a Wann ist der Bundesfeiertag in der Schweiz?
   Am ersten August _____ .

b Wann feiert man den Nationalfeiertag in Österreich?
   _____ .

c Wann ist der Tag der Deutschen Einheit?
   _____ .

d Wann feiert man in Deutschland Weihnachten?
   _____ .

BASISTRAINING

KB 3 **4 Ordnen Sie zu.**

STRUKTUREN

ab | ~~am~~ | am | bis | bis | für | nach | im | in | um | vom | von

a _Am_ Mittwoch hat Isabella Prüfung. Wir treffen uns _____ 17.00 Uhr vor der Schule und wollen ihr gratulieren.

b Frau Stern hat _____ 17. August Geburtstag. _____ 15.00 Uhr _____ 16.00 Uhr gibt es Kaffee und Kuchen in ihrem Büro.

c _____ Juli hat Herr Bellmann Urlaub, _____ 5. Juli _____ zum 19. Juli.

d _____ dem Urlaub zieht er dann mit seiner Familie um.

e _____ vier Wochen ist schon wieder Weihnachten. Und ich habe noch keine Geschenke.

f _____ Montag bin ich _____ drei Wochen im Urlaub.

KB 3 **5 Was ist richtig? Hören Sie und kreuzen Sie an.**

▶ 2 40–43

HÖREN

a Am 23. August kann man die Praxis wieder besuchen. ○

b Luisa schafft es sicher um 15.30 Uhr. ○

c Der Anrufer wartet noch 10 Minuten vor dem Kino. ○

d Michi hat am Sonntag keine Zeit. ○

KB 3 **6 Was feiern die Personen?**

▶ 2 44

WÖRTER

a Hören Sie und nummerieren Sie.

○ Ostern   ① Geburtstag   ○ Weihnachten   ○ Silvester

b Ergänzen Sie aus a und vergleichen Sie.

Deutsch	Englisch	Meine Sprache oder andere Sprachen
_ _ _ h _ _ _ _ _ _ _	Christmas	
_ _ _ _ _ _ _ t _ _	birthday	
_ _ t _ _ _	Easter	
_ _ _ v _ _ _ _ _	New Year's Eve	

KB 4 **7 Was ist das? Ergänzen Sie.**

WÖRTER

a
Der erste Tag des Jahres heißt
_____.

b
Holger und Katrin wollen im Mai heiraten. Sie haben die ganze Familie und viele Freunde zur _____ eingeladen.

c
Tobias hat seine
_____ bestanden!
Das möchte er groß feiern.

d
Wir haben neue Nachbarn. Am Wochenende machen sie eine
_____.

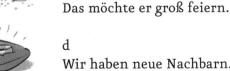

BASISTRAINING

KB 4 **8 Notieren Sie die passenden Glückwünsche.**

a Max wird morgen endlich 18 Jahre alt.   Herzlichen Glückwunsch.
b Sie treffen einen Bekannten am 2. Januar auf der Straße.   _____
c Ihr Bruder hat seine Führerscheinprüfung bestanden.   _____
d Eine Freundin geht für ein Jahr ins Ausland.   _____
e Sie treffen eine Nachbarin am 26. Dezember im Treppenhaus.   _____

KB 4 **9 Schreiben Sie eigene Aufgaben wie in 8 und tauschen Sie mit Ihrer Partnerin / Ihrem Partner.**

KB 5 **10 Was passt? Ordnen Sie zu.**

a Natascha und Ella singen und schreiben Lieder.
b Klaus hat kein Geld.
c Meine Tochter fährt gern Motorrad.
d Am Freitag spielt unsere Lieblingsband in Berlin und es gibt keine Tickets mehr.

Ich würde ihr gern ein Motorrad schenken.
Wie schade! Wir würden gern zum Konzert gehen.
Aber er würde gern den Führerschein machen.
Sie würden gern eine CD machen.

KB 5 **11 Markieren Sie die Formen von *würd-* in 10 und ergänzen Sie die Tabelle.**

Ich	_____	gern den Führerschein machen.
Du	würdest	gern eine CD machen.
Er/Es/Sie	_____	ihr gern ein Motorrad schenken.
Wir	_____	gern zum Konzert gehen.
Ihr	würdet	
Sie/Sie	_____	

KB 5 **12 Was sagen die Personen? Schreiben Sie.**

im Wald wohnen | ~~in den Süden fahren~~ | jeden Tag grillen | viel Geld verdienen

a Ich würde gern in den Süden fahren.

c _____

b _____

d _____

Modul 8 190 | hundertneunzig

TRAINING: SCHREIBEN

1 **Lesen Sie die Einladung und ordnen Sie zu.**

Viele Grüße | Liebe Studentinnen und Studenten | Bielefeld, 15 Juni 20..

_____

_____,

am 28. Juli wollen wir das Semesterende feiern.

Wie jedes Jahr wollen wir ein Picknick machen und natürlich viel Spaß haben. Dieses Jahr haben wir auch ein Programm vorbereitet. Wir freuen uns schon sehr!

Wir treffen uns um 10.00 Uhr am Hauptbahnhof und fahren mit Bussen an den Kalmbacher See. Macht Ihr auch dieses Jahr mit? Bitte gebt uns bis zum 30. Juni Bescheid.

_____

Josh Weller
Fachschaftsrat – Germanistik

> **TIPP**
> Sie möchten einen Brief schreiben. Was ist besonders wichtig? Vergessen Sie nicht das Datum, die Anrede und den Gruß. Vor dem Schreiben: Wie gut kennen Sie den Adressaten? Wollen Sie _du_ oder _Sie_ sagen? Schreiben Sie zu jedem Punkt ein bis zwei Sätze.

2 **Antworten Sie auf die Einladung in 1. Schreiben Sie etwas zu den drei Punkten.**

– Danken Sie für die Einladung.
– Sagen Sie: Sie kommen gern zu dem Fest.
– Fragen Sie: Sollen Sie etwas mitbringen?

TRAINING: AUSSPRACHE _Neueinsatz_

▶ 2 45 **1** **Hören Sie und sprechen Sie nach.**
Achten Sie auf die Pause!

a April – im | April
b Ostern – zu | Ostern
c Abend – heute | Abend
d Abschlussprüfung – meine | Abschlussprüfung
e Uhr – acht | Uhr
f Ulm – in | Ulm

2 **Ergänzen Sie die Regel.**

> **REGEL**
> Vor Wörtern mit Vokal beginnt man neu. Das heißt: Man macht eine kleine Sprech-_____.

3 **Schreiben Sie zuerst die Sätze.**
Flüstern Sie die Sätze und sprechen Sie sie dann laut.

a amerstenaugustwillichmiteuch meineabschlussprüfungfeiern
b kommtalleumachtuhrzumeinerein weihungsparty
c zuosternbekommtihrkleinegeschenke
d meinefreundinhateinenfreundinulm

▶ 2 46 **Hören Sie und vergleichen Sie.**

▶ 2 47 **4** **Zungenbrecher: Hören Sie.**

In Ulm und um Ulm und um Ulm herum.

Sprechen Sie: zuerst langsam und dann immer schneller.

TEST _____

WÖRTER

1 **Feste und Feiern. Ergänzen Sie die Nomen oder Verben in der richtigen Form.**

a Bist du schon umgezogen? – Ja. In zwei Wochen ist meine <u>Einweihungsparty</u>.

b Ich _____ dir herzlich zu deinem Geburtstag. – Vielen Dank!

c Tanja und Martin wollen heiraten. – Ja, ich weiß. Die _____ ist im September.

d Wie heißt der letzte Tag des Jahres? – _____.

e Felix hat seine Prüfung _____. – Toll, das freut mich!

f Papa wird nächste Woche 50 Jahre alt. – Was sollen wir ihm _____?

g Wann feiert ihr _____? – Am 24. Dezember.   __ / 6 PUNKTE

STRUKTUREN

2 **Schreiben Sie das Datum in der richtigen Form.**

a ■ Welches Datum ist heute?   ▲ <u>Der zwölfte</u>. (12.)

   ■ Wirklich? Dann ist ja morgen Freitag, _____ (13.) .

b ● Meine Mutter feiert nur jedes vierte Jahr Geburtstag.

   ▲ Warum?

   ● Sie hat _____ (29.2.) Geburtstag.

c ■ Am Montag habe ich keine Schule.

   ▲ Ach ja, richtig, das ist _____ (3.10). Das ist ein Feiertag.

d ▲ Fahrt ihr in Urlaub?

   ■ Ja, _____ (09.–15.08)   __ / 4 PUNKTE

STRUKTUREN

3 **Wünsche. Schreiben Sie Sätze mit würd-.**

a Bruno <u>würde gern ein Motorrad</u> kaufen. (Motorrad kaufen/gern)

b Tom, _____? (du/Fallschirm springen/gern)

c Amelie und Sarah, was _____? (ihr/machen/gern)

d Meine Eltern _____. (die neue Ausstellung besuchen/gern)

e Herr Wolf, wo _____? (Sie/leben/gern)

f Wir _____. (jeden Tag feiern/gern)   __ / 5 PUNKTE

KOMMUNIKATION

4 **Ergänzen Sie die Glückwünsche.**

a Liebe Mama, _____ Glückwunsch zum Geburtstag!

b 10, 9, 8, 7, 6, 5, 4, 3, 2, 1 .... Gutes _____!

c Alles _____! Wir hoffen, es geht dir bald besser.

d Liebe Kunden, unser Geschäft ist vom 23.–27.12. geschlossen. Wir wünschen frohe _____!

e Ihr habt 5:1 gewonnen? Gut _____!   __ / 5 PUNKTE

Wörter	Strukturen	Kommunikation
● 0–3 Punkte	● 0–4 Punkte	● 0–2 Punkte
◖ 4 Punkte	◖ 5–7 Punkte	◖ 3 Punkte
● 5–6 Punkte	● 8–9 Punkte	● 4–5 Punkte

www.hueber.de/menschen/lernen

1 **Wie heißen die Wörter in Ihrer Sprache? Übersetzen Sie.**

Feste und Feiern

Fest das, -e _____

Feier die, -n _____

Ostern das _____
  A: Ostern die (Pl)

Weihnachten das _____
  A: Weihnachten die (Pl)

bestehen, hat
  bestanden _____

gratulieren, hat
  gratuliert _____

schenken, hat
  geschenkt _____

Glückwünsche

Glückwunsch
  der, ⸚e _____

Alles Gute! _____

Frohe
  Weihnachten! _____

Gutes / Frohes
  neues Jahr! _____

Gut gemacht! _____

Herzlichen
  Glückwunsch! _____

Weitere wichtige Wörter

Bekannte der/
  die, -n _____

CD die, -s _____

Getränk das, -e _____

Ticket das, -s _____
  A: Fahrkarte die, -n
  CH: Billet das, -s

Reise die, -n _____

Verwandte der/
  die, -n _____

antworten, hat
  geantwortet _____

gewinnen, hat
  gewonnen _____

um·ziehen, ist
  umgezogen _____

zufrieden _____

draußen
gemeinsam _____

hoffentlich
endlich _____
schade

> **TIPP**
> Notieren Sie wichtige
> Termine auf Deutsch.
>
> 12.04.   70. Geburtstag Opa
> 25.07.   Felix zieht um
> 22.12.   Weihnachtsfeier in der Firma

2 **Welche Wörter möchten Sie noch lernen? Notieren Sie.**

_____

_____

_____

_____

_____

_____

_____

_____

WIEDERHOLUNGSSTATION: WORTSCHATZ

1 **Wie sieht Constanze aus? Ergänzen Sie die Kleidungsstücke.**

a Ihre _____ ist blau.   d Ihre _____ ist lila.

b Ihr _____ ist rot.   e Ihre _____ sind braun.

c Ihr _____ ist gelb.   f Ihre _____ ist grün.

2 **Rätsel**

a **Lesen Sie die Sätze und ergänzen Sie die Tabelle. Zu drei Feldern gibt es keine Information.**

1 Carla hat am 14. November Geburtstag.
2 Hannah macht dieses Jahr Urlaub in Schweden. Sie hat schon einen Reiseführer gekauft.
3 Julia liebt Strumpfhosen. Sie trägt sie immer, auch im Sommer.
4 Beate wohnt seit Januar in der Schweiz, in Bern. Sie hat am 5. Februar Geburtstag.
5 Eine Frau zieht nicht gern Hosen an. Sie lebt in Hamburg und macht Urlaub in Dänemark.
6 Eine Frau macht Urlaub in Frankreich. Sie ist elegant und trägt gerne einen Hut.
7 Julia wohnt in Rom.
8 Eine Frau hat am 9. April Geburtstag. Es ist nicht Hannah.
9 Eine Frau wohnt in Wien. Sie trägt nur Hosen.

Name	Carla	Hannah	Julia	Beate
macht Urlaub in ...				
hat am ... Geburtstag	14.11.			
trägt gern ...				
wohnt in ...				

b **Beantworten Sie die Fragen.**
Wer hat am 29. August Geburtstag? Wer macht Urlaub in Spanien? Wer trägt gern Röcke?

3 **Wie ist das Wetter? Ordnen Sie zu.**

a *Ist es windig?*
Ja,   es ist ⌐ schneit.
Nein, ─── es ─┘ sonnig.

c *Scheint die Sonne?*
Ja,   es gibt   27 Grad.
Nein,   es sind   Wolken.

b *Ist es kalt?*
Ja,   es sind   windig und neblig.
Nein,   es ist   warm. 25°C

d *Regnet es?*
Ja, aber   es   neblig und
                          bewölkt.
Nein, aber   es ist   donnert und blitzt.

4 **Ergänzen Sie die SMS.**

a
Hallo Ihr Lieben,
Frohe
_____
und ein gutes neues
_____ !

b
Eine 2 in der
Englisch-Prüfung?
Gut _____ !

c
Lieber Ben, alles
_____
zum 30. Geburtstag!

d
Herzlichen
_____
zum Baby! Wir
besuchen Euch bald.

WIEDERHOLUNGSSTATION: GRAMMATIK

1 **Vergleichen Sie und schreiben Sie Sätze.**

a   Montag: 16° – Dienstag: 18° – Mittwoch: 22°

_Am Dienstag ist es wärmer als am Montag. Am Mittwoch..._____

b   +   ++   +++

Ich _____. (mögen)

c   Simon   Daniel   Tom

_____. (groß sein)

d

Die Bluse_____. (kosten)

2 **Sehen Sie den Kalender an. Lesen Sie die E-Mail und achten Sie auf die Ordinalzahlen. Ordnen Sie dann zu.**

1 Montag	2 Dienstag	3 Mittwoch	4 Donnerstag	5 Freitag	6 Samstag	7 Sonntag
Frei! Juhu! ——— Lübeck ———→			Albert wird 50!	Dr. Schön. 9.00 Uhr	Wochenende!	

Geburtstag | Treffen | Reise | ~~Feiertag~~ | Termine | Zahnarzttermin | Maiwoche

Liebe Franziska,

wann können wir uns in Berlin treffen? Wann hast Du Zeit im Mai? Ich schreibe Dir mal meine
Termine: Der erste Mai ist ein _Feiertag_ (a) und ich mache bis zum zweiten Mai eine
_____ (b) nach Lübeck. Am vierten ist der _____ (c)
von meinem Mann und am fünften habe ich einen _____ (d). Die erste
_____ (e) ist also schlecht für ein _____. Aber ab
dem sechsten habe ich keine _____ (f). Da können wir uns treffen. Hast
Du da Zeit?
Viele Grüße
Karina

3 **Was würden die Personen gern machen? Schreiben Sie Sätze.**

im Meer baden | ~~tanzen~~ | in Urlaub fahren | am See grillen

a   _Niko und Lina würden gern tanzen._ _____

b   Ich _____

c   Felix _____

d   Wir _____

SELBSTEINSCHÄTZUNG *Das kann ich!*

Ich kann jetzt ...

... Kleidung bewerten: L22   ○ ○ ○
- ■ Welches Kleid _____ du am schönsten?
- ▲ Das hier. Und du?
- ■ Mir _____ das hier besser.

... Kleidung beschreiben: L22   ○ ○ ○
M_____ Lieblings-T-Shirt _____ ich bei einem Konzert gekauft.
Ich t_____ es oft. Zuletzt h_____ ich es letzten Montag an.

... Aussagen verstärken: L22   ○ ○ ○
- ■ Wow, hast du das Kleid schon gesehen? T_____ schön.
- ▲ Was? Das gefällt dir? Das ist doch w_____ langweilig.
- ● Aber seht mal, das hier ist r_____ toll.

... Gründe angeben: L23   ○ ○ ○
Unser Ziel war Südtirol, _____ dort ist es im März schon oft sehr warm.

... über das Wetter sprechen: L23   ○ ○ ○
- ■ _____ ist das Wetter bei euch?
- ▲ Super, _____ scheint und es ist _____.

... über Wünsche sprechen: L24   ○ ○ ○
_____ würdest du am liebsten jeden Tag m_____?
Ich _____.
(gern meinen Geburtstag feiern)

... gratulieren: L24   ○ ○ ○
F_____ W_____! / H_____
G_____! / A_____ G_____!

Ich kenne ...

... 8 Kleidungsstücke: L22   ○ ○ ○
Diese Kleidungsstücke habe ich oft an/mag ich:
_____
Diese Kleidungsstücke habe ich nie an/mag ich nicht so:
_____

... 6 Wörter zum Thema Wetter: L23   ○ ○ ○
So mag ich das Wetter: _____
So mag ich das Wetter nicht: _____

... die 4 Himmelsrichtungen: L23   ○ ○ ○
_____

... 5 Wörter zum Thema Feste und Feiern: L24   ○ ○ ○
Feste: _____
Verben: gra_____, sch_____, fei_____

SELBSTEINSCHÄTZUNG *Das kann ich!*

Ich kann auch ...

... Kleidung bewerten (Komparation): L22   ○ ○ ○

_____ (+++, gut) findet sie seine Schuhe.

Maike mag _____ (++, gern) Beige als Lila.

Dein T-Shirt ist ja noch _____ (++, alt) als das von Marco.

... Kleidung vergleichen (genauso ... wie, als): L22   ○ ○ ○

Lila (+) mag sie _____ gern _____ Rosa (+).

Das Hemd (++) gefällt ihr besser _____ die Hose (+).

... sagen, wie etwas ist (Adjektive bilden): L23   ○ ○ ○

Ohne ...: Der Himmel ist wolken _____.

... Gründe angeben (Konjunktion: denn): L23   ○ ○ ○

Nächstes Jahr fahren wir lieber ans Mittelmeer. Dort ist es auch im Herbst noch
schön warm. *Nächstes Jahr ...* _____ ,
denn _____ .

... das Datum angeben (Ordinalzahlen): L24   ○ ○ ○

Welcher Tag ist heute? _____. (7. September)

Wann hast du Geburtstag? _____. (16. Juli)

... Wünsche angeben (Konjunktiv II: würde): L24   ○ ○ ○

ins Kino / einladen / würde / ich / dich / gern:

_____ .

Üben / Wiederholen möchte ich noch ...

_____

RÜCKBLICK

Wählen Sie eine Aufgabe zu Lektion 22 _____

🔍 **1** **Lesen Sie noch einmal den Forumsbeitrag von Marco im Kursbuch auf Seite 125.**
Schreiben Sie einen Kommentar.

Ich finde dein T-Shirt ... | Super / Nicht so gut finde ich ... | ...

👓 **2** **Haben Sie auch ein Lieblingskleidungsstück? Schreiben Sie einen Beitrag im Forum.**

Mein/e Lieblingspullover / Lieblings... ist ... Jahre alt.
Ich habe ihn/sie/es ... gekauft. / Er/Sie/Es ist ein Geschenk von ...
Ich finde ihn/sie/es ...
...

RÜCKBLICK

Wählen Sie eine Aufgabe zu Lektion **23** _____

🔍 **1** Lesen Sie noch einmal die Blogbeiträge im Kursbuch auf Seite 128 und ergänzen Sie die Tabelle.

	Tom und Hanna	Familie Encke	Beat, Karla und Franca
Wo waren die Personen?	Südtirol		
Was waren die Probleme? / Was ist passiert?	15 Zentimeter Neuschnee bei minus zwei Grad		

🔭 **2** Ins Wasser gefallen? Schreiben Sie einen Beitrag in einem Blog zu einem Problemurlaub. Machen Sie zuerst Notizen zu folgenden Punkten:

> Wo waren Sie?
> Was waren die Probleme? /
> Was ist passiert?

Wählen Sie eine Aufgabe zu Lektion **24**

🔍 **1** Lesen Sie noch einmal den Tagebucheintrag von Alisa im Kursbuch auf Seite 132 und beantworten Sie die Fragen.

    a Was hat Alisa gefeiert? _____
    b Wann hat sie gefeiert? _____
    c Wo hat sie gefeiert? _____
    d Wer hat mitgefeiert? _____

🔭 **2** Was haben Sie zuletzt gefeiert? Schreiben Sie einen Tagebucheintrag. Machen Sie zuerst Notizen.

    – Was haben Sie gefeiert?
    – Wann haben Sie gefeiert?
    – Wo haben Sie gefeiert?
    – Wer hat mitgefeiert?
    – Was haben Sie gemacht?
    – Was hat Ihnen besonders gefallen / nicht gefallen?

LITERATUR

WIEDERSEHEN IN WIEN

Teil 4: Ein schöner Abend, oder?

Paul und Anja klingeln. Lisa öffnet die Tür.

„Hallo Paul, hallo Anja! Kommt rein. Es sind schon viele Leute da. Na, und wer bist du?"

Herr Rossmann bellt.

„Das ist Herr Rossmann."

„Hallo Herr Rossmann, komm auch rein!"

„Alles Gute zum Geburtstag, Lisa!", sagt Paul und gibt ihr die Blumen.

„Oh, danke, die sind schön. Das ist sehr nett von dir, Paul." Sie lächelt. „Ich zeige euch gleich mal die Wohnung."

„Wow, die ist wirklich super", sagt Anja.

„Und so groß."

„Ich brauche auch eine große Wohnung", sagt Lisa. „Ich möchte gern bald eine Familie haben. Ich liebe Kinder."

„Kinder?", fragt Paul. „Bist du ...?"

„Nein, noch nicht. Aber mein Freund Franz und ich wollen bald heiraten."

„Oh ..."

Paul und Anja setzen sich auf ein Sofa und trinken etwas. Sie hören der Musik zu und sehen die anderen Leute an.

Dann sagt Anja: „Lisa hat einen Freund. Bist du traurig?"

„Nein."

„Doch."

„O.K., ein bisschen vielleicht", sagt Paul.

„Weißt du was? Gehen wir spazieren."

„Gute Idee!"

Es ist warm, der Himmel ist klar, der Mond scheint. Sie gehen an der Oper vorbei und dann durch die Kärntner Straße.

„Ist der Stephansdom nicht schön in der Nacht?", fragt Anja.

„Oh ja, sehr schön."

„Bist du noch traurig?"

„Nein, eigentlich nicht."

„Wirklich?"

„Ja, wirklich."

Paul sieht Anja an.

‚Was war nur los mit mir?', denkt er. ‚Warum habe ich Lisa so super gefunden? Sie ist nett, ja, und sie ist auch hübsch. Aber eigentlich ... finde ich Anja viel toller.'

Herr Rossmann bellt.

„Ja, genau, Herr Rossmann, das findest du auch, oder?"

„Was findet Herr Rossmann auch?", fragt Anja.

„Oh, nichts ..." Paul wird rot.

„Ein schöner Abend, oder?", sagt er und lächelt Anja an.

Sie lächelt zurück.

„Ja, wirklich ein schöner Abend ..."

GRAMMATIKÜBERSICHT

Nomen

Artikel im Singular und Plural	L06	
	Singular	**Plural**
● maskulin	der/ein/kein Schlüssel	die/-/keine Schlüssel
● neutral	das/ein/kein Formular	die/-/keine Formulare
● feminin	die/eine/keine Briefmarke	die/-/keine Briefmarken

Nomen: Singular und Plural	L06	
	Singular	**Plural**
-e/⸚e	der Stift der Schrank	die Stifte die Schränke
-(e)n	die Briefmarke die Rechnung	die Briefmarken die Rechnungen
-s	das Sofa	die Sofas
-er/⸚er	das Bild das Notizbuch	die Bilder die Notizbücher
-/⸚	der Kalender	die Kalender

Akkusativ nach haben, brauchen, suchen, ...				L06
	definiter Artikel	**indefiniter Artikel**	**Negativartikel**	
● maskulin	Sie hat **den**	einen	keinen	Schlüssel.
● neutral	das	ein	kein	Formular.
● feminin	die	eine	keine	Briefmarke.
● Plural	die	–	keine	Stifte.

Genitiv bei Eigennamen	L14
Ottos Nachbarin	= die Nachbarin von Otto
Vanillas Garten	= der Garten von Vanilla

Artikelwörter und Pronomen

Possessivartikel mein/dein	L03		
	maskulin	**feminin**	**Plural**
ich →	mein Bruder/Mann	meine Schwester/Frau	meine Eltern/Kinder
du →	dein Bruder/Mann	deine Schwester/Frau	deine Eltern/Kinder

definiter Artikel der/das/die und Personalpronomen er/es/sie			L04
Nominativ / Singular	**definiter Artikel**	**Personalpronomen**	
● maskulin	Der Tisch	Er	
● neutral	Das Bett	Es	kostet 450 Euro.
● feminin	Die Lampe	Sie	

(ist schön. — gilt für definiter Artikel)

indefiniter Artikel ein/eine und Negativartikel kein/keine		L05
	indefiniter Artikel	**Negativartikel**
	Das ist ...	
● maskulin	ein Schlüssel	kein Schlüssel
● neutral	ein Buch	kein Buch
● feminin	eine Brille	keine Brille.

Possessivartikel *sein/ihr* L14						
	Nominativ		**Akkusativ**			
	Da ist ...		Ich mag ...			
	♂	♀	♂	♀		
• Garten	sein	ihr	sein**en**	ihr**en**	Garten.	
• Haus	sein	ihr	sein	ihr	Haus.	
• Küche	seine	ihre	seine	ihre	Küche.	
	Da sind ...		Ich mag ...			
• Kinder	seine	ihre	seine	ihre	Kinder.	
auch so bei: finden, ...						

Personalpronomen im Dativ L15	
Nominativ	**Dativ**
ich	mir
du	dir
er/es	ihm
sie	ihr
wir	uns
ihr	euch
sie/Sie	ihnen/Ihnen

Personalpronomen im Akkusativ L20	
Nominativ	**Akkusativ**
ich	mich
du	dich
er/es/sie	ihn/es/sie
wir	uns
ihr	euch
sie/Sie	sie/Sie
Ich komme um 10 Uhr an. Holst du mich bitte ab?	

Verben

Konjugation Präsens: regelmäßige Verben L01/02			
	machen	**arbeiten**	**heißen**
ich	mache	arbeite	heiße
du	machst	arbeitest	heißt
er/sie	macht	arbeitet	heißt
wir	machen	arbeiten	heißen
ihr	macht	arbeitet	heißt
sie/Sie	machen	arbeiten	heißen
auch so: kommen, wohnen, leben ...			

Konjugation Präsens: besondere Verben L01/02/09			
	haben	**sein**	**mögen**	„möchte"
ich	habe	bin	mag	möchte
du	hast	bist	magst	möchtest
er/sie	hat	ist	mag	möchte
wir	haben	sind	mögen	möchten
ihr	habt	seid	mögt	möchtet
sie/Sie	haben	sind	mögen	möchten

GRAMMATIKÜBERSICHT

Konjugation mit Vokalwechsel L03

	sprechen
ich	spreche
du	sprichst
er/sie	spricht
wir	sprechen
ihr	sprecht
sie/Sie	sprechen

Modalverb können: Konjugation L07

	können
ich	kann
du	kannst
er/sie	kann
wir	können
ihr	könnt
sie/Sie	können

trennbare Verben L10

an∤rufen	→	Ich rufe dich an.
ein∤kaufen	→	Vielleicht kaufe ich noch was ein.

Perfekt mit haben L11

		Perfekt			
		haben +	Partizip ...t	...en	
regelmäßig	machen	er/es/sie hat	gemacht		*auch so:* sagen – gesagt, arbeiten – gearbeitet, ...
unregelmäßig	schreiben	er/es/sie hat		geschrieben	*auch so:* essen – gegessen, trinken – getrunken, ...
trennbare Verben	auf∤räumen	er/es/sie hat	aufgeräumt		*auch so:* einkaufen – eingekauft, ...
	an∤rufen	er/es/sie hat		angerufen	*auch so:* einladen – eingeladen, fernsehen – ferngesehen, ...
Verben auf -ieren	telefonieren	er/es/sie hat	telefoniert		*auch so:* fotografieren – fotografiert, ...

Perfekt mit sein L12

		Perfekt		
		sein +	Partizip ...en	
unregelmäßig	gehen	er/es/sie ist	gegangen	*auch so:* fliegen – geflogen, fahren – gefahren, kommen – gekommen, ...
trennbare Verben	an∤kommen	er/es/sie ist	angekommen	*auch so:* einsteigen – eingestiegen, abfahren – abgefahren, ...

Modalverb wollen L17

	will
ich	will
du	willst
er/sie/es	will
wir	wollen
ihr	wollt
sie/Sie	wollen

Modalverb sollen L18

	soll
ich	soll
du	sollst
er/es/sie	soll
wir	sollen
ihr	sollt
sie/Sie	sollen

Modalverben dürfen und müssen L21

	dürfen	müssen
ich	darf	muss
du	darfst	musst
er/es/sie	darf	muss
wir	dürfen	müssen
ihr	dürft	müsst
sie/Sie	dürfen	müssen

Verben mit Dativ		L15
Das	gehört	mir.
Das	gefällt	dir.
Das	hilft	ihm.
Ich	danke	ihr.

Imperativ Sie L18

Trinken Sie viel!

Gehen Sie zum Arzt!

Imperativ Du/ihr L20

	du	ihr
decken	Deck ...!	Deckt ...!
schlafen	Schlaf ...!	Schlaft ...!
vergessen	Vergiss ...!	Vergesst ...!
aus¦räumen	Räum ... aus!	Räumt ... aus!
❗ sein	Sei ...!	Seid ...!
❗ haben	Hab ...!	Habt ...!

Verwendung von Imperativ und sollen L18

direkt:

Schwester Angelika: „Geben Sie ihm diesen Tee!"

indirekt:

Schwester Angelika sagt, ich soll dir diesen Tee geben.

Präteritum: sein und haben L19

	Präsens	Präteritum	Präsens	Präteritum
ich	bin	war	habe	hatte
du	bist	warst	hast	hattest
er/es/sie	ist	war	hat	hatte
wir	sind	waren	haben	hatten
ihr	seid	wart	habt	hattet
sie/Sie	sind	waren	haben	hatten

Perfekt: nicht trennbare Verben L19

Infinitiv	Präsens (heute)	Perfekt (früher)
		haben +be/ge/ver...en/t
erkennen	er/sie erkennt	er/sie hat erkannt
bekommen	er/sie bekommt	er/sie hat bekommen

auch so: gefallen – gefallen, vergessen – vergessen, entschuldigen – entschuldigt, beschweren – beschwert

auch so nach: ent-, emp-, miss-, zer-

Wünsche: Konjunktiv II L24

ich	würde	
du	würdest	
er/es/sie	würde	gern mit dir feiern
wir	würden	
ihr	würdet	
sie/Sie	würden	

GRAMMATIKÜBERSICHT

Präpositionen

Präposition als, bei, in L02
als   Ich arbeite als Journalistin.
bei   Ich arbeite bei X-Media.
in   Ich lebe in Köln.

temporale Präpositionen am, um L08/11/12		
am L08	+ Wochentage/Tageszeiten	am Dienstag / am Abend ❗ in der Nacht
um L08	+ Uhrzeiten	um drei Uhr
von ... bis L11	Von 9 Uhr ✕——————————➤✕ bis 10 Uhr	Von 9 Uhr bis 10 Uhr.
ab L11	Ab 9 Uhr ✕——————————➤	Ab 9 Uhr.
im L12	+ Monate/Jahreszeiten	im Oktober / im Herbst

Wo? → Lokale Präpositionen mit Dativ L13			
Nominativ		**Dativ**	
Da ist....	Wo ist das Hotel? Es ist...	**definiter Artikel**	**indefiniter Artikel**
● der/ein Dom.	neben	dem Dom.	einem Dom.
● das/ein Café.	neben	dem Café.	einem Café.
● die/eine Post.	neben	der Post.	einer Post.
Da sind...			
die / -- Banken/Häuser.	neben	den Banken/ Häusern	– Banken/Häusern.
auch so: auf, an, vor, hinter, zwischen, über, unter, in ❗ in dem = im an dem = am			

temporale Präpositionen vor, nach, in + Dativ L16		
	Wann?	
●		einem Monat
●	vor/nach/in	einem Jahr
●		einer Stunde
○		zwei Wochen

temporale Präposition für + Akkusativ L16		
	(Für) Wie lange?	
●		einen Tag
●	für	ein Jahr
●		eine Woche
○		zwei Wochen

Präpositionen mit und ohne L17		
ohne	+ Akkusativ	ohne das/ mein Handy
mit	+ Dativ	mit dem/ meinem Handy

Negation

nicht L02
Wir leben nicht zusammen.
Sie wohnt nicht in Köln.

Sätze

W-Frage: wer, wie, woher L01

	Position 2	
Wer	ist	das?
Wie	heißen	Sie?
Woher	kommst	du?

ja / nein / doch L03

Ist das deine Frau?	Ja, (das ist meine Frau).
	Nein, (das ist nicht meine Frau).
Das ist nicht deine Frau?	Doch, (das ist meine Frau).
	Nein, (das ist nicht meine Frau).

Modalverben: Satzklammer L07

Aussage	Du	kannst	wirklich super Gitarre	spielen.
Frage/Bitte		Kannst	du das noch einmal	sagen?

Verbposition im Satz L08

	Position 2	
Leider	habe	ich doch keine Zeit.
Ich	habe	leider doch keine Zeit.

trennbare Verben im Satz L10

Aussage	Vielleicht	kaufe	ich noch etwas	ein.
W-Frage	Wann	rufst	du mich	an?
Ja-/Nein-Frage		Rufst	du mich heute	an?

Perfekt im Satz L11

Aussage	Ab 9 Uhr	habe	ich	gearbeitet.
W-Frage	Was	hast	du sonst noch	gemacht?
Ja-/Nein-Frage		Hast	du Frau Dr. Weber	angerufen?

Konjunktionen

Konjunktion denn L23

Es war wunderbar, denn wir hatten ein Traumwetter.

Aussage L01

	Position 2	
Ich	heiße	Paco.
Ich	komme	aus Österreich.
Mein Name	ist	Valerie.

Ja-/Nein-Frage, W-Frage und Aussage L03

Ja-/Nein-Frage		Ist	das deine Frau?
W-Frage	Wer	ist	das?
Aussage	Das	ist	meine Frau.

„möchte" im Satz L09

Ich	möchte	etwas	essen.

GRAMMATIKÜBERSICHT

Modalverben im Satz		L17/L18/L21		
Ich	will	Liedermacher		werden.
Du	sollst	diesen Tee		trinken.
Man	muss	in der Bibliothek leise		sein.
Man	darf	im Bus nicht		essen.

Adjektive

Komparation: gut, gern, viel L22

Positiv	Komparativ	Superlativ
+	++	+++
gut	besser	am besten
gern	lieber	am liebsten
viel	mehr	am meisten

Komparation: andere Adjektive L22

Positiv	Komparativ	Superlativ	
+	++ + -er	+++ am ...-(e)sten	
lustig	lustiger	am lustigsten	
alt	älter	am ältesten	-d/-t/-s/-z: + esten
groß	größer	am größten	
klug	klüger	am klügsten	

oft bei einsilbigen Adjektiven: L22
a → ä: alt / älter / am ältesten o → ö: groß / größer / am größten u → ü: kurz / kürzer / am kürzesten

Vergleiche: als, wie L22
Lila (+) mag sie genauso gern wie Rosa (+). Das Hemd (++) gefällt ihr besser als die Hose (+).

Wortbildung

–in L02	
der Journalist	die Journalistin
der Arzt	die Ärztin

Nomen + Nomen L09		
der Schokoladenkuchen	die Schokolade	+ der Kuchen
die Fischsuppe	der Fisch	+ die Suppe

Wortbildung: Adjektive mit un- L19
☺ sympathisch   ☹ unsympathisch

Adjektive -los L23

	Nomen	Adjektiv
Nomen + **-los**	die Wolken	wolken**los** (= ohne Wolken)

Zahlwörter

Ordinalzahlen: Datum L24

Heute ist der achte Januar.	
1.-19.: + -te:	**ab 20.: +** -ste:
der erste der zweite der dritte der vierte der fünfte der sechste der siebte der achte der neunte …	der zwanzigste der einundzwanzigste ….

Wann? L24

Am achte**n** Januar.
Vom achte**n** bis (zum) achtzehnten Januar.

LÖSUNGSSCHLÜSSEL TESTS

Lektion 1

1 Guten Morgen; Guten Abend; Gute Nacht; Auf Wiedersehen

2 Ich bin Max.; Und der Familienname?; Woher kommst du?; Aus Österreich.; Und wie geht es dir?; Sehr gut!

3 a heiße, kommst **b** heißen, kommen, komme **c** bist, bin **d** ist, kommt

4 a Es geht. Und dir? – Gut, danke. **b** Guten Morgen Herr Bux, wie geht es Ihnen? – Nicht so gut. Und Ihnen? – Sehr gut, danke!

5 Hallo, ich heiße Oborowski. – Wie bitte? Obolanski?; Ich komme aus Italien, und du? – Aus der Türkei.; Sind Sie Frau Roder? – Nein, mein Name ist Koch.; Wie geht's? – Sehr gut. Und dir?

Lektion 2

1 b Wohnort **c** Herkunft **d** Alter **e** Familienstand **f** Beruf **g** Arbeitgeber

2 b 54 **c** 45 **d** 15 **e** 50

3 Krankenschwester; Schauspieler; Studentin; Mechaniker

4 b Alina und Rainer, wo wohnt ihr? In München? – Ja, wir wohnen in München. **c** Wie alt sind Sie? 35? – Nein, ich bin nicht 35. **d** Wo arbeitest du? Bei Siemens? – Ja, ich arbeite bei Siemens. **e** Woher kommen Sinem und Selina? Aus der Schweiz? – Nein, sie kommen nicht aus der Schweiz.

5 a Bei EASY COMPUTER. **b** Aus Frankreich. **c** Ich mache eine Ausbildung als Friseurin. **d** Zwei, drei und fünf **e** In Frankfurt.

Lektion 3

1 Eltern: Vater und **Mutter**; **Geschwister: Bruder** und Schwester; Kinder: Sohn und **Tochter**; **Großeltern**: Oma/ Opa und Großmutter/ **Großvater**; Enkelkinder: Enkel und **Enkelin**

2 b Welche Sprachen sprechen deine Kinder? **c** Ist das dein Vater? **d** Bist du verheiratet? **e** Wo wohnst du?

3 b Meine Kinder sprechen ... **c** Ja, das ist mein Vater. **d** Nein, ich bin nicht verheiratet. **e** Ich wohne in Stuttgart.

4 mein; Meine; Deine; Dein

5 b Ja, ich spreche Spanisch. **c** Nein, ich bin nicht verheiratet. **d** Nein, Frau Duate ist nicht meine Lehrerin. **e** Doch, ich arbeite in Österreich.

Lektion 4

1 b 823 € **c** 3978 € **d** 884000 €

2 b Teppich **c** Lampe **d** Bett **e** Schrank

3 b hässlich **c** lang **d** teuer

4 b Die **c** Das **d** Der **e** Der

5 b er **c** Es **d** Sie **e** Er

6 a Kann ich Ihnen helfen? **b** Wie viel kostet **c** Das ist **d** Brauchen Sie **e** Sie kostet **f** Vielen Dank **g** zu teuer

Lektion 5

1 Farben: orange; Formen: eckig, rund; Gegenstände: Feuerzeug, Seife; Materialien: Kunststoff, Metall

2 b richtig **c** richtig **d** richtig **e** falsch **f** richtig

3 b eine **c** kein, ein **d** ein **e** keine, eine **f** ein

4 a wie heißt das **b** das ist **c** Wie bitte **d** wie schreibt man **e** Dank **f** Problem

Lektion 6

1 b Kalender **c** E-Mail **d** Rechnung **e** Termin **f** Büro

2 b die Briefmarke, die Briefmarken **c** der Stift, die Stifte **d** das Handy, die Handys **e** das Formular, die Formulare **f** der Drucker, die Drucker **g** der Termin, die Termine **h** der Kalender, die Kalender

3 a Der **b** einen **c** einen, einen **d** keinen, einen **e** der

4 a Guten Tag **b** Hier ist **c** Wo ist denn **d** Vielen Dank **e** Auf Wiederhören

Lektion 7

1 a tanzen, Freunde treffen **b** Fußball spielen, Rad fahren **c** lesen, fotografieren, backen

2 b oft **c** nie **d** sehr oft

3 b liest **c** Fährst **d** Können **e** Triffst

4 b Können wir ein bisschen Musik hören? **c** Er kann wirklich toll kochen **d** Könnt ihr Tennis spielen
e Mein Freund kann leider nicht Ski fahren

5 a Herzlichen **b** danke **c** toll, Vielen **d** gut, sehr

Lektion 8

1 b Café **c** Kino **d** Ausstellung **e** Disco

2 Die Woche hat 7 Tage. Sie heißen Montag, Dienstag, Mittwoch, Donnerstag, Freitag, Samstag, Sonntag

3 a sieben Uhr fünfundvierzig, Morgen **b** zehn vor elf, zehn Uhr fünfzig **c** Viertel nach drei, fünfzehn Uhr fünfzehn, Nachmittag **d** fünf vor halb acht, neunzehn Uhr fünfundzwanzig, Abend **e** halb zwölf, Nacht

4 Heute Vormittag spielt Thomas Tennis. – Um 14 Uhr treffe ich Anna. – Am Abend gehen wir ins Kino. – Vielleicht können wir am Sonntag fahren?

5 b in **c** am **d** am, um

6 a Hast du am Freitag Zeit? **b** Leider kann ich nicht. **c** Und am Samstag? **d** Da habe ich Zeit. **e** Wann denn?

Lektion 9

1 a Sahne **b** Orangen, Äpfel und Zitronen **c** Ei **d** Braten **e** Suppe **f** Tee

2 b die Kartoffel, die Suppe, die Kartoffelsuppe **c** der Apfel, der Kuchen, der Apfelkuchen **d** der Schinken, das Brötchen, das Schinkenbrötchen

3 b Möchtet **c** mag **d** esse **e** Möchten

4 a Oh ja, bitte! **b** Danke, ebenfalls! **c** Nein, danke! **d** Ja, gern! **e** Nein, nicht so gern.

Lektion 10

1 a Straßenbahn **b** Flugzeug **c** Bahnsteig/Bahnhof **d** Haltestelle

2 a Koffer **b** Halt **c** Zug, Gleis **d** U-Bahn, Taxi

3 b Wann kommst du an? **c** Kannst du bitte am Hauptbahnhof aussteigen? **d** Ich hole dich ab. **e** Jetzt kaufe ich Brötchen ein, dann können wir zusammen frühstücken.

4 Nehmt ihr ein Taxi? – Nein, die U-Bahn.; Holst du mich ab? – Ich habe leider keine Zeit.; Wann kommt der Zug an? – Um 09:45 Uhr.; Wo steigst du um? – Am Rathausplatz.

Lektion 11

1 b die Hausaufgaben machen **c** Fahrrad fahren **d** Spanisch lernen **e** die Zeitung lesen **f** Freunde einladen **g** das Zimmer aufräumen

2 a Am Nachmittag habe ich Fußball gespielt. **b** Hast du Monika gesehen? – Wir haben viel gelacht. **c** Habt ihr heute Nachmittag eingekauft? – Nein, Anna hat Englisch gelernt und ich habe Hausaufgaben gemacht. **d** Was hast du zum Frühstück gegessen? – Müsli. Und ich habe einen Kaffee getrunken. **e** Was hast du heute gemacht? – Nicht viel. Ich habe bis 12 Uhr geschlafen. Gestern haben meine Freunde und ich lange gefeiert.

3 a Dann habe ich eingekauft. **b** Von 15- 17 Uhr habe ich Tennis gespielt. **c** Was hast du gemacht? **d** Am Vormittag habe ich mit Anna Deutsch gelernt. **e** Am Nachmittag habe ich gearbeitet.

Lektion 12

1 a 1 Januar 2 Februar 3 März 4 April 5 Mai 6 Juni 7 Juli 8 August 9 September 10 Oktober 11 November 12 Dezember **b** Frühling; Sommer; Herbst; Winter

2 b ist **c** sind **d** haben **e** haben **f** ist

3 b Im Juli sind wir nach Hamburg gefahren. **c** Der Zug ist um 12.30 Uhr abgefahren. **d** Marcel ist nach Amsterdam geflogen. **e** Ich bin mit Carla ins Kino gegangen.

4 SUNSAMMY: kommen, gibt, dauert, ist; nicky1980: getroffen/ kennengelernt, gehört.

LÖSUNGSSCHLÜSSEL TESTS

Lektion 13

1 b Post **c** Bahnhof **d** Stadtmitte **e** Bank **f** Stadtplan

2 b biegen **c** links **d** Kilometer **e** rechts **f** Brücke **g** Ampel

3 b neben der **c** vor dem **d** in der **e** hinter der **f** über der

4 1 a Können **b** helfen **c** suche **d** Fahren **e** sehen **f** Sehr nett **2 a** fragen **b** Tut, leid **c** Trotzdem

Lektion 14

1 b Wohnung **c** Toilette **d** Schlafzimmer **e** Wohnzimmer **f** Kinderzimmer **g** Garten

2 b ihre **c** ihr **d** Seine **e** sein **f** seinen **g** ihre

3 b Marias **c** Wolfgangs **d** Carlas

4 a es ist sehr schön hier **b** mag ich gar nicht **c** die Idee ist cool **d** sieht wirklich toll aus **e** sie sind hässlich **f** das ist langweilig

Lektion 15

1 b Kindergarten **c** Jugendherberge **d** Turm **e** Bibliothek **f** Park

2 b dir **c** Ihnen **d** euch **e** ihm **f** mir

3 a Hier ist **b** gefällt mir gut **c** das ist schon okay **d** das ist nicht so toll **e** Hier gibt es viele

Lektion 16

1 b Klimaanlage **c** Internetverbindung **d** Fernseher **e** Dusche

2 b pünktlich **c** lustig **d** kalt

3 b nach **c** für **d** vor **e** Nach

4 b dem **c** einem **d** einen

5 1 Was kann **2** Es gibt **3** Das tut **4** Ich kümmere **5** Das ist

Lektion 17

1 b Führerschein **c** Sängerin **d** Geld **e** Welt **f** Wunsch **g** Fremdsprachen

2 b mit einer **c** ohne seine **d** mit ihrem **e** ohne sein

3 b wollt ihr heiraten **c** wollen Sie lernen **d** willst du werden

4 a auf keinen Fall **b** vielleicht **c** unbedingt **d** auf keinen Fall **e** unbedingt

Lektion 18

1 b Rücken **c** Augen **d** Beine **e** Füße **f** Hände **g** Ohren **h** Finger

2 b Nehmen Sie eine Tablette und trinken Sie viel Tee. **c** Bleiben Sie zu Hause und sagen Sie alle Termine ab. **d** Essen Sie Obst und machen Sie Sport.

3 b sollt, **c** soll, **d** Soll, **e** sollen, **f** sollst

4 Seit Monaten habe ich Rückenschmerzen., Haben Sie einen Tipp? – Machen Sie viel Sport., Gehen Sie in die Apotheke und holen eine Salbe gegen Schmerzen., Dann fragen Sie den Arzt.

Lektion 19

1 b kurze **c** Haare **d** hübsch **e** Bart **f** Locken

2 a Hattest **b** Ist, war **c** war, bin **d** ward, hatten

3 b gekommen **c** vergessen **d** gesagt **e** entschuldigt **f** getanzt **g** erkannt

4 a Ach was! **b** Echt? **c** Ach komm! **d** Wahnsinn! **e** Ach du liebe Zeit!

Lektion 20

1 die Wäsche aufhängen – das Geschirr abtrocknen – den Müll rausbringen – das Bett machen – den Boden wischen – den Tisch decken

2 a putz **b** räumt...aus, deckt, vergesst **c** Sei **d** spült, bringt...raus

3 b Euch **c** ihn **d** uns **e** dich **f** sie

4 b Kommt bitte um 10 Uhr! **c** Sei bitte so nett **d** Macht bitte das Fenster zu! **e** Sprecht bitte auf den Anrufbeantworter! **f** Mach bitte Kaffee!

Lektion 21

1 a grillen **b** tragen **c** schieben, achten, nehmen **d** hupen

2 b dürfen **c** können **d** müssen **e** können **f** dürfen

3 b müsst **c** muss **d** Dürfen **e** müssen

4 a Das ist falsch. **b** Das ist ja wirklich sehr gefährlich, oder? **c** Das finde ich gar nicht gut. **d** Diese Regel ist in Ordnung.

Lektion 22

1 a Jacke **b** Socken **c** Gürtel, Hose **d** Kleid **e** Pullover **f** Bluse **g** Hut

2 a größer, am größten **b** gern, am besten **c** älter **d** am liebsten **e** besser **f** lieber

3 b als **c** wie **d** als **e** wie

4 a viel praktischer **b** am besten **c** total schön **d** wahnsinnig teuer **e** fast täglich **f** wie langweilig

Lektion 23

1 a regnet **b** scheint, warm **c** Himmel, Wolken **d** Sturm **e** neblig, Grad

2 b kostenlos **c** wolkenlos **d** farblos **e** arbeitslos

3 b unsere Oma ist krank **c** der Aufzug funktioniert nicht **d** er hat eine neue Wohnung gefunden

4 ich habe Geburtstag – deine Partys sind immer lustig – ich schreibe am Montag eine Prüfung – ich arbeite am Wochenende – ich backe gern – der Schnee ist traumhaft

Lektion 24

1 b gratuliere **c** Hochzeit **d** Silvester **e** bestanden **f** schenken **g** Weihnachten

2 a der dreizehnte **b** am neunundzwanzigsten Februar **c** der dritte Oktober **d** vom neunten bis zum fünfzehnten August

3 b würdest du gern Fallschirm springen **c** würdet ihr gern machen **d** würden gern die neue Ausstellung besuchen **e** würden Sie gern leben **f** würden gern jeden Tag feiern

4 a herzlichen **b** neues Jahr **c** Gute **d** Weihnachten **e** gemacht

QUELLENVERZEICHNIS

Cover: © Getty Images/Image Source

Seite 8: Mitte © fotolia/contrastwerkstatt; unten von links © fotolia/c; © iStockphoto/sumnersgraphicsinc; © fotolia/Waldteufel: © fotolia/Bergfee; © PantherMedia/Matthew Trommer

Seite 9: oben © PantherMedia/James Steidl; unten von links © imago/ MIS; © SuperStock/Getty Images; © action press/Rex Features; © picture-alliance/epa/ Justin Lane

Seite 11: Fahnen © fotolia/createur

Seite 14: 1 © PantherMedia/Andres Rodriguez; 2 © iStockphoto/Viorika; 3 © iStockphoto/syagci; 4 und 5 © irisblende.de; 6 © iStockphoto/DianaLundin

Seite 15: © fotolia/Meddy Popcorn

Seite 16: © fotolia/helix

Seite 17: von oben © iStockphoto/dlewis33; © PantherMedia/Yuri Arcurs

Seite 19: von oben © iStockphoto/toddmedia; © fotolia/Jonny; © iStockphoto/syagci; © fotolia/Albert Schleich; © iStockphoto/claudiaveja; © iStockphoto/ImageegamI; © PantherMedia/Andres Rodriguez ; © irisblende.de; © iStockphoto/DianaLundin; © iStockphoto/Viorika; © irisblende.de; © iStockphoto/goldenKB

Seite 20: © bildstelle/Rex Features

Seite 21: von links © fotolia/Michael Kempf; © PantherMedia/Harald Hinze; © iStockphoto/boguslavovna; © iStockphoto/starfotograf

Seite 26: Übung 2a oben von links © PantherMedia/Martin Kosa; © PantherMedia/Daniel Petzold; Mitte von links © iStockphoto/Jan Tyler; © iStockphoto/Daniel Laflor; unten von links © iStockphoto/DaydreamsGirl; © fotolia/Albert Schleich; © iStockphoto/Alina Solovyova-Vincent

Seite 27: von oben © Stockphoto/pink_cotton_candy; © PantherMedia/Frank Camhi

Seite 29: 2 © action press/Magics

Seite 31: Hintergrund © Pierre Adenis/GAFF/laif

Seite 34: Sofa © iStockphoto/jallfree

Seite 37: von oben © iStockphoto/tiler84; © iStockphoto/Luso; © iStockphoto/twohumans; © iStockphoto/IlexImage; © iStockphoto/jallfree; © iStockphoto/sjlocke; © iStockphoto/simonkr; © iStockphoto/terex; © iStockphoto/Luso

Seite 38: Übung 1 von links © fotolia/Daniel Burch; © iStockphoto/deepblue4you; © fotolia/Taffi; © iStockphoto/karandaev; © iStockphoto/eldadcarin; © fotolia/Klaus Eppele; © iStockphoto/Paula Connelly; © iStockphoto/phant; © iStockphoto/zentilia; © iStockphoto/DesignSensation; Übung 4 oben von links © iStockphoto/Luis Sandoval Mandujano; © iStockphoto/billnoll; Mitte von links © iStockphoto/twohumans; © iStockphoto/jallfree ; unten © PantherMedia/Werner Friedl; © fotolia/createur

Seite 40: von oben © iStockphoto/golovorez; © iStockphoto/jallfree © iStockphoto/DesignSensation; © iStockphoto/AlbertSmirnov; © iStockphoto/Carlos Alvarez

Seite 41: © PantherMedia/Franck Camhi

Seite 43: von oben © fotolia/Daniel Burch; © iStockphoto/deepblue4you; © fotolia/Taffi; © iStockphoto/karandaev; © iStockphoto/eldadcarin; © fotolia/Klaus Eppele; © iStockphoto/Paula Connelly; © iStockphoto/phant; © iStockphoto/zentilia; © iStockphoto/DesignSensation

Seite 44: oben von links © iStockphoto/lucato; © PantherMedia/Reiner Wuerz; © iStockphoto/raclro; unten von links © fotolia/Daniel Burch; © PantherMedia/Dietmar Stübing; © fotolia/Michael Möller; © iStockphoto/Viktorus

Seite 49: von oben © fotolia/Fatman73; © MHV-Archiv; © iStockphoto/milosluz; © MHV-Archiv; © iStockphoto/raclro; © PantherMedia/Reiner Wuerz; © iStockphoto/dcbog; links © fotolia/Michael Möller; © iStockphoto/jaroon; © iStockphoto/lucato; © iStockphoto/nico_blue ; © iStockphoto/chas53; © fotolia/Michael Möller; © PantherMedia/Dietmar Stübing; © iStockphoto/Viktorus

Seite 50: © iStockphoto/raclro

Seite 54: © fotolia/Stockcity

Seite 55: Hintergrund © PantherMedia/Michael Unterrainer

Seite 57: © iStockphoto/Alina555

Seite 58: oben von links © fotolia/Forgiss; © fotolia/shoot4u; unten von links © PantherMedia/Frank Camhi; © fotolia/Yuri Arcurs

Seite 61: von oben © iStockphoto/Jan-Otto; © digitalstock/Baum; © iStockphoto/NickS; © fotolia/Franz Pfluegl; © iStockphoto/attator; © PantherMedia/Thomas Lammeyer; © iStockphoto/hidesy; © iStockphoto/bluestocking; © fotolia/Talex; © iStockphoto/tacojim; © iStockphoto/anouchka; © fotolia/Monkey Business; © fotolia/Thomas Oswald; © iStockphoto/trait2lumiere

Seite 64: Kinokarte © MHV-Archiv

Seite 67: von oben © digitalstock; © iStockphoto/luoman; © iStockphoto/mpalis; © iStockphoto/kgelati1; © iStockphoto/Franky De Meyer; © pitopia/David Büttner; © iStockphoto/Editorial12; © iStockphoto/Cimmerian; © iStockphoto/manley099; © iStockphoto/alicat; © digitalstock